Sebastian Lobrecht

DIE 7 MÄCHTIGSTEN TOOLS DER PSYCHOLOGIE IM ALLTAG

Email: info@edition-lunerion.de
www.edition-lunerion.de

Psiana eCom UG
Berumer Str. 44
26844 Jemgum

Inhalt

Entdecken Sie Ihre inneren Mechanismen

Das Verständnis rund um die Art und Weise, wie Menschen denken, fühlen und handeln, und allgemein das tägliche Tun können auf ihre innere Gedanken- und Gefühlswelt zurückgeführt werden und ermöglichen eine verbesserte Selbstwahrnehmung. Welche Muster in uns führen dazu, dass wir so handeln, wie wir es tun? Was sind die Mechanismen hinter der Verfolgung von Zielen? Was unterscheidet die Psyche eines erfolgreichen Menschen von der eines erfolglosen?

Die Psyche ist nichts, das fest angelegt ist und nicht verändert werden kann. Vielmehr durchläuft jedes Individuum eine ganz persönliche Entwicklung im Leben, bei der sich dessen Erleben und Verhalten anpasst. Wir reagieren auf innere und äußere Faktoren und Bedingungen, wodurch wir uns die Persönlichkeit gewissermaßen selbst formen. Je bewusster Sie diesen Prozess wahrnehmen können und mit je mehr Selbstverständnis Sie ihn erleben, desto mehr können Sie ihn positiv beeinflussen und zu Ihren Gunsten nutzen. Sie können sich selbst programmieren. Doch was ist, wenn Sie sich in einem Leben wiederfinden, das von Frustration und Unzufriedenheit geprägt ist? Vielleicht fragen Sie sich auch, warum Sie nie Erfolg haben oder was Sie von Ihrem Wohlbefinden und Ihrem Glück trennt. So viel sei gesagt: Sie sind nicht allein. Leider haben viele Menschen mit diesen Empfindungen zu kämpfen und fühlen sich hilflos bei dem Gedanken, ihre Träume zu verwirklichen. Der Grund dafür liegt in der Psyche versteckt.

Ihre Gedanken, Gefühle und Ihr Verhalten werden durch Ihr Unterbewusstsein gesteuert. Dieses speichert sämtliche Gedankenmuster, Empfindungen und Reaktionen Ihres bisherigen Lebens ab und hat dadurch gelernt, wie es in bestimmten Momenten zu reagieren hat. Sie haben damit unterbewusst Reaktionen in Form von Mustern verinnerlicht, die nun Ihr Unglück bewirken. Vielleicht leiden Sie unter einer selbstzerstörerischen inneren Stimme, die nach jeder Möglichkeit greift, um Sie herabzuwürdigen. Sie stehen mit Ihren eigenen inneren Überzeugungen im Konflikt und können sich nicht von Ihren Erfolg behindernden und Glück unterdrückenden Glaubenssätzen befreien. All das bildet die Grundlage Ihres derzeitigen Lebens.

Erlauben Sie dem vorliegenden Ratgeber, die Illusion Ihres Unglücks und Ihrer Erfolgslosigkeit zu zerstören. Genauso, wie Sie sich unterbewusst selbst auf Ihr Leid programmiert haben, können Sie sich auch andersherum auf Ihren Erfolg programmieren. Das ist für jeden Menschen gleichermaßen möglich und es besteht auch bei Ihnen keine Ausnahme. Falls Sie diesbezüglich Zweifel haben, dürfen Sie diese mit den ersten Zeilen des Buches ablegen und sich von dem Gegenteil überzeugen lassen.

Es ist deutlich erkennbar, warum Selbstverständnis der Schlüssel zum Erfolg ist. Wer über das Wissen der menschlichen Psyche und die Fähigkeit zur Selbstprogrammierung verfügt, hat aufgehört, sich dem trostlosen Schicksal hinzugeben, das die Fäden des Lebens in den Händen hält. Er hat entschieden, dass es mehr im Leben gibt, als er vielleicht glaubte. Er weiß, dass er selbst für sein Glück und seine Erfüllung verantwortlich ist, und nimmt das Ruder des Lebens in die eigenen Hände. Je mehr Sie über Ihre eigene Psyche in Erfahrung bringen können, desto leichter wird es Ihnen fallen, zu diesen Menschen zu gehören. Sie ermächtigen sich damit selbst zu einem erfüllteren Leben mit hoher Lebensqualität. Sie wissen, dass es sich lohnt, zu träumen und sich hohe Ziele zu stecken. Außerdem wissen Sie, wie genau Sie diese mithilfe von psychologischem Verständnis verwirklichen können.

In diesem Ratgeber rollen wir die mächtigsten Tools der Psychologie im Alltag von hinten auf und erforschen, wie Sie diese nutzen können, um erfolgreich in Ihrem Leben zu werden.

- **Tool 1: Persönlichkeitsentwicklung – Von Kopf bis Fuß auf Erfolg programmiert**

Ihr persönlicher Erfolg ist keine Glückssache, sondern baut auf einem psychologischen Fundament Ihres Selbstkonzeptes auf. Möchten Sie erfolgreich sein, müssen Sie sich unweigerlich mit Ihren Zielen auseinandersetzen und ergründen, was Sie motiviert und welche Dinge Sie von Ihrem Glück abhalten.

- **Tool 2: Resilienz – Die Kunst der psychischen Widerstandskraft**

Es ist ungewiss, wann genau es geschieht, doch Sie werden früher oder später auf Ihrem persönlichen Weg an einen Punkt gelangen, an dem es schwierig wird, durchzuhalten und nicht aufzugeben. Widerstandsfähigkeit durch Optimismus und Gelassenheit wird Ihnen in diesen Krisenzeiten Kraft schenken und Sie zu neuen Höchstleistungen inspirieren.

- **Tool 3: Intrapersonelle Kommunikation – Die Macht des Selbstgespräches**

Zweifel an den eigenen Fähigkeiten und den Träumen können zu Zeiten Ihren Blick auf Ihren Erfolg verwässern und Sie dazu veranlassen, falsche Wege einzuschlagen. Selbstkommunikation spielt eine elementare Rolle, wenn es darum geht, Sie wieder auf die richtige Spur zu bringen.

- **Tool 4: Emotionale Intelligenz als Schlüsselkompetenz**

Emotionen werden Sie auf Ihrem Weg zu Ihren Träumen stets begleiten. Sie können entweder ein Hindernis darstellen, das Ihnen im Weg steht, oder aber Sie nutzen sie, um Ihre Geschwindigkeit zum Ziel zu beschleunigen.

- **Tool 5: Menschen lesen und Verbindung herstellen**
Zwischenmenschliche Beziehungen sind eine besonders wertvolle Ressource für ein erfolgreiches und erfülltes Leben. Kultivieren und pflegen Sie Ihr soziales Netzwerk, ist dies ein unglaublicher Gewinn für Ihr persönliches Glück. Wie Ihnen das gelingen kann, ist keineswegs ein Hexenwerk, sondern basiert auf leicht verständlichen, jedoch entscheidenden psychologischen Gegebenheiten.

- **Tool 6: Neuro-Linguistisches Programmieren (NLP) im Alltag**
Den eigenen Geist mit praktikablen und leicht umsetzbaren Techniken auf Erfolg zu programmieren, funktioniert wie ein Katalysator, der Ihre Entwicklung beschleunigt. Nutzen Sie die Methoden des NLP zu Ihrem Vorteil und bestaunen Sie die Effekte auf Ihr Leben.

- **Tool 7: Dunkle Psychologie verstehen und Manipulation abwehren**
Auf dem Weg zum Ziel werden Sie sich gewissen Herausforderungen auf zwischenmenschlicher Ebene stellen müssen, die auf Beeinflussung, Überredung und Manipulation beruhen. Damit Sie an der dunklen Psychologie nicht scheitern, wird Ihnen gelehrt, wie Sie diese effizient erkennen und abwehren können.

- **Bonus: Die Psychologie des Erfolgs – Techniken und Übungen**
Der gesamte Ratgeber ist gespickt mit Übungen zu den einzelnen Themenbereichen, die Sie dazu inspirieren, die Theorie sofort in die Praxis umzuwandeln. Das Bonuskapitel am Ende vervollständigt diesen Praxis- und Alltagsbezug mit weiteren Techniken, die Ihrem Erfolg dienlich sind.

Dieses Buch soll Ihnen den Weg zu einem selbstbestimmten, zielorientierten und erfolgreichen Leben weisen, das Ihre Gesundheit fördert, Ihre Selbstliebe erhöht, Ihre sozialen Beziehungen stärkt und Ihnen Erfüllung schenkt. Erfolg muss kein Spiel zwischen Glück und Pech sein. Er basiert auf verständlichen Prinzipien und kann unter Berücksichtigung der menschlichen Psychologie selbst herbeigeführt werden. Es liegt also tatsächlich ganz allein in Ihrer Hand, ob Sie erfolgreich werden oder nicht. Sie haben die Entscheidung getroffen, Ihre Vorhaben endlich aktiv anzugehen. Lassen Sie sich von den 7 mächtigsten Tools der Psychologie im Alltag leiten und bewundern Sie die Veränderungen, die diese auf Ihr Leben haben werden!

Tool 1: Persönlichkeitsentwicklung – Von Kopf bis Fuß auf Erfolg programmiert

Persönlichkeitsentwicklung: Kleine Schritte zu mehr Erfolg, Glück und Erfüllung

Im Laufe des Lebens passt sich der Mensch beständig seinen Lebensumständen an. Ob willentlich oder unbewusst – dies geschieht in jedem Fall. Seine Persönlichkeit formt sich entsprechend seiner Erfahrungen im kognitiven, sozialen und emotionalen Bereich. Dieser Prozess dauert ein Leben lang an und beschreibt die Veränderlichkeit des menschlichen Charakters. „Die einzige Konstante im Universum ist die Veränderung", schrieb bereits der alt-griechische Philosoph Heraklit aus Ephesos (etwa 520–460 v. Chr.) und deutete damit darauf hin, dass nichts im Leben, auch nicht die menschliche Persönlichkeit, jemals statisch ist. Nichts bleibt so, wie es einmal war, denn alles ist den Gesetzmäßigkeiten eines kontinuierlichen Wandels unterlegen. Wenn eines sicher ist, dann ist es der Fakt, dass sich jedes einzelne Individuum beständig verändert. Die Psychologie beschreibt dieses Phänomen als die Entwicklung der Persönlichkeit.

Was bereits in der Kindheit beginnt, setzt sich auch während des Erwachsenenalters bis hin zum letzten Atemzug fort: der Reifeprozess des Charakters. Bestimmte Persönlichkeitsmerkmale sind schwer zu verändern, während sich andere wiederum beliebig formen und entwickeln lassen. Mit der Zeit wandelt sich der Mensch in seiner Individualität, indem seine Eigenschaften immer neue Wege finden, ihre Einzigartigkeit zum Ausdruck zu bringen. Niemals ist er derselbe wie noch vor ein paar Jahren, ein paar Monaten, ein paar Wochen – ja, nicht einmal wie vor ein paar Tagen und Stunden. Ob die Anpassungen der Persönlichkeit marginal oder deutlich spürbar sind, ist ein anderes Thema, doch dass Veränderungen aufgrund äußerer Umstände, Einflüsse und persönlichen, inneren Änderungen geschehen, ist nicht von der Hand zu weisen. Denken Sie nur einmal an Ihre Kindheit zurück: In dieser Lebensphase wurde Ihr Charakter maßgeblich durch die Erziehung Ihrer Eltern geprägt, die auch heute noch Auswirkungen auf Ihren Alltag hat. Andere Eigenschaften Ihrer Persönlichkeit haben sich aufgrund von Traumata oder anderen tiefgreifenden Erfahrungen herausgebildet, verändert oder verfestigt. Es ist also unumstritten, dass der Charakter des Menschen niemals in Stein gemeißelt ist, sondern sich einem steten Entwicklungsprozess unterordnet. Das bedeutet auch, dass Sie selbst aktiv und bewusst diese Persönlichkeitsentwicklung mitgestalten können, wodurch Sie sich gewissen Lebensumständen besser anpassen können und mit Herausforderungen leichter umgehen lernen. Sie selbst können Ihre innere Welt so formen, dass sie Ihren Zielen entspricht und Sie Ihr volles Potential ausleben – Sie programmieren sich so gesehen eigenständig auf Ihren Erfolg.

Die Persönlichkeitsentwicklung umfasst nicht nur das Kennenlernen der eigenen Fähigkeiten und Grenzen, sodass sich Kompetenzen angeeignet und verstärkt werden können. Neue Erfahrungen zu erleben und Situationen zu meistern, denen Sie zuvor noch nie begegnet sind, fordern Sie dazu heraus, sich Ihren Problemen aktiv zu stellen und diese zu überwinden. Dabei lernen Sie unweigerlich Neues über sich selbst, erweitern Ihre persönlichen Grenzen und werden besser in dem, was Sie bereits können. Damit dies gelingt, sollten Sie eine bestimmte Flexibilität und Anpassungsfähigkeit beweisen, denn die Herausforderungen des Lebens können nicht schablonenhaft bewältigt werden. Für jede Krise sollten Sie sich in gewisser Weise neu erfinden, neue Sichtweisen einnehmen und neue Wege finden, um damit umzugehen – ansonsten stagnieren Sie und von einer Entwicklung kann nicht mehr gesprochen werden.

Mit jeder gemeisterten Schwierigkeit und jeder überwundenen Herausforderung wachsen Sie in Ihrer inneren Widerstandskraft, denn Sie werden stärker und robuster – das Stichwort lautet hier Resilienz. Dieser bedeutenden Fähigkeit werden Sie sich im Kapitel des 2. Tools widmen. Je mehr Sie sich also in Ihrer eigenen psychologischen Sicherheit festigen, desto unabhängiger machen Sie sich damit von Ihren Mitmenschen. Hierbei geht es nicht darum, sich selbst zu beweisen, dass Sie keine sozialen Kontakte brauchen, sondern darum, dass Sie auf eine gesunde Weise auf sich selbst zählen können und sich nicht von dem Wohlwollen bestimmter Menschen abhängig fühlen.

Die eigene emotionale Intelligenz ist so geschult, dass echtes Miteinander mit anderen auf der Basis von Verständnis, Akzeptanz und Mitgefühl möglich wird, ohne dass es dabei zu Ausbeutung oder Ausnutzung kommt. Auch diese Aspekte werden Sie in den kommenden Tools näher betrachten. Alles in allem zielt die Persönlichkeitsentwicklung darauf ab, dass Sie sich selbst näher kommen. Mit jeder Situation, die Sie erleben, lernen Sie sich besser kennen und verstehen, sodass sich persönliche Stärken und Schwächen herauskristallisieren, die eigenen Bedürfnisse deutlich werden und das, was Ihnen wirklich wichtig ist, erkannt werden kann.

Die drei Pfeiler der Persönlichkeitsentwicklung: Selbsterkenntnis, -akzeptanz und -veränderung

Folgendes mag für Sie vorerst wie eine Utopie klingen – mit diesem Ratgeber können Sie diese Ziele jedoch erreichen und ein Mensch werden, der sich selbst kennt und akzeptiert und weiß, wie er seine Fähigkeiten und Gaben sinnvoll zum Einsatz bringen kann, um seine Ziele zu erreichen. Sie werden wissen, wie Sie Ihre Schwächen ausgleichen, welche typischen Denk- und Verhaltensweisen Sie aufweisen und wie Sie diese so programmieren können, dass sie Sie näher zur Realisierung Ihrer Wünsche führen. Dieser Mensch, der Sie werden können, ist sich seines Selbstbilds bewusst und kann es so formen, wie es ihm dienlich ist. In Selbstreflexion vermag er seine Gedanken, Worte, Taten, Motive und Ziele zu hinterfragen und stets daraufhin zu überprüfen, ob er sich noch auf dem richtigen Weg befindet.

Durch Selbstmotivation und -regulierung wird es Ihnen möglich sein, konsequent an sich zu arbeiten und so Ihre Vorhaben zu verwirklichen. Sie können zu einem Menschen werden, der seine Persönlichkeit aktiv in einem steten Wandel erlebt, der von Erfahrungen, Herausforderungen und Erkenntnissen begleitet und geleitet wird. Sie werden sich selbst immer mehr zutrauen, da Sie wissen werden, dass Sie sich in der Vergangenheit mehrfach beweisen konnten, wie kompetent, fähig, klar, gesund und stark Sie sind. Dass damit Ihr Selbstbewusstsein und Ihr Mut ansteigen, ist nicht von der Hand zu weisen. Statt nur von Träumen und einem besseren Leben zu sprechen, werden Sie die Dinge vermehrt aktiv in Ihre eigenen Hände nehmen, denn Sie sind sich bewusst, dass Sie Ihres eigenen Glückes Schmied sind. Wer wagt, der auch gewinnt – so lautet das Sprichwort, das darauf hinweist, dass Sie unweigerlich mehr erreichen und erfolgreicher werden, schon allein, weil Sie etwas angehen.

Selbstbild und Selbstreflexion

Die Rolle des Selbstkonzeptes: Wer bin ich eigentlich?

Auf dem Weg zur Persönlichkeitsentwicklung stößt der psychologisch Interessierte unweigerlich auf den Begriff des Selbstkonzeptes. Dieser bedeutende Aspekt der Psychologie beschreibt das, was eine Person von sich selbst hält. Sie kreiert ein Bild von sich selbst, das sich aus der Bewertung der persönlichen Eigenschaften, Fähigkeiten und Verhaltensweisen zusammenfügt. Dieses Selbstbild prägt das gesamte Leben, denn: Wie Sie sich selbst wahrnehmen und beurteilen, nimmt maßgeblich Einfluss auf Ihre Fähigkeit der persönlichen Entwicklung. Es gestaltet maßgeblich das eigene Verhalten, das Treffen von Entscheidungen sowie das körperliche und geistige Wohlbefinden – damit besitzt es eine bedeutende Rolle für das eigene Leben.

Die Entstehung des Selbstkonzeptes

Das Selbstkonzept umfasst jene Gedanken und Glaubenssätze, die die eigene Persönlichkeit betreffen. Es bildet sich sowohl auf der Grundlage der individuellen Perspektive auf sich selbst als auch durch die Fremdwahrnehmungen des sozialen Umfeldes. So festigen sich gewisse Überzeugungen, die auf den folgenden Faktoren beruhen:

Selbstwahrnehmung: Die Selbstwahrnehmung beantwortet die Frage „Wer bin ich?". Hier geht es um das, was den Menschen ausmacht – körperlich wie geistig. Dazu zählen einerseits die physischen Merkmale, wie zum Beispiel die Größe, Haarfarbe, Figur und Ähnliches.

> **Beispiel:**
> „Ich habe braune Augen, dunkelbraune Haare und bin groß gewachsen."

Andererseits umfasst die Selbstwahrnehmung auch Charaktereigenschaften, wie zum Beispiel, ob man sich als schüchtern oder besonders ehrgeizig wahrnimmt.

> **Beispiel:**
> „Ich bin fleißig und zielstrebig."

Auch wie wir uns in der Interaktion mit unseren Mitmenschen sehen, prägt unsere Überzeugungen von uns selbst.

> **Beispiel:**
> „Ich bin eine mitfühlende und damit gute Freundin."

Zudem sind es Gedanken und Gefühle, die die Selbstwahrnehmung ergänzen – dabei spielen alle Eindrücke der Körpersinne eine Rolle. Die eigenen Stärken und Schwächen zu kennen, sich einordnen zu können und zu wissen, wie man selbst auf andere Mitmenschen wirkt, wird bei diesem ersten Faktor abgedeckt. Hier handelt es sich jedoch ausdrücklich um die eigene Perspektive auf das eigene Selbst, damit ist die Selbstwahrnehmung von der Fremdwahrnehmung zu unterscheiden.

Selbstbild: Alle Selbstwahrnehmungen eines Menschen summieren sich im Selbstbild zusammen. Es bezeichnet die Vorstellung, die wir von uns selbst haben. Es wird von den Ideal- oder Wunschvorstellungen geprägt, die ein Mensch über sich hat, also wie er gern sein will. Erfolge und Misserfolge in der Vergangenheit haben ebenso einen Einfluss darauf, wie Sie sich selbst sehen.

Beispiel:
Haben Sie in der Vergangenheit häufig Siege in sportlichen Wettkämpfen feiern dürfen, betrachten Sie sich mit aller Wahrscheinlichkeit als einen guten und erfolgreichen Sportler. Andererseits vermögen Sie, an sich selbst zu zweifeln, wenn Sie vermehrt Niederlagen einstecken mussten. Selbst dann, wenn Sie eigentlich von Ihren Fähigkeiten überzeugt sind, werden diese Misserfolge Sie nicht kaltlassen und Ihr Selbstkonzept beeinflussen.

Im Gegensatz dazu befindet sich übrigens das Fremdbild, was die Vorstellung umschreibt, die andere Menschen von uns haben. Kommentare und Bewertungen anderer Menschen über uns gehören ebenso dazu und nehmen mehr oder weniger Einfluss auf das Selbstbild.

Beispiel:
Bekommen Sie diverse Kommentare von Ihrem sozialen Umfeld über Ihr Äußeres zu hören, wie zum Beispiel, dass Sie wunderschön sind oder sich stets so modebewusst kleiden, werden Sie dies mit der Zeit in Ihr Selbstkonzept integrieren: „Ich bin schön und stylisch."

Selbstbild und Fremdbild können nie vollständig miteinander übereinstimmen, weil der Mensch immer gewisse Dinge und Eigenschaften an sich nicht sehen kann, die wiederum seinen Mitmenschen auffallen – sie sind sozusagen seine „blinden Flecke". Weicht das Selbstbild jedoch stark vom Fremdbild ab, so liegt eine Inkongruenz vor, die die Ursache für Missverständnisse, Konflikte und Frustrationen sein kann, wie das Beispiel veranschaulicht.

Beispiel:
Ihre Leidenschaft ist der Sport, weshalb Sie am liebsten jeden Tag über das Thema sprechen würden. Irgendwann spricht Sie ein Freund darauf an und drückt seinen Unmut darüber aus, wie sehr ihn Ihr missionarisches Verhalten stört. Seiner Meinung nach versuchen Sie ständig, andere Menschen zum mehr Sportmachen zu überreden. Sie sind vollkommen überrascht. Ihnen war nicht bewusst, dass Sie sich missionarisch verhalten haben und Ihre Freunde Sie so wahrnehmen.

Demnach ist Feedback von anderen Menschen eine gute Möglichkeit, um das eigene Selbst- und Fremdbild wieder aneinander anzunähern. So können unbekannte Eigenschaften, die nur andere zu sehen scheinen, auch für Sie ans Licht kommen.

Selbstwertgefühl: Der Selbstwert entsteht durch die Schnittstelle von Selbstbild und Fremdbild. Während Ersteres die Stärken und Schwächen, Wünsche und Werte sowie Erfahrungen und Status umfasst, legt das Fremdbild den Fokus auf Wertschätzung, Bestätigung und Respekt, Liebe und Sympathien sowie Kritik und Feedback. Die Überschneidungen zwischen diesen beiden Persönlichkeitsbildern ist die Basis des Selbstwertgefühls.

Beispiel:
Ein Mensch, der glaubt, keine nennenswerten Stärken zu haben, und gleichzeitig übermäßig viel Kritik von anderen erhält, wird vermutlich ein geringes Selbstwertgefühl aufweisen, was sich in einer demütigen Körperhaltung und einer zurückhaltenden Art zeigen könnte.

Selbstideal: Das Selbstideal wird im Laufe des Lebens durch die Sozialisation geprägt und umfasst Aspekte, die von der jeweiligen Persönlichkeit als wünschenswert betrachtet werden. Es wird durch soziale Normen, Ziele, Werte und Ähnliches geprägt.

Beispiel:
Ist Ihnen Ehrlichkeit besonders wichtig, wird dieser Wert in Ihrem Leben und Ihrer Persönlichkeit eine große Rolle spielen. Demnach bewerten Sie innerhalb Ihres Selbstkonzeptes Ihre Ehrlichkeit selbst, denn Sie schreiben Ihrem Idealselbst Ehrlichkeit zu: „Ich bin ein ehrlicher Mensch" oder „Ich bin ein schlechter Mensch, weil ich gelogen habe."

Selbstkonsistenz: Selbstkonsistenz bedeutet, mit sich selbst „im Einklang" zu sein. Es bestehen keine Widersprüche zwischen dem eigenen Selbst und dem Verhalten – Sie sind also mit sich „im Reinen". Selbstkonsistent zu sein, bedeutet, dass das Selbstbild über die Zeit und verschiedene Situationen hinweg stabil und kontinuierlich bleibt. Eine Person, die selbstkonsistent ist, zeigt ein relativ konstantes Selbstbild und Verhaltensmuster, unabhängig von den äußeren Umständen. Selbstkonsistenz beinhaltet die Fähigkeit einer Person, in verschiedenen Situationen kohärent zu handeln und sich selbst treu zu bleiben.

Beispiel:
Sie sind ein großer Tierliebhaber und schätzen jedes Lebewesen auf dieser Erde. Diese innere Einstellung zeigt sich auch in Ihrem Verhalten, denn Sie ernähren sich vegan – Sie sind mit sich im Reinen.

Selbstkongruenz: Selbstkongruenz bezieht sich hingegen auf die Übereinstimmung zwischen dem Selbstbild einer Person und ihren tatsächlichen Erfahrungen, Werten, Zielen und Verhaltensweisen. Wenn eine Person selbstkongruent ist, entsprechen ihre Selbstwahrnehmungen und Selbstbilder den realen Aspekten ihrer Persönlichkeit und Identität. Eine selbstkongruente Person erlebt weniger Diskrepanz zwischen dem, was sie über sich selbst denkt, und dem, was sie tatsächlich tut oder ist.

Beispiel:
Ein Beispiel für inkongruentes Verhalten wäre, wenn jemand behauptet, gesund zu leben, aber regelmäßig ungesunde Lebensmittel isst, raucht und keinen Sport treibt. Hier gibt es eine Diskrepanz zwischen dem verbalen Bekenntnis zu einem gesunden Lebensstil und den tatsächlichen Handlungen, die dem entgegenstehen. Verhalten Sie sich inkongruent, werden andere Menschen Ihnen nicht vollumfänglich ihren Glauben schenken, da sie, meist unbewusst, bemerken, dass etwas nicht stimmt. Ihre Kommunikation wird unklar und Ihr Gegenüber nimmt Widersprüchlichkeiten zwischen Ihren Worten und Ihrer Körperhaltung wahr. Es nimmt Ihnen einfach nicht ab, was Sie sagen. Gleichzeitig werden Menschen Vertrauen zu Ihnen fassen, wenn Sie sich kongruent verhalten.

Selbstverständlich kann sich dieses Selbstkonzept im Verlauf des Lebens verändern, denn wie der Mensch an sich ist auch seine Persönlichkeit wandelbar, wie Sie bereits feststellen konnten. Es muss sich sogar stets an gemachte Erfahrungen anpassen, denn alles, was wir erleben, kann das Selbstkonzept entweder stärken oder schwächen. Wenn Sie zum Beispiel eine extrovertierte Persönlichkeit pflegen, die gern mit anderen ausgeht und den Nervenkitzel sucht, wird sich Ihr Selbstkonzept durch Erfahrungen der Akzeptanz und Zuneigung anderer stärken. Andererseits können Erlebnisse, bei denen Sie zurückgewiesen oder von einer Gruppe ausgeschlossen werden, Ihr Selbstkonzept schwächen.

Da es hier um die Wahrnehmung bestimmter Aspekte des Selbst geht, ist vermutlich kein Mensch vor einer **Selbstillusion** gefeit. Lassen Sie uns das einmal genauer anschauen:

Positives versus negatives Selbstkonzept

Ein **positives Selbstkonzept** umfasst in der Regel Selbstakzeptanz und Selbstwertschätzung. Man glaubt an das eigene Können und reagiert resilient bei Herausforderungen und Misserfolgen. Zudem ist man aufgrund seines Selbstvertrauens bereit, neue Erfahrungen zu machen und dabei auch Risiken in Kauf zu nehmen, weil dies für die Erreichung von Zielen notwendig ist. Ein im allgemeinen positives Selbstkonzept besitzt zudem die Fähigkeit, sich neuen Erfahrungen flexibel anzupassen, sodass stets eine mehr oder weniger gute Übereinstimmung zwischen dem Selbstbild und den gemachten Erfahrungen besteht. Es ist realistisch, weil es das Erlebte wirklichkeitsgetreu einordnen kann und sein Selbstbild danach anpasst. Dies führt zu Ausgeglichenheit und Zufriedenheit.

Ist das Selbstkonzept allerdings **negativ**, was mit einem geringen Selbstbewusstsein vergleichbar ist, überwiegen hingegen Selbstkritik und Selbstzweifel. Die eigenen Stärken werden nicht anerkannt und stattdessen werden die Schwächen überbetont. Betroffene haben nur wenig oder gar kein Vertrauen in das eigene Können und halten sich dementsprechend bei neuen Erfahrungen oder potenziellen Risiken zurück. Da sie ihre Aufmerksamkeit auf das, was schlecht gelaufen ist, und auf die Misserfolge richten, haben sie ein niedriges Selbstwertgefühl und eine mangelhafte Achtung vor sich selbst. Kein Wunder, dass Betroffene häufig mit Ängsten und psychischen Störungen bis hin zu Depressionen zu kämpfen haben. Natürlich beeinflusst diese Form des Selbstbildes auch soziale Interaktionen und zwischenmenschliche Beziehungen. Darüber hinaus zeugt ein negatives Selbstkonzept meist von Rigidität (Inflexibilität): Ein Mensch mit einem negativen Selbstkonzept versucht unbewusst, sein Selbstbild zu beschützen und damit aufrechtzuerhalten. Dabei werden jene Erfahrungen, die es bedrohen könnten, abgewehrt. Alles, was die Überzeugungen von sich selbst in Frage stellen, wird entweder verleugnet oder verzerrt, wodurch eine Illusionierung der Wirklichkeit geschieht.

Die Selbstillusion, die auch als Selbsttäuschung oder Selbstbetrug bezeichnet wird, beschreibt den Umstand, dass sich ein Mensch bezüglich seiner Fähigkeiten und Eigenschaften beziehungsweise der Realität selbst in die Irre führt und sich damit selbst täuscht. Hier liegt eine Art kognitiver Verzerrung vor, bei der Mensch dazu tendiert, sich selbst in einem positiveren Licht zu sehen, als es objektiv betrachtet gerechtfertigt wäre. Auch der Dunning-Kruger-Effekt entfaltet hier seine Wirkung, denn er beschreibt unter anderem, dass Menschen mit einer geringen Kompetenz sich tendenziell eher kompetent einschätzen. Mehr zu diesen beiden psychologischen Effekten später.

Das Ziel dabei ist, die gemachten Erfahrungen unbewusst danach auszuwählen oder so zu verzerren, dass sie zum bestehenden negativen Selbstbild passen, und wieder eine Übereinstimmung hergestellt wird, obwohl diese nur durch Manipulation des Erlebten möglich wird. Das bedeutet also, dass ein negatives Selbstkonzept starr und unflexibel ist, weil Erfahrungen, die nicht ins eigene Bild passen, auch nicht ins Selbstkonzept integriert werden können. Demnach kann es nicht aktualisiert werden.

Vielleicht kennen Sie diese Mechanismen auch aus Ihrem eigenen Leben: Ein Mensch, der wenig von sich hält und der festen Überzeugung ist, Erfolg nicht verdient zu haben, kann Lob und Siege schlecht genießen. Sein Selbstkonzept basiert schließlich darauf, dass er ein Versager ist, wodurch eine Erfahrung wie ein beruflicher Erfolg nicht in dieses Bild passt. Um sein negatives Selbstkonzept zu verteidigen, neigt dieser Mensch möglicherweise zu einer Negierung seines Gelingens, indem er sich vielleicht nur auf das konzentriert, was schlecht gelaufen ist, oder einfach nicht anerkennt, dass ihm etwas Gutes gelungen ist: „Ich habe der Firma eine große Summe Geld eingespielt, wofür mich der Chef höchstpersönlich gelobt hat – doch der hat doch keine Ahnung, schließlich habe ich bei Thema X nicht alles herausholen können und ein anderer Mitarbeiter hätte eh viel bessere Arbeit geleistet."

Das Beispiel zeigt, wie sehr der Betroffene das Erlebnis negiert, verzerrt und verdrängt, um sein Bild der eigenen Inkompetenz und Unfähigkeit zu rechtfertigen. Sein negatives Selbstbild ist zu starr, als dass es den unerwarteten Erfolg integrieren könnte und der Betroffene somit mehr von sich hält. Dabei bemerken nur die wenigsten Menschen, dass sie somit oft selbst die Ursache ihrer eigenen seelischen und psychischen Spannungen sowie ihrer gestörten Beziehung zu sich selbst sind. Sie stehen sich selbst im Weg und verhindern ein glückliches und, in Bezug auf das Beispiel, ein erfolgreiches Leben.

Realself, Idealself und Oughtself

Der Psychologe Carl Rogers entwickelte die Theorie über das sogenannte „**Realself**" (aus dem Englischen: reales Selbst) und das „**Idealself**" (aus dem Englischen: ideales Selbst).

Das **Realself** beschreibt das, wer und wie Sie wirklich sind.

Das **Idealself** beschreibt das, wer und wie Sie gern sein würden.

Diese führen – sofern sie übereinstimmen – zu einer verbesserten Gesundheit der Psyche, da die Kongruenz dieser den Selbstwert steigern. Rogers vertritt die Meinung, dass eine Inkongruenz dieser beiden Aspekte des Selbstkonzeptes dazu führt, dass der Betroffene psychischen Stress erlebt und unzufrieden ist. Beispiel: Sie kennen sich genau und wissen, dass Sie ständig Ihre Sachen überall herumliegen lassen, doch eigentlich mögen Sie Ihre Unordnung nicht und würden viel lieber in einer aufgeräumten und gepflegten Wohnung leben – Sie sind unzufrieden mit sich.

Das ist durchaus verständlich, denn wenn das Realselbst – also so, wie man eben einfach ist – nicht zum Idealselbst – also so, wie man gerne wäre – passt, entsteht ein Konflikt. Nach dem Beispiel: Ihr Realselbst umfasst Ihrer eigenen Wahrnehmung nach Versagen und Erfolglosigkeit. Hier entsteht eine Diskrepanz und ein innerer Konflikt, denn Ihr Idealselbst beschreibt einen Menschen, der erfolgreich ist und seine Ziele nicht nur ambitioniert verfolgt, sondern auch erreicht. Das unweigerliche Ergebnis ist, dass Ihr Selbstwert und damit auch Ihre psychische Gesundheit darunter leiden.

Des Weiteren existiert neben dem realen und idealen Selbst auch das Bild, was beschreibt, wie man selbst in Bezug auf die Gesellschaft und die damit verbundenen Werte, Normen und Erwartungen sein sollte. Dies wird als das sogenannte „**Ougthself**" (aus dem Englischen: ought = sollen) bezeichnet. Stellen Sie sich vor, Sie würden sich von der allgemeinen Meinung zum Thema Arbeitszeit dazu getrieben fühlen, mehr Zeit im Job zu verbringen (Oughtself), doch eigentlich wünschen Sie sich mehr Zeit für sich selbst und Ihre Familie (Idealself). Es braucht also nicht viel, damit ein Konflikt im Selbstkonzept entsteht. Die Evaluation des Real-, Ideal- sowie Oughtselfs beschreibt die sogenannte *Reflexion* des Selbst, der wir uns im Anschluss an die Übung widmen wollen.

Übung: Entdecken Sie Ihr Real-, Ideal- und Oughtself

Nehmen Sie sich bitte für diese Übung einige Minuten ungestörte Zeit. Sie benötigen einen Stift und einen Zettel oder Sie schreiben hier gleich weiter.

1. Bereiten Sie auf Ihrem Zettel eine Tabelle mit drei Spalten vor und versehen Sie diese mit den Überschriften „Ich bin ...“, „Ich möchte ...“ und „Ich sollte ...“.

Ich bin ...	**Ich möchte ...**	**Ich sollte ...**

2. Widmen Sie sich nun der ersten Spalte und schreiben Sie alles auf, was Sie derzeit über sich selbst glauben. Wie nehmen Sie sich wahr?

3. Schreiben Sie nun in die zweite Spalte, wer Sie gern sein würden. Welche Ambitionen haben Sie? Welche Ziele möchten Sie gern erreichen?

4. Notieren Sie nun in der dritten Spalte jene Dinge, die Sie glauben, sein zu müssen. Was erwartet die Gesellschaft von Ihnen? Was diktieren allgemein anerkannte Normen und Werte? Nehmen Sie sich nun einen farbigen Stift und markieren Sie jene Punkte der drei Spalten, die in Konflikt zueinander stehen. Werden Sie sich so bewusst, wie sehr Ihr Selbstbild, also Ihre Überzeugungen und Annahmen über sich selbst, Ihr Wohlbefinden bestimmen. Sind Sie zufrieden mit dem Menschen, der Sie sind? Würden Sie von sich behaupten, einen guten Charakter und ein angenehmes Leben zu führen? Wenn nein, welche Veränderungen würden Sie gern vornehmen?

Ich bin ...	**Ich möchte ...**	**Ich sollte ...**
Beispiel: ... ein bequemer Mensch, der nach der Arbeit ungern mehr tut, als nötig ist.	Beispiel: ... ein Mensch sein, der andere mit seinen Freizeittätigkeiten überrascht und beeindruckt.	Beispiel: ... mehr Energie für meine Arbeit aufwenden und weniger für mich. Ich sollte mehr Zeit in die Arbeit investieren, um noch besser zu werden.

Selbstreflexion: Der Schlüssel zur Veränderung

Durch den Abgleich von dem, ...

- wie wir uns selbst *sehen*,
- wer wir sein *wollen* sowie
- wer wir glauben, sein zu *müssen*,

können wir aktiv unser Selbstbild gestalten.

So nehmen wir nicht nur Einfluss darauf, was wir denken, fühlen, sagen und tun, sondern auch auf unsere psychische Gesundheit und unser allgemeines Wohlempfinden. Wollen Sie sich von Kopf bis Fuß auf Erfolg programmieren, kommen Sie nicht umhin, sich selbst zu reflektieren. Doch was genau steckt eigentlich dahinter?

Selbstreflexion ist eines der wichtigsten Tools der Persönlichkeitsentwicklung, denn nur dann, wenn Sie sich Ihrem Selbst zuwenden, können Sie etwas über sich, Ihre Motive und Ziele und auch über Ihre Stärken und Schwächen lernen. Sie können Ihre Potentiale enthüllen, die Sie Ihren Träumen näher bringen, und mögliche Baustellen aufdecken, die Ihnen Steine in den Weg legen. Selbstreflexion ist das Nachdenken über sich selbst und bestimmte Fragen.

Der Begriff „Reflexion" ist auf das lateinische Wort „reflectere" zurückzuführen, das so viel wie „beugen", „wenden", „drehen" und „umkehren" heißt. Das beschreibt es ziemlich gut, denn Selbstreflexion bedeutet, ein Thema oder eine Frage im Geist im bildlichen Sinne zu drehen und zu wenden, sodass sie aus allen Perspektiven betrachtet werden kann und alle Facetten sichtbar werden.

Im 17. und 18. Jahrhundert bekam der Begriff „reflektieren" weitere Bedeutungen zugeschrieben, darunter „bedenken", „nachsinnen", „betrachten" oder auch „das Augenmerk auf etwas richten".

Genau das passiert hier: Es wird die Aufmerksamkeit auf die eigenen Gefühle, Gedanken und Taten gerichtet. Man beginnt, sich zu hinterfragen und selbst zu analysieren, was zu Erkenntnissen über das eigene Sein führt. Wenn Sie zum Beispiel eine emotional angeregte Diskussion mit einem anderen Menschen geführt haben, könnten Sie im Nachhinein durch Selbstreflexion erkennen, warum Sie dies sagten und jenes fühlten. Vielleicht fällt Ihnen dadurch auf, dass Sie sich an einer Stelle durch die Worte Ihres Gegenübers persönlich angegriffen fühlten und deshalb mit einigen forschen Worten und unangenehmen Gefühlen darauf reagierten. Doch plötzlich fällt Ihnen auf, dass hier womöglich ein Missverständnis vorlag, weil Ihr Gesprächspartner Sie in diesem Moment überhaupt nicht gemeint hat.

Durch dieses Beispiel allein wird deutlich, warum Selbstreflexion ein so wertvolles Werkzeug ist und warum sie praktiziert werden sollte: der Selbsterkenntnis wegen. Tauchen Sie in Ihre innere Welt ein und gelangen Sie so zu mehr Klarheit in Ihrem Leben.

1. Was ist es, das Sie wirklich wollen?
2. Welches ungenutzte Potential schlummert in Ihnen?
3. Welche Denk- und Verhaltensweisen bringen Sie Ihren Träumen näher und welche stehen Ihnen im Weg?

Mit all diesen Erkenntnissen haben Sie den ersten Schritt zu einer aktiven Verbesserung Ihres Lebens gemacht. Erst, wenn Sie wissen, wer Sie sind, können Sie Ihr negatives Selbstkonzept in ein positives umwandeln. Nur so können Sie zu dem Menschen werden, der Sie sein wollen. Nur so können Sie die Persönlichkeit entwickeln, die Ziele entwickelt und auch erreicht. Wie auch schon der österreichische Schriftsteller schrieb: „Wer in sich geht, kann mehr aus sich herausholen."

In Bezug auf die Theorie des Realself, Idealself und Oughtself kann hier eine großartige Möglichkeit zum persönlichen Wachstum genutzt werden. Wenn Sie sich bei Ihrem Idealself nicht auf die Diskrepanz zwischen dem, was sein sollte, und dem, was ist, konzentrieren, sondern sich von Ihren Wünschen und Zielen, die sich hinter dem Idealself verbergen, motivieren lassen, nutzen Sie das Potential hinter diesem psychologischen Modell. Hinter dem idealen Selbst muss nicht bloß unrealistisches Wunschdenken stecken, sondern es kann auch eine Art Leitbild darstellen, das zur Weiterentwicklung anregt. Durch Reflexion können Sie erkennen, was Sie erreichen wollen und welche Schritte notwendig sind, um Ihrem Idealselbst näher zu kommen. Damit wird es zu einem wichtigen Werkzeug auf dem Weg der Persönlichkeitsentwicklung.

Reflexionsübung für Anfänger:

Schritt 1 – Wählen Sie eine Erfahrung aus: Denken Sie an eine Situation, die Sie kürzlich erlebt haben und über die Sie nachdenken möchten. Zum Beispiel könnte es sich um ein Gespräch mit einem Freund handeln, das Sie verärgert hat, oder um einen Erfolg bei der Arbeit, auf den Sie stolz sind.

Schritt 2 – Schaffen Sie einen ruhigen Raum: Suchen Sie sich einen ruhigen Ort, an dem Sie sich wohl fühlen und ungestört sind. Das kann Ihr Zimmer, ein ruhiger Park oder ein gemütliches Café sein.

Schritt 3 – Stellen Sie sich selbst Fragen: Stellen Sie sich Fragen zu der Erfahrung, über die Sie nachdenken. Zum Beispiel:

- Was ist in dieser Situation passiert? (Beispiel: Mein Freund hat mich kritisiert und ich habe mich verletzt gefühlt.)
- Wie haben Sie sich dabei gefühlt? (Beispiel: Ich war verärgert und traurig.)
- Was waren die Ursachen für Ihre Reaktionen? (Beispiel: Ich fühlte mich angegriffen und unverstanden.)
- Was haben Sie aus dieser Erfahrung gelernt? (Beispiel: Ich habe gelernt, wie wichtig klare Kommunikation ist.)
- Gibt es Dinge, die Sie beim nächsten Mal anders machen könnten? (Beispiel: Ich könnte versuchen, ruhiger zu bleiben und meine Gefühle klarer zu kommunizieren.)

Schritt 4 – Hören Sie auf Ihre Gedanken: Lassen Sie Ihre Gedanken frei fließen, während Sie über diese Fragen nachdenken. Schreiben Sie sie auf, wenn Ihnen das hilft, Ihre Gedanken zu ordnen.

Schritt 5 – Betrachten Sie verschiedene Perspektiven: Versuchen Sie, die Situation aus verschiedenen Blickwinkeln zu betrachten. Fragen Sie sich, wie Ihr Freund die Situation wahrgenommen haben könnte und warum er so reagiert hat. Überlegen Sie auch, wie Sie selbst anders hätten handeln können.

Schritt 6 – Finden Sie Schlussfolgerungen: Überlegen Sie, was Sie aus dieser Erfahrung gelernt haben und wie Sie sie in Zukunft nutzen können, um besser zu werden oder ähnliche Situationen besser zu bewältigen. Zum Beispiel könnten Sie beschließen, in Zukunft offener über Ihre Gefühle zu sprechen oder sich bewusst Zeit zu nehmen, bevor Sie reagieren.

Schritt 7 – Seien Sie geduldig mit sich selbst: Reflexion erfordert Zeit und Übung. Seien Sie geduldig mit sich selbst, während Sie lernen, sich selbst besser zu verstehen und aus Ihren Erfahrungen zu lernen.

Schritt 8 – Wiederholen Sie den Prozess: Machen Sie die Reflexion zu einem regelmäßigen Teil Ihres Lebens. Je öfter Sie reflektieren, desto besser werden Sie darin und desto mehr werden Sie von Ihren Erfahrungen profitieren.

Übung: Das Idealselbst zum Leben erwecken

Betrachten Sie hierfür noch einmal die mittlere Spalte der vorangegangenen Übung („Übung: Entdecken Sie Ihr Real-, Ideal- und Oughtself") und überlegen Sie, wie Sie wahrmachen können, was Sie sich von sich selbst wünschen. Durch welche Gedanken, Worte und konkrete Handlungen repräsentieren Sie eine Persönlichkeit, die durch Ihre Punkte der mittleren Spalte beschrieben werden könnte? Ganz unter dem Motto: Wie können Sie zu Ihrem idealen Selbst werden?

Beispiel:
Sie notierten folgende Punkte in der mittleren Spalte „Ich möchte ...":
... ein geordnetes Leben führen.
... mich gesünder ernähren und meinem Körper Gutes tun.

Hier kann im Alltag das universelle Prinzip des Kaizen hilfreich sein:

Definition: Kaizen
Der Begriff Kaizen stammt aus dem Japanischen und setzt sich aus den Silben „Kai", was so viel wie „Veränderung" oder „Wandel" bedeutet, und „zen" zusammen. Zen bedeutet so viel wie „zum Besseren". Der Begriff Kaizen steht also für eine Veränderung zum Besseren. Er bezeichnet eine japanische Lebensphilosophie, aber auch eine Arbeitsphilosophie und ein methodisches Konzept, das auf bestimmten Leitlinien aufbaut.

Hinter dem Begriff Kaizen steckt die Idee einer kontinuierlichen und nachhaltigen Verbesserung. Möchten Sie dieses Prinzip auf Ihren persönlichen Alltag und Ihre persönlichen Ziele anwenden, müssen Sie in einem ersten Schritt Klarheit darüber schaffen, was Sie verbessern wollen und wo Ihre Ziele liegen. Ebenso wichtig ist die Klarheit darüber, warum Ihre Ziele gerade dort liegen und nicht an anderen Stellen. Machen Sie sich also bewusst, weshalb die Veränderung Ihrer Essgewohnheiten für Sie bedeutsam und wichtig ist. Im Nachgang können Sie sich dann einer universellen Kaizen-Übung bedienen. Diese lernen Sie im Anschluss besser kennen.

Übung 1: Analyse der eigenen Situation mit Kaizen

Aufgabe 1: Skizzieren Sie Ihren derzeitigen Ist-Zustand in Bezug auf Ihr Essverhalten.

Aufgabe 2: Beantworten Sie folgende Fragen:
Möchten Sie vielleicht etwas verändern?

Haben Sie schon lange ein Ziel im Kopf, an dem Sie jedoch nie arbeiten (beispielsweise das Einhalten gesunder Essroutinen und die Verbesserung Ihres Lebenswandels)?

Was könnte Ihr Selbstwertgefühl steigern?

Was könnte Ihr Wohlbefinden steigern?

Sie haben nun Ihren Ist-Zustand skizziert sowie mögliche Veränderungen aufgezählt, die Sie in Ihren Alltag integrieren möchten/könnten, um sich zu verbessern. Der Einsatz von Kaizen ist nun in diesem Bereich zur Unterstützung Ihrer Genesung möglich. Machen Sie sich dabei bewusst, dass es darum geht, kleine Verbesserungen zu erzeugen. Folgende Tipps sollten Sie sich hierzu vor Augen führen:

Fangen Sie in kleinen Schritten an, Ihre Gewohnheiten in die Hand zu nehmen. Lassen Sie sich nicht von gesellschaftlichen Erwartungen lenken. Und vor allem: Wagen Sie den ersten Schritt. Der Anfang, der allererste Schritt, ist immer der schwierigste. Haben Sie diesen Schritt gewagt, werden die nächsten immer einfacher werden. Genau deshalb ist Kaizen eine der wirksamsten Methoden: Der erste kleine Schritt bringt Sie auf den richtigen Weg, doch Sie müssen keine Angst davor haben, über Nacht Ihr ganzes Leben umzukrempeln. Denken Sie stets daran, dass Veränderungen sowieso eintreten werden. Sie müssen sich ohnehin darauf einstellen, dass sich Ihr Rhythmus irgendwann in eine unbekannte Richtung bewegen wird. Also warum sollten Sie sich nicht direkt an der Veränderung beteiligen? So können Sie zumindest dafür sorgen, dass die Veränderungen in eine gewünschte Richtung gehen.

Beispiel:
Viele Menschen würden gerne „gesünder leben". Doch womit fängt man an? Wie lebt man von einem Tag auf den anderen gesünder? Möglicherweise ist Ihr Gewicht Ihre größte Sorge oder Sie haben absolut keine Ahnung von gesunder Ernährung? Welcher der Punkte könnte Sie auf das Verbessern der anderen Punkte vorbereiten?

Wenn Sie beispielsweise Ernährung ausgewählt haben, dann brechen Sie diesen Punkt ebenfalls auf kleine Schritte herunter. Zum Thema Ernährung könnten Ihre Verbesserungen unter anderem lauten: mehr kochen, mehr Gemüse essen, mehr vegetarische Kost einbauen, mehr frisches Obst essen, auf zusätzliche Vitamine achten, mehr saisonal und regional essen, mehr ökologisch angebaute Produkte essen, weniger Zucker essen, weniger Fertigprodukte kaufen und vieles mehr.

Wählen Sie einen Unterpunkt und unterteilen Sie ihn nochmals in konkretere Maßnahmen, beispielsweise „mehr frisches Obst essen". Überlegen Sie sich eine konkrete Maßnahme, die Sie in Ihren Alltag einbauen können. Beginnen Sie beispielsweise jeden Tag mit einem Stück Obst oder einem Glas Wasser mit frisch gepresstem Zitronensaft. Diese kleine Veränderung ist Ihr erster Schritt. Sie ist konkret und simpel. Sie kostet Sie keine zusätzliche Zeit. Sie können die Obsteinnahme einfach mit Ihrem Frühstück kombinieren. Dennoch ist dieser Schritt sehr effektiv, denn er wird Ihnen helfen, eine Gewohnheit aus der Einnahme von frischem Obst zu machen.

Im Anschluss setzen Sie dieses Vorgehen dann mit den nächsten Aufgaben des Kaizen fort:

Aufgabe:
Schreiben Sie Ihre Ziele auf, um nicht zu vergessen, welche Veränderungen Sie sich vornehmen wollen. Schauen Sie sich hierzu noch einmal an, welche Veränderungen Sie sich in der vorherigen Aufgabe notiert haben.

> **Beispiel:**
> gesünder leben – Fitness, Ernährung, Schlaf, Wasser, Gelenkigkeit, Entwicklung eines gesunden Essverhaltens etc.

- ____________________
- ____________________
- ____________________
- ____________________
- ____________________
- ____________________
- ____________________
- ____________________
- ____________________
- ____________________

1. Priorisieren Sie erste kleine Schritte – auch wenn Ihnen auf Anhieb tausend Dinge einfallen, die Sie gern verändern wollen würden, und brechen Sie diese wiederum herunter.

> **Beispiel:**
> gesündere Ernährung – mehr kochen, mehr Gemüse essen, mehr vegetarische Kost einbauen, mehr frisches Obst essen, auf zusätzliche Vitamine achten, mehr saisonal und regional essen, mehr ökologisch angebaute Produkte essen, weniger Zucker essen, weniger Fertigprodukte kaufen, gesunde Essroutinen entwickeln und vieles mehr

- ____________________
- ____________________
- ____________________
- ____________________
- ____________________

2. Überlegen Sie, welche ersten Schritte am sinnvollsten sind, und starten Sie mit Ruhe. Andernfalls überfordern Sie sich möglicherweise. Jedes große Ziel lässt sich in viele kleine Einzelschritte zerteilen. Wählen Sie also wiederum einen Unterpunkt aus 2 aus und überlegen Sie sich konkrete Maßnahmen dazu.

Beispiel:
mehr frisches Obst essen – jeden Tag zum Frühstück ein Stück Obst oder ein Glas Wasser mit frisch gepresstem Zitronensaft, ausreichend Zufuhr von Nährstoffen, die Einnahme von regelmäßigen Mahlzeiten etc.

- ______________________________
- ______________________________
- ______________________________
- ______________________________
- ______________________________

3. Integrieren Sie die Maßnahme in Ihren Alltag.

Beispiel:
Machen Sie sich eine Notiz für den nächsten Einkauf, damit Sie daran denken, ausreichend Obst zu besorgen. Wenn Sie möchten, können Sie sogar so weit gehen, dass Sie sonntags bereits festlegen, an welchem Tag Sie was zu sich nehmen möchten: montags ein Glas Zitronenwasser, dienstags einen Apfel, mittwochs eine Handvoll Kirschen usw. – so müssen Sie unter der Woche nicht einmal darüber nachdenken, sondern greifen automatisch zu dem Nahrungsmittel, das für den jeweiligen Tag vorgesehen ist. Damit ersparen Sie sich eine Vielzahl an Überlegungen und sorgen im Alltag für weniger Stress.

- ______________________________
- ______________________________
- ______________________________
- ______________________________
- ______________________________
- ______________________________
- ______________________________
- ______________________________

Sie erkennen schon: Mit Kaizen ist Veränderung gar nicht mehr so kompliziert und erschreckend, wie Sie bislang gedacht haben. Vor allem Selbstreflexion ist hier der Schlüssel zum Erfolg. Sie sollten es wagen, sich selbst kennenzulernen, damit Sie das Potential in Ihnen entdecken können. Das führt nicht nur zu privaten, sondern auch zu beruflichen Erfolgen, denn eine gute Selbstwahrnehmung ermöglicht Ihnen, Ihre Eigenarten und Bedürfnisse sowie Ihre Stärken und Schwächen aufzudecken, zu analysieren und an den richtigen Stellen Veränderungen vorzunehmen.

Dafür muss Ihr Selbstkonzept positiv eingestellt sein, da ein Mensch, der sich auf das Negative und Schlechte ausrichtet, auch nur schlecht in der Lage ist, sein Potential anzuerkennen, geschweige denn zu nutzen. Selbstreflexion kann hier eine entscheidende Rolle spielen, da sie diesen Missstand aufzudecken vermag, indem sie ein Bewusstsein in die sonst automatisch ablaufenden Gedanken- und Verhaltensmuster bringt. Für die eigenen Ziele schädliche Aspekte können so minimiert und positive Potentiale können genutzt werden, wie die Übungen Ihnen zeigen sollten. Lassen Sie uns noch ein wenig tiefer in das Thema Stärken und Schwächen eintauchen.

Persönliche Stärken und Schwächen erkennen und nutzen

Sie sollten zwangsweise Selbstreflexion betreiben, um sich Ihrer Stärken und Schwächen bewusst zu werden. Vielleicht hat auch bei Ihnen bereits die eine oder andere Situation ergeben, dass Sie eine falsche Entscheidung getroffen haben oder in Ihrer Reaktion einem anderen Menschen Unrecht getan haben. Das ist keineswegs ein Grund, um sich für seine Fehler selbst zu kritisieren oder zu schämen, denn sie machen uns nur menschlich. Jeder besitzt Fähigkeiten, die er gerne auslebt und die er gut kann. Dementsprechend muss es auch Dinge geben, die Ihnen nicht so leichtfallen und in denen es Verbesserungspotential gibt. Bei der Analyse der Stärken und Schwächen geht es demnach nicht darum, die eigenen Schwächen als Anlass zur Selbstkritik zu missbrauchen, sondern um sein Leben so zu formen, dass es Glück und Erfüllung mit sich bringt. Sie können sich dafür entscheiden, Ihre persönlichen Stärken so zum Einsatz zu bringen, dass Sie Erfolg in Ihrem Leben manifestieren, weil Sie etwas tun, das Sie besonders gut können und das demnach auch anderen Menschen zugutekommt. Bezüglich Ihrer Schwächen können Sie Wege finden, wie Sie diese ausgleichen, zum Beispiel, indem Sie sich entweder in diesen Bereichen weiterbilden oder die betreffenden Aufgaben an Experten übergeben. So sparen Sie nicht nur Zeit, sondern auch Ressourcen sowie persönliche physische und psychische Energie, die Sie voll und ganz in das umleiten können, was Sie als Ihre Talente, Begabungen oder Ihre Bestimmung bezeichnen würden. Diese Ausrichtung auf das Positive soll keineswegs

das Negative negieren, sondern vielmehr das Potential aufdecken, was in jedem einzelnen Menschen steckt.
Dadurch entwickelt sich ein starkes und positives Selbstkonzept, das keinem Erfolg im Weg steht, sondern diesen erst ermöglicht. Sie möchten sich auf Erfolg programmieren? Dann reflektieren Sie Ihre Stärken und entdecken Sie Ihre Potentiale!

Übung: Stärken-Schwächen-Analyse

Nehmen Sie sich einen Zettel, einen Stift und ein paar ungestörte Minuten und überlegen Sie, welche Stärken und Schwächen Sie haben. Die folgenden Fragen zum Thema können Ihnen bei der Suche Anregungen liefern:

Stärken:

- Was macht Ihnen besonders viel Spaß?
- Bei welchen Tätigkeiten fühlen Sie sich erfüllt?
- Was können Sie besonders gut?
- Was würden Sie als Ihre Talente oder Begabungen beschreiben?
- Wofür erhalten Sie am meisten Lob und Komplimente?
- Welche Ihrer Charaktermerkmale schätzen Ihre Mitmenschen besonders?
- Wodurch heben Sie sich von anderen ab?
- Was war Ihr letzter größerer Erfolg?

Schwächen:

- In welchen Situationen fühlen Sie sich nervös oder unwohl?
- Bei welchen Tätigkeiten gelangen Sie an Ihre persönlichen Grenzen?
- Welche Merkmale würden Sie an sich ändern wollen?
- Worüber ärgern Sie sich in Bezug auf sich selbst?
- Welche Verbesserungsvorschläge und Kritikpunkte wurden Ihnen von Ihren Mitmenschen mitgeteilt?
- In welchen Bereichen mangelt es Ihnen an Wissen und Kompetenz?
- Welche Aufgaben geben Sie an andere ab oder bei welchen würden Sie dies gerne tun?
- Vor welchen Dingen haben Sie sich bisher gedrückt, woran lag das?

Zielerreichung und Selbstmotivation

Warum Sie sich Ziele setzen sollten

Das Setzen und das Erreichen von Zielen gehen immer dem Erfolg voraus. Wenn Sie erfolgreich sein möchten, müssen Sie zunächst definieren, in welche Richtung Sie gehen möchten und was genau Erfolg in dieser Hinsicht für Sie bedeutet. Ohne Ziele, die Sie sich auf Ihrem persönlichen Entwicklungsweg vor Augen halten, irren Sie lediglich „in der Gegend herum". Sie können sich Ihre Ziele als Wegweiser vorstellen, die Ihnen zeigen, wo es langgeht. Ziele schenken Orientierung und erinnern Sie stets an das große Ganze. Wenn Sie sich zum Beispiel Ihren Wunsch eines eigenen Cafés erfüllen möchten, werden Sie zunächst einen umfangreichen und langfristigen Prozess durchleben müssen, bis Sie schließlich in Ihrem Café stehen und die ersten Gäste bedienen. Stellen Sie sich vor, es hapere hier noch an der Finanzierung und Sie nehmen sich vor, zunächst eine ganze Menge Geld anzusparen, um sich Ihren Traum zu erfüllen. Vielleicht sind Sie unzufrieden mit Ihrem derzeitigen Job und Sie können es kaum abwarten, zu kündigen. Und doch brauchen Sie das Geld, um es zu sparen. Ohne ein Ziel vor Augen würden Sie möglicherweise einfach kündigen und sich etwas anderes suchen, doch Sie nutzen Ihr Ziel, ein Café zu eröffnen, als Wegweiser in Ihrem Leben. Sie sind so motiviert, es zu erreichen, dass Sie Ihre derzeitige berufliche Lage akzeptieren können, denn Sie arbeiten auf das große Ganze hin. Auf die Rolle der Motivation kommen wir später noch zu sprechen. Wie das Beispiel gezeigt hat, sind Ziele ausschlaggebend dafür, ob man Erfolg hat oder nicht, denn die Zielerreichung ist der Gradmesser für diesen. Ohne eine Richtung, in die das Leben gehen soll, verfängt man sich in den vielen Möglichkeiten, von denen man jedoch in keine voll und ganz eintaucht. Viele Dinge werden ausprobiert, aber beendet wird nicht ein einziges – dies ist eine Definition von Ziellosigkeit, womit auch Erfolgslosigkeit einhergeht.

Zielerreichung in 5 einfachen Schritten

Wer Erfolg haben möchte, muss dafür erst einmal einen Prozess der Zielerreichung von Anfang bis Ende durchlaufen. Dieser kann in 5 einfachen Punkten dargestellt werden, die zum besseren Verständnis anhand des oberen Beispiels des Cafés veranschaulicht werden:

1. Definition des Ist-Zustandes: Zunächst ist es ratsam, dass Sie erkennen, wo Sie sich derzeit befinden. Identifizieren Sie Ihren momentanen Standort und beantworten Sie sich die Frage, wo Sie gerade stehen.

Beispiel:
Sie haben einen recht gut bezahlten Job, der Sie jedoch nicht erfüllt. Sie sehnen sich nach einer Aufgabe, die Sie fordert, Ihnen Kontakt mit Menschen ermöglicht und Sie in beruflicher Hinsicht selbstständig macht.

---

2. Definition des Soll-Zustandes: Der zweite Schritt beschreibt die eigentliche Definition des Ziels, das Sie anstreben. Wo möchten Sie hin? Was ist es, das Sie erreichen wollen? Welcher Zustand ist der gewünschte?

Beispiel:
Ihr Ziel ist es, ein Café zu eröffnen.

---

3. Planung der Maßnahmen: Nun überlegen Sie sich genau, wie Sie dort hinkommen, wo Sie sein möchten. Welche konkreten Maßnahmen sind dafür notwendig? Welche Strategie verfolgen Sie? Arbeiten Sie einen exakten Plan aus, der sowohl Zeiten als auch Maßnahmen beinhaltet, um Ihr Ziel zu erreichen.

Beispiel:
Für das gewünschte Café benötigen Sie eine bestimmte Summe Geld, die Sie sich selbst ansparen wollen. Sie entscheiden, zunächst für ein weiteres Jahr in Ihrem derzeitigen Vollzeit-Job zu bleiben und jeden übrigen Cent zurückzulegen. Nach einem Jahr gehen Sie zu einer Teilzeitstelle über, sodass Sie die freie Zeit für die ersten Schritte als Cafébesitzer umsetzen können.

---

4. Ausführung des Plans: Nun geht es darum, von den Gedanken in die Tat überzugehen. Leiten Sie die ersten Schritte Ihres Plans ein und arbeiten Sie sich von dort aus vor. Passen Sie gegebenenfalls auf dem Weg zum Ziel Ihre Strategie an, sollte es notwendig sein, ansonsten bleiben Sie konsequent und zielstrebig.

Beispiel:
Sie richten sich ein Sparkonto mit dem Namen „Kapital für mein Café" ein und überweisen das erste Mal einen großen Teil Ihres Gehaltes darauf. In Ihrer Freizeit beginnen Sie damit, Recherchen zu den Themen Betriebswirtschaft, Unternehmensgründung, Finanzierung, Mitarbeiterakquirierung, Hygienekonzept und weitere zu unternehmen. Sie besuchen Informationsveranstaltungen und Seminare, die Ihnen Wissen vermitteln, das Sie für eine Erfolgreiche Eröffnung Ihres Cafés benötigen.

____

____

____

____

5. Überprüfung des Erfolgs: Nachdem Sie Ihren Plan zum Ziel ausgeführt haben, fragen Sie sich: Haben Sie Ihr Ziel erreicht? Vergleichen Sie Ihre Definition des Soll-Zustandes von Punkt 2 mit dem Ergebnis. Sind Sie zufrieden? Gibt es noch Dinge, die zu erledigen sind? Was hätte man besser machen können?

Beispiel:
Es ist so weit: Sie haben Ihr Café eröffnet und nach den ersten Wochen lohnt sich eine erste Überprüfung des Ergebnisses. Sie sind äußerst zufrieden mit dem Ergebnis und betrachten sich als erfolgreich. Auch wenn Sie derzeit sehr im Anfangsstress Ihrer Unternehmung stecken, fühlen Sie sich dennoch erfüllt. Nun möchten Sie einige notwendige Schritte in die Wege leiten, wie Sie ein wenig mehr zur Ruhe kommen und Aufgaben abgeben können, denn Sie haben bei dem 5. Schritt der Zielerreichung bemerkt, dass es hier noch Entwicklungspotential nach oben gibt. Sie nehmen sich vor, nach 2 weiteren Monaten erneut eine Zwischenbilanz zu ziehen und Ihren Erfolg zu überprüfen. Sie beginnen ebenfalls damit, sich neue Ziele zu stecken.

____

____

____

____

Die SMART-Methode: Vorhaben richtig definieren und verwirklichen

Damit die Erreichung eines Ziels gelingen kann, besagt die sogenannte SMART-Methode, dass diese ...

- **S** wie spezifisch,
- **M** wie messbar,
- **A** wie attraktiv,
- **R** wie realistisch und
- **T** wie terminiert

sein müssen. So können Sie den Fokus beibehalten und Ihre Energie auf die wirklich wichtigen Schritte ausrichten.

- **S wie spezifisch**: Ihr Ziel sollte äußerst klar und spezifisch formuliert werden. Je allgemeiner und unklarer Ihr Vorhaben ist, desto geringer ist die Wahrscheinlichkeit, dass Sie erfolgreich sein werden. Finden Sie also konkrete und möglichst detaillierte Aussagen, die Ihr Ziel beschreiben und keine Zweifel zulassen, worum es eigentlich genau geht. Präzise Formulierungen müssen dabei nicht seitenlange Aufsätze bedeuten, sondern können auch in einem einzelnen Satz komprimiert werden.

- **M wie messbar**: Erst, wenn ein Ziel messbar gemacht wird, kann man im Nachhinein feststellen, ob es erreicht wurde oder nicht. Dabei helfen zeitliche und mengentechnische Angaben, die insbesondere bei quantitativen Vorhaben eine Messung ermöglichen, wie zum Beispiel bei einer Umsatzsteigerung von 10 %. Für Ziele, bei denen dies eher schwierig ist, wie zum Beispiel bei der Verbesserung der Kundenzufriedenheit, müssen Ersatzgrößen gefunden werden, wie, auf das Beispiel bezogen, erhöhte Verkaufszahlen oder geringere Retouren. Die SMART-Methode geht davon aus, dass nur messbare Ziele auch erreicht werden können.

- **A wie attraktiv**: Bei diesem Punkt kommt die Motivation ins Spiel, denn ein Ziel muss zwangsläufig attraktiv sein, damit alle Beteiligten überhaupt gewillt dazu sind, es zu verfolgen. Wichtig ist, dass das Ziel positiv formuliert wird, damit es die Motivation fördert und Sie auch bei auftretenden Problemen und Misserfolgen nicht aufgeben.

- **R wie realistisch**: Utopische Vorhaben steigern die Frustration, weil sie nicht erreicht werden können. Frust wiederum ist der Killer jeglicher Motivation, weshalb es zwingend erforderlich ist, dass das angestrebte Ziel realistisch gewählt wird. Es darf und muss durchaus herausfordernd sein, doch die Herausforderung muss auch zu bewältigen sein. Dieser Punkt bezieht demnach alle zur Verfügung stehenden Ressourcen ein.

• **T wie terminiert**: Der letzte Punkt der SMART-Methode bezieht sich auf den zeitlichen Aspekt der Zielerreichung. Jedes Vorhaben braucht einen festgelegten zeitlichen Rahmen, eine Deadline, wodurch genau definiert wird, wann es erreicht werden muss. Das dient der Kontrolle, ob das Ziel (durch Messung) erreicht werden konnte. Wichtig ist es, auch hier ein konkretes Datum zu benennen. Es können außerdem sogenannte Meilensteine festgelegt werden, die eine Art Zwischenschritt beziehungsweise Zwischenziel beschreiben, an dem man erkennen kann, ob man sich noch auf dem richtigen Weg zum Ziel befindet.

Übung: Erreichen Sie Ihr Ziel SMART!

Gehen auch Sie smart (aus dem Englischen: schlau, intelligent) vor, wenn Sie Ihre Ziele erreichen wollen. Nehmen Sie sich dafür die zuvor beschriebene Methode zu Hilfe und setzen Sie sich mit Ihren Vorhaben auseinander. Hierfür benötigen Sie einen Stift und einen Zettel.

• **S** wie spezifisch: Schreiben Sie ganz konkret und präzise auf, was Ihr Ziel ist. Konzentrieren Sie sich dabei nur auf das, was erreicht werden muss, damit Ihr Vorhaben erfolgreich ist, und ignorieren Sie zunächst noch den Punkt, wie es erreicht werden kann. Was genau möchten Sie erreichen? Welche konkreten Merkmale hat das Ziel, das Sie erreichen möchten?

Beispiel:
In 2 Jahren soll mein Café so viel Gewinn machen, dass ich meinen derzeitigen Job kündigen kann, weil alle meine privaten Kosten von 2000 € im Monat gedeckt sind.

____

____

____

• **M** wie messbar: Überlegen Sie, wie Sie Ihr Ziel messbar machen können. Woran können Sie messen, dass Ihr Ziel erreicht wurde? Woran können Sie Ihren Erfolg festmachen?

Beispiel:
Bei der monatlichen Abrechnung in 2 Jahren kann anhand der Einnahmen und Ausgaben abgelesen werden, dass der Überschuss eine Auszahlung an mich von mindestens 2000 € pro Monat ermöglicht.

____

____

____

____

- **A** wie attraktiv: Notieren Sie nun, warum es attraktiv ist, Ihr Ziel zu erreichen. Ist Ihr Ziel attraktiv genug? Motiviert es Sie?

> **Beispiel:**
> Mein Ziel, mit meinem Café in 2 Jahren mindestens 2000 € pro Monat einzunehmen, ist deshalb so attraktiv für mich, weil ich damit in der Lage bin, meinen derzeitigen ungeliebten Job zu kündigen und ein freieres und selbstständigeres Leben zu führen. Außerdem kann ich mich so selbst verwirklichen, ohne auf einen Arbeitgeber angewiesen zu sein.

____

____

- **R** wie realistisch: Prüfen Sie nun, ob Ihr Vorhaben auch realistisch ist. Kann es erreicht werden? Ist es möglich, Ihr Ziel innerhalb des festgesetzten Zeitrahmens mit den vorhandenen Ressourcen zu erreichen?

> **Beispiel:**
> Eine monatliche Auszahlung von 2000 € an mich durch die Gewinne des Cafés in 2 Jahren sind deshalb realistisch, weil meine Recherchen gezeigt haben, dass ich einen ausgezeichneten Standort für das Vorhaben gewählt habe, dass sich meine potenzielle Zielgruppe ein Café wie meines wünscht und dass meine Ersparnisse die Finanzierung ermöglichen.

____

____

____

____

- **T** wie terminiert: Legen Sie nun eine konkrete Deadline fest, an der Sie Ihr Ziel erreicht sehen möchten. Welchen zeitlichen Rahmen halten Sie für realistisch, aber dennoch so knapp bemessen, dass Sie motiviert sind, sofort in Aktion zu treten? Gibt es eventuelle Zwischenschritte, die Sie zusätzlich festlegen möchten?

> **Beispiel:**
> Mein Ziel bezüglich des Cafés soll in 2 Jahren erreicht werden, sodass meine Deadline der 31.12.2025 ist. Meine Meilensteine sind jeweils am 31.12.2024, an dem ich mit dem Café mindestens 500 € pro Monat verdienen möchte, und am 01.07.2025, an dem ich mir mindestens 1000 € pro Monat auszahlen möchte.

____

____

Was hindert Menschen an der Erreichung ihrer Ziele?

Nun ist es leider so, dass nicht jedes Ziel erreicht wird und nicht immer alle Unternehmungen von Erfolg gekrönt sind. Neben unzähligen persönlichen, sozialen und wirtschaftlichen Faktoren, auf die wir jetzt nicht eingehen werden, konzentrieren wir uns auf die 4 häufigsten Gründe, warum Vorhaben scheitern können.

- **Mangelnder Realismus**: Viele Ziele scheinen bei näherer Betrachtung wie Utopie. Hier wollte man nach den Sternen greifen, ohne zu berücksichtigen, dass man mit beiden Beinen stets auf dem Boden der Tatsachen bleiben muss. Ziele dürfen ruhig so gewählt werden, dass sie echte Herausforderungen bieten, sie sollten jedoch trotzdem machbar sein.
- **Mangelnde Strategie**: Sie müssen sich bewusst machen, dass nur konkrete Maßnahmen und eine gute Planung Sie zu Ihren Zielen führen. Wenn Sie ein Vorhaben ohne Strategie verfolgen, verfangen Sie sich womöglich in reinem Aktionismus, ohne jedoch etwas damit zu erreichen.
- **Mangelnder Fokus**: Da, wo Ihre Aufmerksamkeit liegt, fließt auch Ihre Energie. Wenn Sie sich nicht auf Ihr Ziel konzentrieren können, werden Sie es aus den Augen verlieren. Ablenkungen, Widerstände und Zweifel sind die größten Hindernisse, die echten Fokus behindern und somit die Zielerreichung unmöglich machen können.
- **Mangelnde Motivation**: Motivation ist der innere Ansporn, warum der Mensch tut, was er tut. Es braucht immer diesen tieferen Sinn, den wir mit unseren Handlungen verfolgen, denn ohne Motiv gibt es auch keinen Grund, warum wir mit ganzem Herzen für ein Vorhaben kämpfen sollten. Was genau hinter der Motivation steckt und wie Sie diese in sich erwecken können, um Ihre Ziele zu erreichen, erfahren Sie nun.

Selbstmotivation: Wie aus Wünschen Realität wird

Die Fähigkeit, sich selbst motivieren zu können, ist nicht nur bei der allgemeinen Erreichung von dem, was man will, absolut notwendig, sondern auch bei den Dingen, die man eigentlich *nicht* tun möchte, die aber notwendig sind. Egal, worum es letztendlich geht: Eigenmotivation bedeutet, den Antrieb, etwas zu erledigen und an den eigenen Zielen zu arbeiten, in sich selbst zu finden. Sie sind durch Selbstmotivation in der Lage, das zu tun, was Sie sich vorgenommen haben. Das erfordert selbstverständlich Selbstdisziplin.

Der Mensch handelt grundsätzlich aus zwei Gründen: entweder zur Vermeidung von Schmerz oder zur Vermehrung von Freude. Wir tun also Dinge, um dadurch zu vermeiden, was sich nicht gut anfühlt, oder damit wir uns gut fühlen.

• **Schmerz als Motivator**: Die Vermeidung von Schmerz ist ein starker Antrieb, wie man erkennen kann, wenn man sich ein paar Beispiele aus der Praxis dafür ansieht. Ist der Schmerz groß genug, sind wir bereit, ziemlich viel zu tun, wie der Angestellte, der aufgrund seines stressigen Jobs erkrankt ist, oder der Mann, der von seiner Geliebten verlassen wurde, weil er 40 kg zugenommen hat. Großes Unglück und Leid gehen in den meisten Fällen den größten Lebensveränderungen voraus, so wagte es der Angestellte erst nach der Diagnose einer schweren Krankheit, seinen schrecklichen Job zu kündigen, und der übergewichtige Mann änderte erst etwas an seiner Ernährung und seiner sportlichen Aktivität, als er von seiner Freundin verlassen wurde. Auch wenn Schmerz ein großartiger Motivator ist, so sollten Sie dennoch stets im Blick haben, dass Sie sich nicht dauerhaft von diesem antreiben lassen. Wenn Sie zum Beispiel aus Angst vor der Kündigung jedes Projekt des Chefs annehmen und sich bis an Ihre Leistungsgrenzen treiben, werden Sie früher oder später unter dieser Art der Motivation leiden. Sie werden erkennen, dass Sie Ihr Ziel, nicht gekündigt zu werden, aus dem falschen Grund verfolgt haben. Tun wir Dinge, weil wir uns davon Belohnungen, zum Beispiel in Form von Geld oder Anerkennung, erhoffen oder aber Bestrafungen, wie Extraaufgaben oder Gebühren, vermeiden wollen, sprechen wir von der sogenannten **extrinsischen Motivation**. Demnach bestimmen äußere Reize unser Verhalten, die Motivation kommt damit nicht aus uns selbst heraus.

• **Freude als Motivator**: Hier liegt die sogenannte **intrinsische Motivation** vor, bei der wir etwas aufgrund innerer Überzeugungen, Spaß oder Leidenschaft tun. Echtes persönliches Interesse an der Sache ist uns Antrieb genug, um die Tätigkeit auszuführen. Wir erhoffen uns davon mehr Freude, mehr Wissen, mehr Fähigkeiten und/oder mehr Persönlichkeitsentwicklung. Die Freude als Grund zu sehen, etwas zu tun, ist deshalb langfristig gesehen der bessere Motivator. Sie tun also etwas, weil Sie es einfach gerne machen oder weil Sie sich davon ein angenehmes Ergebnis erhoffen. Sie brauchen also nicht erst eine schreckliche Diagnose vom Arzt, um Ihren Job zu kündigen, sondern möchten einfach endlich Geld damit verdienen, worin Sie gut sind. Und Sie müssen auch nicht mit dem Ernährungswechsel und der Bewegung warten, bis Sie verlassen werden, sondern tun dies aus persönlichem Interesse an Ihrer Gesundheit. Hier spielen der Spaß und die Freude am Leben mit in das hinein, was Sie tun.

Motivation trotz Hindernissen: Wie Sie auch dann am Ball bleiben, wenn es einmal schwierig wird

Niemand ist immerzu motiviert, nicht einmal dann, wenn es um seinen Lebenstraum geht. Zur Zielerreichung ist es auch nicht notwendig, dass Sie zu jedem Zeitpunkt 100 % motiviert sind, denn das, was zählt, ist, dass Sie nicht aufgeben – auch dann nicht, wenn Herausforderungen auftreten. Es gibt einige typische Hindernisse für die Selbstmotivation, die wir hier kurz beleuchten möchten:

- **Aufschieben und Prokrastination**: Jeder kennt es und jeder wurde schon einmal von dieser „Krankheit", der „Aufschieberitis", befallen. Leider lassen sich damit keine Probleme lösen und keine Ziele erreichen, denn man muss etwas schon angehen, um voranzukommen. Hier kommt das Setzen von Prioritäten ins Spiel. Auch das Aufteilen von größeren Vorhaben in kleinere Aufgaben, die überschaubar und damit motivierender sind, kann helfen, um der Neigung zum Aufschieben entgegenzuwirken.

- **Mangelnde Eigenverantwortung**: Erkennen Sie, dass Sie selbst für Ihre Ziele und die Erreichung von diesen verantwortlich sind. Niemand wird dies für Sie übernehmen, nur Sie selbst können dafür sorgen, dass Sie glücklich und zufrieden sind.

- **Mangelnde Selbstdisziplin**: Haben Sie Ihre Ziele formuliert, bleiben Sie stets diszipliniert, auch wenn es einmal schwieriger wird. Rufen Sie sich immer wieder Ihr persönliches „Warum" in Erinnerung: Warum wollen Sie das erreichen, was Sie anstreben? Wie würden Sie sich fühlen, wenn Sie Ihr Ziel schon erreicht hätten? Nutzen Sie diese Empfindungen als Motivation, um weiterzumachen und das große Ganze nicht aus den Augen zu verlieren.

- **Rückschläge**: Es ist völlig normal, dass Ihre Entwicklungskurve auf dem Weg zum Ziel nicht geradlinig verläuft. Deswegen ist es nicht schlimm, wenn Fehler geschehen oder Sie einen Misserfolg einfahren. Erst, wenn Sie sich davon entmutigen lassen, werden Rückschläge zu einem Problem. Ansonsten können Sie sie als zusätzlichen Motivator nutzen, um es nächstes Mal noch ein wenig besser zu machen. Hier verbergen sich die großartigsten Chancen des Wachstums. Nur, wenn man fähig ist, aus den eigenen Fehlern zu lernen und daraus gestärkt hervorzugehen, können Ziele erreicht werden.

Hilfreiche Tipps gegen Aufschieben und Prokrastination

Mithilfe der **Eisenhower-Matrix** gelingt es Ihnen besser, Prioritäten zu setzen, da sie der Einschätzung von Aufgaben dient. Hier sortieren Sie diese gemäß ihrer Bedeutung und Dringlichkeit, sodass eine Matrix aus vier Bereichen entsteht: Aufgaben, die Sie zuerst erledigen, die später abgearbeitet werden können, die Sie anderen Menschen übertragen und die sie verwerfen.

Auch die **ABC-Analyse** hilft Ihnen dabei, etwas vereinfachter darzustellen und zu klassifizieren, sodass Sie daraus Maßnahmen zur Optimierung ableiten können. Dabei werden Prozesse oder Aufgaben in A: sehr wichtig, B: wichtig und C: weniger wichtig unterteilt.

Das **Pareto-Prinzip** ist eine weitere Technik zur Steigerung der Produktivität und Verbesserung des Zeitmanagements. Sie beschreibt eine 80/20-Regel: 20 % Ihrer Zeit und Ihres Einsatzes führen zu 80 % des Ergebnisses. Gleichzeitig verursachen die restlichen 80 % Ihres Aufwandes nur 20 % der Ergebnisse. Hier wird deutlich, dass viel Input nicht immer viel Output und wenig Input nicht immer wenig Output generieren müssen.

Zur besseren Priorisierung kann Ihnen die **MoSCoW-Methode** Anregungen schenken. Hier werden Anforderungen und Ziele nach Must (müssen), Should (sollen), Could (können) und Would (gewollt, aber nicht umgesetzt) kategorisiert.

Die **2-Minuten-Regel** ist so einfach verständlich wie genial: Sie erledigen Aufgaben hier und jetzt, die nicht länger als 2 Minuten Ihrer Zeit in Anspruch nehmen. Damit wird dem Aufschieben schnell ein Ende gesetzt.

Sich **To-do-Listen** zu schreiben ist sicher nichts Neues, doch es ist trotzdem ein guter Tipp, damit Sie keine einzige Aufgabe auf dem Weg zu Ihrem Ziel vergessen. Setzen Sie sich zudem **Deadlines** für jede einzelne Tätigkeit, die es einzuhalten gilt. Lassen Sie jedoch den Glauben, multitaskingfähig sein zu müssen, endgültig gehen, denn die Erfahrung zeigt, dass das Erledigen mehrerer Dinge auf einmal nicht die Produktivität steigert, sondern sie sogar vermindert.

Des Weiteren hilft es ungemein für die Produktivität, die eigene **Arbeitsumgebung** zu **optimieren**. Je wohler Sie sich fühlen, desto besser werden Sie sich auf Ihre Aufgaben konzentrieren können. Sorgen Sie also dafür, dass Sie bequem sitzen und Ihr Schreibtisch geordnet ist. Egal, an welchem Ort Sie Ihre Ziele verfolgen, ob vor dem Laptop oder in der Werkstatt, Sie sollten für viel Licht und frische Luft sorgen. Ist der Körper zufrieden, kann er bessere Leistungen bringen.

Übermäßiger **Perfektionismus** kann Ihren Zielen im Weg stehen, insofern er Sie davon abhält, die ersten Schritte einzuleiten, oder er Sie nicht vorankommen lässt, weil Sie sich in Ihren Ansprüchen verzettelt haben. Lernen Sie, die Dinge nicht so ernst zu nehmen. Lachen Sie auch einmal über Ihre Fehler und lassen Sie sich nicht von jeder Imperfektion herunterziehen. So etwas wie Vollkommenheit gibt es nämlich nicht. Schätzen Sie das wert, was Sie bereits erreicht haben, und bewerten Sie Ihren Perfektionismus bezüglich Ihrer Ziele realistisch und ehrlich: „Bringt mich Perfektion jetzt gerade bei meiner Aufgabe wirklich weiter oder steht sie mir im Weg?"

Hilfreiche Tipps für mehr Selbstdisziplin

Eine wunderbare Möglichkeit, mit der Sie Ihre Motivation zur Erreichung Ihrer Ziele steigern können, ist, dass Sie sich einen sogenannten „**Accountability-Partner**" suchen. Die Wahrscheinlichkeit, dass Sie Ihre Ziele angehen und auch diszipliniert dranbleiben, erhöht sich, wenn Sie dies gemeinsam mit einem Arbeitspartner angehen. Sie übernehmen Eigenverantwortung, indem Ihr Accountability-Partner Ihnen dabei hilft, Ihre Verpflichtungen sich selbst gegenüber einzuhalten. Mit der Hilfe Ihres Partners erreichen Sie so Ihre Ziele. Ein weiterer Tipp für mehr Selbstdisziplin ist, dass Sie sich für erledigte Aufgaben selbst belohnen. So steigern Sie Ihr Verlangen danach, Ihre Aufgaben zu vollenden und Ihre Ziele zu erreichen, weil Sie sich auf die Belohnung freuen. Im besten Fall sollte die Erreichung Ihres Zieles die größte Belohnung sein.

Übung: Anreize schaffen

Steigern Sie Ihre Selbstmotivation, indem Sie sich für erreichte Meilensteine und Ziele selbst belohnen. Überlegen Sie sich einmal, wie Ihre persönlichen Anreize aussehen könnten. Vielleicht ist es ein Restaurantbesuch nach einem erfolgreichen Arbeitstag? Oder Sie gönnen sich eine kleine Auszeit und eine Massage, nachdem Sie sich sportlich betätigt haben und Ihre ersten 5 kg abgenommen haben. Konzentrieren Sie sich dabei auf das Gefühl der Freude, das die Belohnung in Ihnen hervorrufen soll. Dadurch wirkt die Tätigkeit, für die Sie sich belohnen möchten, gleich attraktiver und Sie motivieren sich somit selbst, diese so schnell wie möglich abzuschließen. Natürlich sollte die Belohnung nicht Ihrem Ziel im Weg stehen oder diesem widersprechen. Sie sollten sich also nicht unbedingt mit einer Tafel Schokolade für zwei Stunden Sport belohnen, wenn Ihr Ziel mehr Gesundheit ist.

31 Spannende Psychologische Effekte im Alltag

Zum Abschluss des ersten Tools der Psychologie werden Ihnen noch einige spannende psychologische Phänomene des Alltags vorgestellt, die auch Ihre Persönlichkeitsentwicklung und Ihre Chancen auf Erfolg beeinflussen. Einige dieser Effekte stehen Ihren Zielen möglicherweise im Weg, während andere diese begünstigen können. So oder so können Sie das Wissen um die vorgestellten Phänomene nutzen, um Ihren Träumen näher zu kommen.

Der Placebo-Effekt

Der Placebo-Effekt bezeichnet das Resultat einer scheinbaren Behandlung, das dadurch hervorgerufen wird, weil der Patient an diese glaubt und positive Erwartungen an diese hat. So können sogar dann Krankheitssymptome bei Menschen gelindert werden, die glaubten, bestimmte hilfreiche Medikamente, Therapien oder Operationen erhalten zu haben, obwohl dies gar nicht der Fall war. Die Überzeugung des Patienten, dass die Behandlung helfen wird, ist dabei der zentrale Faktor des Placebo-Effektes.

Auch wenn sich dieser Effekt auf die Gesundheit des Menschen bezieht, können Sie das Prinzip auch bei Ihren persönlichen Zielen anwenden. Nutzen Sie den Placebo-Effekt, indem Sie erwarten, dass Ihr Erfolg eintreten wird, indem Sie sich Informationen beschaffen, die dies bestätigen. Programmieren Sie sich selbst, indem Sie Ihren Gedanken, Worten und Taten die Macht zuschreiben, Sie zu Ihrem Ziel zu bringen. Wenn Sie tief und fest daran glauben und keine Zweifel zulassen, werden Sie mit einer höheren Wahrscheinlichkeit Erfolg haben.

Beispiel:
Gehen Sie mit einer positiven Erwartungshaltung an Ihre Ziele heran und glauben Sie an Ihren Erfolg. Das allein wird die Erreichung Ihrer Träume wahrscheinlicher machen.

Der Primacy- und Recency-Effekt

Der Primacy-Recency-Effekt beschreibt das physiologische Phänomen, sich eher an die ersten (Primacy) und letzten (Recency) Informationen zu erinnern. Der sprichwörtliche erste Eindruck eines Gegenstandes, eines Menschen oder einer Situation ist also tatsächlich von großer Bedeutung und prägt den Gesamteindruck im Gegensatz zu den Informationen in der Mitte maßgeblich. Der Recency-Effekt hat etwas mit dem Kurzzeitgedächtnis zu tun, weshalb sich der Mensch tendenziell eher an die letzten Informationseinheiten erinnert, die sozusagen noch „nachhallen". Denken Sie nur einmal an das letzte gute Buch, das Sie gelesen haben. Sie können sich bestimmt an den spannenden Anfang erinnern und daran, dass es mit einem unerwarteten „Poäng" endete – da kann es sich auch einmal Schwachstellen in der Mitte erlauben, an die Sie sich vermutlich ohnehin gar nicht mehr so richtig erinnern können.

Beispiel:
Der Primacy-Recency-Effekt kann auch in Ihrem Leben nützlich sein, indem Sie ihn zum Beispiel bei wichtigen Gesprächen, Diskussionen oder Vorträgen einsetzen. Beginnen Sie mit Ihrem zweitstärksten Argument, um bereits einen guten Eindruck zu hinterlassen. Es folgt das schwächste Argument. Der Höhepunkt wird durch das stärkste Argument repräsentiert, das dadurch im Kopf hängen bleibt.

Der Halo-Effekt

Der Begriff „Halo" stammt aus dem Englischen und kann mit dem „Heiligenschein" übersetzt werden. Und genau darum geht es bei diesem psychologischen Effekt: Er beschreibt die Neigung, eine Persönlichkeit auf Basis eines herausragenden Charaktermerkmals positiv zu bewerten – ihr sozusagen einen Heiligenschein zu verpassen –, auch wenn die Beurteilung falsch ist. So halten wir zum Beispiel Brillenträger tendenziell für fleißig, belesen, intelligent und zaghaft , obwohl eine schlechte Sehkraft nicht unbedingt in einem Zusammenhang mit der Intelligenz oder der Zurückhaltung einer Person steht. Hier liegt eine verdeckte Verzerrung der Wahrnehmung vor, bei der eine bestimmte Eigenschaft als so dominant herausgestellt wird, dass sie die Beurteilung anderer Eigenschaften beeinflusst.

Das Wissen um den Halo-Effekt kann Ihnen dabei helfen, ihn weitestgehend zu vermeiden. Für die Erreichung Ihrer Ziele ist es wichtig, dass Sie beteiligte Menschen nicht nur aufgrund Ihres ersten Eindruckes, sondern möglichst realistisch einschätzen, damit Sie sich nicht selbst täuschen.

Der kognitive Dissonanz-Effekt

Kognitive Dissonanz beschreibt das Unbehagen, das wir empfinden, wenn zwei Gedanken, Überzeugungen, Absichten, Erfahrungen, Ideen oder Ziele in einem Widerspruch zueinander stehen. Fühlen Sie sich auch schlecht, wenn Sie die köstliche Fertigpizza oder die zuckersüßen Süßigkeiten essen? Sie wissen genau, dass diese ungesund sind, können aber trotzdem nicht „Nein“ sagen, weil sie einfach zu lecker sind. Hier liegt eine kognitive Dissonanz zwischen der negativen Bewertung des Essens und Ihrem tatsächlichen Verhalten vor. Aus diesem Unwohlsein heraus neigen wir dazu, Ausreden zu finden, denn so rechtfertigen wir nicht nur unser Handeln, sondern schützen gleichzeitig unser Selbstkonzept. Dies ist jedoch nur ein Zeichen von Selbsttäuschung und Selbstsabotage.

Damit kognitive Dissonanzen nicht in Bezug auf Ihre Ziele auftreten und so Ihren Erfolg verhindern, sollten Sie die Diskrepanz zwischen Ihren Gedanken und Ihren Taten so gut es geht verringern. Sie können entweder Ihre geistige Einstellung oder Ihr Verhalten ändern.

Beispiel:
Achten Sie darauf, dass bezüglich Ihrer Ziele Ihre Vorstellungen und Taten miteinander vereinbar sind. Wenn Sie sich bestimmte Schritte, Meilensteine und Deadlines im Rahmen Ihrer Planung gesetzt haben, halten Sie diese auch ein.

Der Effekt der sozialen Identität

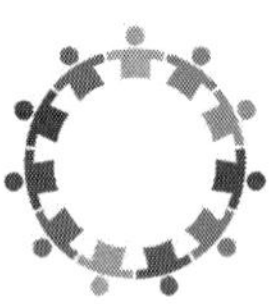

Der Effekt der sozialen Identität besagt, dass wir Menschen dazu neigen, unser soziales Umfeld anhand von konkreten Aspekten in Gruppen oder Kategorien einzuteilen, um es so überschaubarer zu machen. Zudem hilft uns diese Form der Abgrenzung und Differenzierung, uns selbst einer Kategorie zuzuordnen und uns mit deren Aspekten zu identifizieren. Das dadurch entstandene Gefühl der Zugehörigkeit steigert den Selbstwert und reduziert die Ausschüttung von Stresshormonen. Der Mensch ist und bleibt einfach ein soziales Wesen.

Dass die Zugehörigkeit zu einer sozialen Gruppe äußerst wichtig für jeden Einzelnen von uns ist, werden wir im nächsten Kapitel des zweiten Tools aufdecken.

Der Pygmalion-Effekt

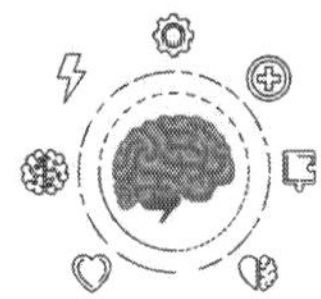

Der Pygmalion-Effekt ist unter der Bezeichnung der sich selbsterfüllenden Prophezeiung bekannt. Dieses psychologische Phänomen weist auf die Macht der Erwartungshaltung eines Menschen hin, denn diese vermag über das Verhalten dessen das Endergebnis so zu beeinflussen, dass sich die Erwartung letztendlich von selbst erfüllt. Stellen Sie sich einmal einen Menschen vor, der seine Leistung stets schlechtredet und einfach nichts Gutes an sich finden kann. Er ist fest davon überzeugt, dass er es niemals zu etwas bringen kann – seine Erwartung ist demnach Erfolglosigkeit. Hat dieser Mensch nun einen innigen Wunsch, so glaubt er nicht daran, ihn sich erfüllen zu können. Seine innere Einstellung seiner Inkompetenz führt dazu, dass er dementsprechend handelt. Er ist zum Beispiel unmotiviert, weil er sein Tun für unfruchtbar hält, ganz unter dem Motto „Es hat ja eh keinen Sinn, es zu versuchen", oder ihm unterlaufen Fehler, weil er aufgrund seines mangelnden Fokus auf den Erfolg zu unkonzentriert ist. Letztendlich wird er tatsächlich sein Ziel nicht erreichen können. Das liegt jedoch nicht daran, weil der Traum unerreichbar war oder er selbst nicht genügend Fähigkeiten besaß, um ihn zu realisieren, sondern einzig und allein an der negativen Erwartung, die sich auf sein Verhalten auswirkte.

Wenn auch Sie vermeiden möchten, dass sich Ihre Zweifel in eine selbsterfüllende Prophezeiung verwandeln, sollten Sie sich der Macht Ihrer Gedanken und Erwartungen vergegenwärtigen. Drehen Sie den Spieß um und erleben Sie den Pygmalion-Effekt, wie er auch bei positiven Erwartungshaltungen zu wirken beginnt.

Beispiel:
Vermeiden Sie einerseits negative Gedanken, die Ihren Erfolg sabotieren könnten. Sicherlich müssen Sie sich im Rahmen der Überprüfung, ob Ihr Ziel realistisch ist oder nicht, das Worst-Case-Szenario ausmalen. Doch wenn Sie sich einmal für das Projekt entschieden haben, lassen Sie diesem und weiteren negativen Szenarien keinen Raum mehr. Andererseits können Sie Best-Case-Szenarien nutzen, um sich in eine positive Erwartungshaltung zu versetzen, die sich letztendlich gemäß dem Pygmalion-Effekt selbst erfüllen soll.

Der Rosenthal-Effekt

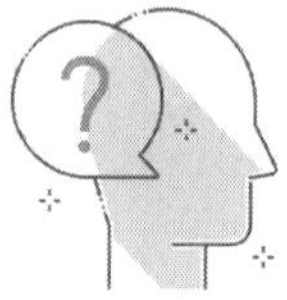

Der Rosenthal-Effekt wird auch der Pygmalion-Effekt der Bildung genannt. Hier wird von der Verzerrung von Studienergebnissen aufgrund der Erwartungshaltung der Lehrer an die Schüler gesprochen. Das Phänomen verursacht demnach, dass die Erwartungshaltung eines Lehrers gegenüber seinen Schülern zu einer Verbesserung oder Verschlechterung von deren Leistungen führt. Bei einem psychologischen Experiment wurde dabei einem Lehrer eine ihm unbekannte Klasse anvertraut, die zuvor willkürlich bewertet wurde. So wurden einige Schüler als gut und andere wiederum als schlecht eingeschätzt – unabhängig davon, ob es tatsächlich der Realität entsprach. Dadurch verinnerlichte der Lehrer diese Erwartungen und veränderte unbewusst sein Verhalten, zum Beispiel durch mehr oder weniger Zuwendung oder individuelles Fördern, so dass die als „gut" eingestuften Schüler tatsächlich besser wurden und die Leistungen der „schlechten" Schüler sich tatsächlich verschlechterten. Auch hier erfüllte sich die Prophezeiung wie von selbst aufgrund der eigenen Erwartungshaltung. An dieser Stelle soll noch einmal angemerkt werden, dass auch Menschen, die in der Schule schlechte Erfahrungen mit Lehrern gemacht haben, als „schlecht" bewertet wurden und vermittelt bekommen haben, dass sie es „zu nichts bringen würden", sich trotzdem auf Erfolg programmieren können und diesen auch erreichen werden.

Der Hawthorne-Effekt

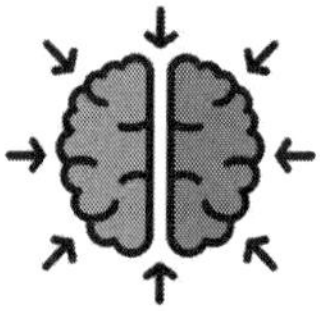

Das Phänomen, das eigene Verhalten zu ändern, wenn wir wissen, dass wir von anderen Menschen beobachtet werden, wird der Hawthorne-Effekt genannt. So beobachtete man zum Beispiel bei industriellen Arbeitern einen Anstieg bei deren Produktivität und Effizienz, sobald diese dachten, beziehungsweise wussten, dass ihnen zugeschaut wird. Insbesondere dann, wenn die vorliegende Aufgabe, die zu erledigen ist, nicht zu komplex ist, zeigt sich dieser psychologische Effekt von seiner positiven Seite. Denn bei schwierigeren Aufgaben dreht sich dieses Beobachtungsphänomen zum Negativen um und die Leistung wird ineffizienter.

Der Hawthorne-Effekt kann auch von Ihnen genutzt werden, um Ihre Leistung in gewissen Situationen zu steigern. Haben Sie einfache und sich wiederholende Aufgaben zu erledigen und möchten Ihre Produktivität darin steigern, so begeben Sie sich unter Menschen, während Sie sie erledigen. Setzen Sie sich beispielsweise in ein Café, während Sie am Laptop arbeiten, oder machen Sie in einem vollen Fitnessstudio Sport. Gleichzeitig sollten Sie bezüglich komplexer Aufgaben berücksichtigen, dass Sie diese lieber im Alleinsein ausführen.

Der Bystander-Effekt

Der Bystander-Effekt (Bystander = Zuschauer) besagt, dass es wahrscheinlicher ist, dass ein Mensch einem anderen in einer Notsituation zur Hilfe kommt, wenn er allein ist. Menschen werden demnach tendenziell passiv, wenn sie ein Teil einer größeren Gruppe sind. Das kennt man zum Beispiel von Unfällen, bei denen es zwar viele Zuschauer gibt, sich aber scheinbar keiner durchringen kann, den Notarzt zu rufen oder anderweitig zu helfen. Es wird vermutet, dass dies daran liegt: Durch andere Menschen wird die Situation als weniger bedrohlich eingeschätzt beziehungsweise die Verantwortung scheint auf mehrere Schultern verteilt und der Einzelne fühlt sich demnach weniger angesprochen, einzuschreiten. Des Weiteren wurde herausgefunden, dass Menschen, die gut gelaunt waren und nicht unter Zeitdruck stehen, tendenziell eher zu Hilfe kommen als jene, denen es persönlich nicht gut ging oder die unter Stress standen. Hier wird deutlich, wie wichtig es ist, für sich selbst zu sorgen, um das eigene Wohlbefinden zu steigern. Wer mit sich selbst im Reinen ist und für die Befriedigung seiner Bedürfnisse sorgt, wird in Notsituationen eher anderen Menschen helfen und dem Bystander-Effekt widerstehen.

Der Backfire-Effekt

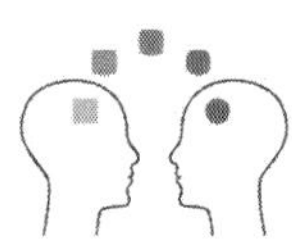

Verfestigt sich die Meinung eines Menschen noch weiter, nachdem er besonders vehement kritisiert wurde, so spricht man vom sogenannten Backfire-Effekt. Hier liegt ein Phänomen vor, bei dem sich die Ablehnung des Kritisierten bezüglich eines Themas noch mehr steigert, trotz unwiderlegbarer Fakten und Argumente. Da sich dieser Effekt jeder Logik entzieht, ist er besonders tückisch. Achten Sie darauf, dass sich Ihre Meinung stets auf Sachargumenten aufbaut und dass Sie auch dann die Fakten respektieren, wenn Sie sich durch Kritik persönlich angegriffen fühlen. Ansonsten riskieren Sie es, an Meinungen allein aus Trotz festzuhalten, die Sie jedoch in Ihrer persönlichen Entwicklung nicht weiterbringen.

Beispiel: Wenn Sie zum Beispiel bezüglich Ihres größten Wunsches von jemandem kritisiert werden, der behauptet, dass Sie völlig verrückt seien, dies zu versuchen, so könnte es sein, dass Ihr erster Impuls ist, gemäß dem Backfire-Effekt zu reagieren. Auch wenn die Kritik unberechtigt ist, sollten Sie nicht gegen die Meinung Ihres Gegenübers feuern („backfire"), indem Sie Ihr Ziel nun noch vehementer verteidigen und zu erreichen versuchen. Geben Sie den Argumenten eine echte Chance und überlegen Sie, ob nicht doch etwas dran sein könnte. Wenn nicht, können Sie sich immer noch Ihren Wunsch erfüllen, sogar mit noch mehr Überzeugung als vorher.

Der Dunning-Kruger-Effekt

Das Phänomen, dass ein inkompetenter Mensch seine Fähigkeiten überschätzt, während gleichzeitig ein kompetenter Mensch seine Fähigkeiten zu unterschätzen scheint, wird der Dunning-Kruger-Effekt genannt. Das liegt daran, weil inkompetente Persönlichkeiten nicht in der Lage dazu sind, Ihre persönlichen Defizite wahrzunehmen und kognitive Prozesse, wie Gedanken oder Entscheidungen, zu reflektieren. Ihnen fehlt in dem Bereich, auf den sich die Inkompetenz bezieht, meist das nötige Wissen oder die Fähigkeit, um die eigenen Fehler zu erkennen und ihre Unfähigkeit zu bemerken. So kann sich zum Beispiel ein Erwachsener auch dann noch für einen guten Autofahrer halten, obwohl er in den letzten Monaten bereits drei Unfälle gebaut hat. In diesem Fall bezieht er die Schuld nicht auf sich selbst und seine Fähigkeiten, sondern immer auf andere Faktoren, z. B. auf einen Defekt seines Autos, das Blenden der Sonnenstrahlen oder andere Verkehrsteilnehmer.

Auf der anderen Seite wissen kompetente Menschen sehr viel über ein bestimmtes Fachgebiet, in dem sie viele Fähigkeiten besitzen. Da sie sich durchaus der Komplexität des Bereiches bewusst sind, erscheinen ihnen ihre eigenen Grenzen sehr deutlich. Dies wiederum verursacht eine gewisse Demut der Vielschichtigkeit des Themas gegenüber, wodurch sie tendenziell ihre Fähigkeiten unterschätzen.

Der Dunning-Kruger-Effekt muss nicht immer zwangsläufig schlecht sein, denn Menschen, die dazu neigen, sich selbst zu überschätzen, fokussieren sich in der Regel auch mehr auf die Chancen und zweifeln weniger. Das kann dazu führen, dass sich diese Menschen höhere Ziele stecken und diese tatsächlich auch erreichen, weil sie diese mit mehr Selbstbewusstsein und Selbstvertrauen angehen. So oder so können Sie sich das Wissen um dieses psychologische Phänomen für Ihre persönliche Entwicklung zunutze machen, indem Sie Ihre Fähigkeit der Selbstreflexion verbessern, Ihre Kompetenzen erhöhen und Ihr Selbstbewusstsein stärken.

Beispiel:
Wenn Ihre Ziele erfordern, dass Sie sich Wissen und Fähigkeiten auf einem komplett neuen Fachgebiet aneignen müssen, sollten Sie sich in erster Linie bewusst werden, dass Sie vermutlich die Komplexität dessen zunächst nicht überblicken können – einfach, weil Sie noch nicht im Thema drinstecken. Gleichzeitig können Sie diese Unvoreingenommenheit und „Unbeschwertheit“ nutzen, um den Fachbereich mit mehr Selbstvertrauen und Selbstbewusstsein zu entdecken, was Ihnen wiederum helfen wird, mehr zu lernen.

Der Zeigarnik-Effekt

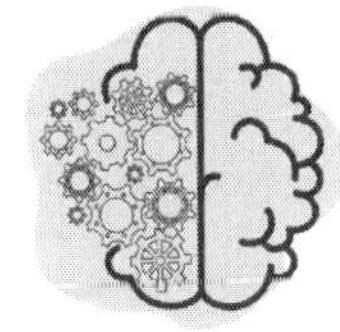

Der Zeigarnik-Effekt besagt, dass Aufgaben, die nicht abgeschlossen wurden, eher im Gedächtnis bleiben als jene, die erledigt wurden. Dies führt zu einem Zustand der inneren Unruhe, der sich erst dann auflösen kann, wenn die Tätigkeit vollendet wurde. So kann sich zum Beispiel ein Kellner die Bestellungen seiner Gäste besser merken, solange sie noch nicht ausgeführt wurden. Doch sobald er die Getränke und Speisen gebracht hat, kann er sich bereits nach wenigen Minuten nicht mehr an diese erinnern.

Sie können von diesem Zeigarnik-Phänomen Gebrauch machen, um Ihre Aufgaben besser zu erledigen und Ihre Ziele zu erreichen. Versuchen Sie einmal, eine Tätigkeit mittendrin zu unterbrechen, obwohl Sie noch hätten weitermachen können. Sie werden beobachten, dass Sie am nächsten Tag schneller wieder in die Aufgabe hineinfinden und motivierter sind, sie zu beenden – dann haben Sie endlich wieder Ruhe.

Der Anchoring-Effekt

Dieses psychologische Phänomen beschreibt die Neigung des Menschen, sich beim Treffen einer Entscheidung unangemessen stark auf eine bestimmte Information, den Anker (Anchor = Anker), zu konzentrieren, auch wenn dieser irrelevant für die Entscheidung ist. Stellen Sie sich vor, Sie gingen zu einem Autohändler und ließen sich von ihm bezüglich eines Neuwagens beraten. Dieser wird ihnen höchstwahrscheinlich als Allererstes den teuersten Wagen zeigen, der Ihr Budget sprengen würde. Dieses Auto ist der heimliche Anker, denn jeder weitere Wagen, den Sie sich von da an anschauen, wird für Sie vom Preis her angemessener sein und wie ein Schnäppchen erscheinen – was jedoch nicht der Realität entsprechen muss.

Beispiel:
Seien Sie nicht länger ein Opfer, das dem Anchoring-Effekt erlegen ist, ohne dass Sie es merken, sondern machen Sie sich ihn zunutze. Wenn Sie zum Beispiel das nächste Mal ein Vorstellungsgespräch haben, antworten Sie auf die Frage nach Ihrem Wunschgehalt zunächst mit einer sehr hohen Summe (= der Anker), auch wenn diese Zahl utopisch und absurd erscheinen mag. Ihr Chef wird Ihnen dadurch bei der weiteren Verhandlung deutlich mehr entgegenkommen.

Der Effekt der emotionalen Konditionierung

Die emotionale Konditionierung beschreibt die Assoziation von Emotionen mit bestimmten Reizen, wodurch eine bestimmte Reaktion hervorgerufen wird, sobald diese Reize erneut wahrgenommen werden. Das beste Beispiel für diesen Effekt ist der Pawlowsche Hund, ein Experiment, das den meisten Menschen ein Begriff ist. Hier wurde einem Hund eine Schüssel mit Futter vorgesetzt, die zunächst einen unkonditionierten Reiz darstellt. Durch das Futter entsteht beim Hund ein Speichelfluss – die unkonditionierte Reaktion auf den Reiz. Bei diesem Experiment wurde ein weiterer neutraler Reiz in Form des Klingelns einer Glocke hinzugefügt. Jedes Mal, wenn der Hund nun etwas zu fressen bekam, wurde zuvor die Glocke geläutet. So wurde er auf das Klingeln konditioniert, sodass der Hund nach und nach dieses mit dem Futter in Verbindung brachte. Dies führte dazu, dass schlussendlich das Ertönen der Glocke (= konditionierter Reiz) ausreichte, um den Speichelfluss (= unkonditionierte Reaktion) beim Hund auszulösen.

Beispiel:
Sie können den Effekt der emotionalen Konditionierung auch für Ihre eigenen Ziele erreichen, zum Beispiel, wenn Sie ein Unternehmen gründen und Ihre Produkte verkaufen möchten. Dabei stellen Sie eine Verbindung zwischen Ihrer Marke und gewissen Emotionen her, sodass Ihre Kunden Ihre Produkte mit angenehmen Gefühlen verbinden und diese so häufiger kaufen.

Der Effekt der Selbstwahrnehmung

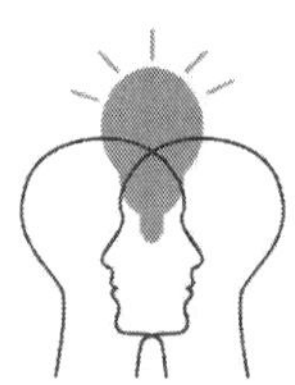

Die Selbstwahrnehmung beschreibt das Phänomen, dass ein Individuum sich selbst kennenlernt, indem es sein Verhalten in bestimmten Situationen beobachtet. Dieser Effekt ist wichtig für die Entwicklung des Bewusstseins, das Selbstkonzept und das Selbstwertgefühl. Die Summe aller Wahrnehmungen bezüglich der eigenen Persönlichkeit ergibt das Selbstbild.

Ist die Selbstwahrnehmung mangelhaft ausgeprägt, kann es zu einer Verzerrung des Selbstkonzeptes kommen. Zudem steht dieser Umstand mit zunehmender geistiger Unzufriedenheit und Stresssymptomen in Verbindung. Deshalb ist es wichtig, regelmäßig Selbstreflexion zu betreiben, sich Zeit für sich selbst zu nehmen und aufmerksam zu bleiben, während man die Erfahrungen des Lebens erlebt.

Der Effekt der kognitiven Verzerrungen

Bei der kognitiven Verzerrung kommt es zu fehlerhaften Denkmustern, bei denen die realistische Wahrnehmung beeinflusst wird und somit einen negativen Effekt auf die persönliche Urteils- und Entscheidungsfähigkeit sowie auf das soziale Verhalten haben kann. Hier werden bestimmte Informationen auf eine Art verarbeitet, die der Realität widerspricht. Der sogenannte Confirmation Bias, ein Effekt, den wir uns noch anschauen werden, ist ein Beispiel der kognitiven Verzerrung, bei der der Betroffene Argumente sammelt, die die eigenen Überzeugungen bestätigen, wobei widersprüchliche Meinungen ignoriert werden. Auch die sogenannte Verfügbarkeitsheuristik gehört hierzu, bei der die Häufigkeit beziehungsweise Wahrscheinlichkeit eines Ereignisses aufgrund zur Verfügung stehender Beispiele eingeschätzt wird – wenn uns zum Beispiel etwas zu einem Thema leicht einfällt, so neigen wir dazu, die Wahrscheinlichkeit dieses Ereignisses als höher einzuschätzen, als sie eigentlich ist. Zudem stellen sowohl die bereits vorgestellten Effekte der kognitiven Dissonanz als auch des Anchorings eine Form der kognitiven Verzerrung dar.

Beispiel: Werden Sie sich bei der Planung Ihrer Ziele bewusst, dass Sie vermutlich der kognitiven Verzerrung unterliegen, da Ihr Gehirn sämtliche Informationen selektiert und sich nur jede merkt, die Ihr Ziel bestätigen. Wenn Sie also das nächste Mal ein Argument für Ihr Vorhaben gefunden haben, informieren Sie sich sogleich über ein potentielles Gegenargument. So bleiben Sie realistisch und bauen Ihre Ziele nicht auf Illusionen auf.

Der Effekt der Stereotype Threat

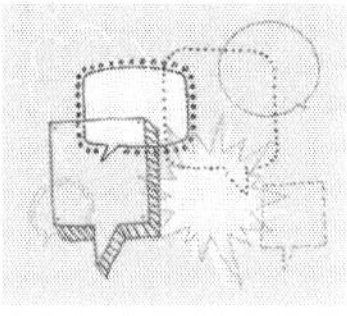

Menschen können ein Gefühl der Bedrohung empfinden, wenn sie befürchten, aufgrund eines negativen Vorurteils bewertet zu werden, beziehungsweise wenn sie mit ihrem eigenen Verhalten ungewollt negative Vorurteile bestätigen. Dieser Effekt der Stereotype Thread (aus dem Englischen: Bedrohung durch Vorurteil) führt zudem zu einer Beeinflussung des Verhaltens. So können Mädchen beim Rechnen tatsächlich schlechter abschneiden als Jungen, wenn man ihnen zuvor erklärt hat, dass Mädchen grundsätzlich schlechter in Mathe sind als Jungen. Für Sie persönlich kann dieser Stereotype-Thread-Effekt negative Folgen bezüglich Ihrer Leistung und Zielerreichung haben, zum Beispiel, wenn Sie als Frau der Meinung sind, Physik sei Männersache. Dadurch setzen Sie sich in diesem Fachbereich selbst unter Druck, wodurch Sie tendenziell schlechtere Ergebnisse abliefern, als Sie eigentlich könnten. Hier ist es wichtig, dass Ihr Selbstkonzept nicht mit den Vorurteilen bezüglich der Gruppe, der Sie angehören, in Konkurrenz steht, denn ansonsten entsteht wiederum eine kognitive Dissonanz, die Ihrer Zielerreichung im Wege steht.

Der Effekt der sozialen Normen

Soziale Normen geben in sozialen Situationen bestimmte Verhaltensweisen beziehungsweise Regeln vor, die von den Mitgliedern einer Gruppe erwartet werden und die der Situation „angemessen" gelten. Sie werden durch die Gesellschaft, aber auch durch die Kultur geprägt. Das menschliche Verhalten wird in vielen Fällen von ebendiesen Erwartungen und standardisierten Handlungsmustern beeinflusst, um sich der jeweiligen Gruppe zugehörig zu fühlen. Demnach sind die Handlungsmuster der Menschen in der Regel durch die Erziehung durch Eltern und die Gesellschaft konditioniert worden, sodass sie der Norm entsprechen. Denken Sie nur einmal an die „ungeschriebenen Gesetze", wie zum Beispiel, dass man beim Essen nicht laut schmatzt, dass sich Lügen nicht gehören oder dass auf einer Beerdigung schwarze Kleidung getragen wird.

Beispiel:
Bezüglich Ihrer Ziele können Sie diese mit den vorherrschenden sozialen Normen in Einklang bringen. Wenn Sie zum Beispiel ein wichtiges Vorstellungsgespräch oder aber auch nur ein einfaches Interview mit einer Persönlichkeit führen, die für Ihren Erfolg entscheidend ist, achten Sie stets auf ein gepflegtes Äußeres. Damit vermeiden Sie eine unbewusste Abwehr des Gegenübers, die durch zum Beispiel unseriöse Kleidung, die nicht der Norm entspricht, hervorgerufen werden könnte.

Der Effekt der Zeitskalierung

Dass das Erleben der Zeit von äußeren Umständen oder der jeweiligen ausgeführten Tätigkeit abhängig ist, wird durch den Effekt der Zeitskalierung veranschaulicht. Sie kennen es bestimmt aus dem eigenen Leben: Wenn Sie irgendwo warten müssen, scheinen die Minuten im gähnend langsamen Schneckentempo zu vergehen, doch wenn Sie Spaß haben, vergeht die Zeit wie im Flug. Die gefühlte Zeit entspricht damit nicht der tatsächlichen Zeit.

Beispiel:
Wenn Sie das nächste Mal auf einen verspäteten Zug warten müssen, ärgern Sie sich nicht über die Wartezeit, die Ihnen wie eine Ewigkeit vorkommt. „Verkürzen" Sie gefühlsmäßig die Zeit, indem Sie etwas Sinnvolles tun, wie zum Beispiel einen Podcast anhören, einen Artikel lesen oder anderes, das mit Ihren Zielen im Einklang steht.

Der Effekt des Framings

Wie der Mensch eine bestimmte Information einschätzt, hängt auch von dem Kontext ab, in dem er diese erhält. Dadurch kann ein und dasselbe Thema je nach der Art und Weise, wie es präsentiert wurde, als Chance oder als Risiko eingestuft werden. Hier sprechen Psychologen vom sogenannten Framing-Effekt. Der Begriff „Frame" kommt aus dem Englischen und kann mit „Rahmen" übersetzt werden, was deutlich macht, was bei dem Effekt des Framings geschieht: Bestimmte Formulierungen von Informationen werden so eingesetzt, dass das Denken des Zuhörers durch einen Rahmen eingegrenzt wird. Hier spielt die Perspektive, die vermittelt wird, eine bedeutende Rolle für die Reaktion des Zuhörers. Wenn Sie zum Beispiel von einem amerikanischen Politiker die Gefahren des privaten Waffenbesitzes der dort ansässigen Bürger aufgezeigt bekommen, verursacht dieser Kontext, dass Sie diesem Thema negativ gestimmt sind. Ein anderer Politiker könnte jedoch mit dem individuellen Recht auf Waffenbesitz und der Verteidigung argumentieren. Wie Sie sehen können, kann mittels des verwendeten Framings – des Rahmens – beeinflusst werden, wie die Zuhörer auf ein und dasselbe Thema reagieren.

Es ist nicht möglich, dem Framing-Effekt zu entgehen, da der Mensch zu jedem Wort, das er hört und an das er denkt, immer ein inneres Bild entwickelt und es damit „einrahmt". Jedoch gilt es, sich insbesondere im Bereich der Medien und der Politik diesen Effekt bewusst zu machen, um einer Manipulation dadurch aus dem Weg zu gehen.

Beispiel:
Wenn Sie zum Beispiel andere Menschen von Ihrem Produkt zu überzeugen versuchen, sagen Sie nicht, dass es nur zu 20 % nicht aus nachhaltigen Rohstoffen gefertigt wurde, sondern formulieren Sie es eher so: zu 80 % aus nachhaltigen Rohstoffen.

Mehr zum Thema Manipulation erfahren Sie im Kapitel des 7. und letzten Tools der Psychologie.

Der Effekt der Attribution

Der Effekt der Attribution besagt, dass der Mensch dazu neigt, Merkmale, Verhaltensweisen, Erfahrungen und anderes entweder der eigenen Persönlichkeit, anderen Menschen oder der jeweiligen Situation zuzuschreiben. Aus dem Wunsch heraus, eine Erklärung für alles finden zu wollen, gehen wir also unbewusst davon aus, dass unser eigenes Verhalten oder das unserer Mitmenschen auf interne oder externe Aspekte zurückzuführen ist. Das folgende Beispiel veranschaulicht dieses psychologische Phänomen: Sie haben eine wichtige Prüfung nicht bestanden und versuchen nun, eine Erklärung dafür zu finden. Sie könnten Ihr Versagen entweder darauf zurückführen, dass Sie nicht genügend gelernt haben (= interne Attribution), oder Sie behaupten, dass der Prüfer zu schwere Fragen gestellt hat (= externe Attribution).

Da der Attributions-Effekt eng mit der Motivation des Menschen zusammenhängt, können Sie ihn sich für Ihre eigenen Ziele zunutze machen. Tendenziell schreibt der Mensch seine Erfolge internen Faktoren, wie harter Arbeit oder persönlichen Talenten, zu, während er Misserfolgen externe Gründe, wie schwierige Gegebenheiten oder einfaches Pech, nachsagt. Wenn Sie gemäß dem Effekt der Attribution glauben, dass Ihr Erfolg durch die Erreichung Ihrer Ziele, durch Ihren Einsatz und Ihre Hingabe ermöglicht wird (= interne Attribution), dann werden Sie motivierter sein, sich persönlich weiterzuentwickeln, um Ihren Träumen näher zu kommen.

Beispiel:
Gehen Sie davon aus, dass Sie Erfolg haben werden aufgrund Ihrer großartigen Charaktereigenschaften, wie Ihr Durchhaltevermögen oder Ihre Disziplin, sowie Ihrer fachspezifischen Fähigkeiten und Kompetenzen. Verdeutlichen Sie sich, dass der Erfolg möglich ist, weil Sie „es einfach draufhaben" – das wird Sie anspornen.

Der Effekt der Reaktanz

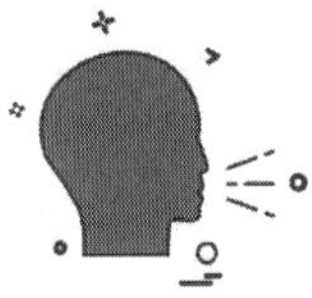

Beim Effekt der Reaktanz steht der Wunsch des Menschen, stets frei entscheiden zu können, im Zentrum der Beobachtung. Dieses psychologische Phänomen beschreibt nämlich die Rebellion gegen die Einschränkungen des persönlichen Handlungs- und Entscheidungsspielraums, indem das Gegenteil von dem gemacht wird, was vorgeschrieben wurde. Man könnte diesen Effekt deshalb auch als eine Trotzreaktion bezeichnen. Ein Beispiel hierfür findet sich in der Kindheit: Ein kleiner Junge hat schon lange nicht mehr an sein altes Spielzeugauto gedacht, das in den Tiefen des Schrankes seit langem verstaubt. Doch in dem Moment, in dem seine Mutter ausmisten und das Spielzeugauto wegschmeißen will, wird es urplötzlich für den Jungen wieder hochinteressant, sodass er es nicht mehr hergeben mag.

Wenn Sie den Reaktanz-Effekt und damit das Gegenteil von dem vermeiden wollen, was Sie bei anderen Menschen eigentlich auslösen wollten, sollten Sie sich daran erinnern, dass der Mensch stets frei entscheiden möchte. Statt zu belehren, sollten Sie lieber versuchen, zu verstehen. Statt Vorschriften zu machen, sollten Sie lieber versuchen, Ratschläge zu geben.

Beispiel:
Realisieren Sie Ihre Ziele stets aus Eigeninteresse heraus und nicht, weil jemand anders dies von Ihnen verlangt oder Sie glauben, es tun zu müssen. Sie müssen Ihre Vorhaben aus freien Stücken angehen, ansonsten werden Sie irgendwann an den Punkt gelangen, an dem Sie Ihr Tun hinterfragen und gegen Anforderungen von außen rebellieren.

Der Effekt der Ausblendung

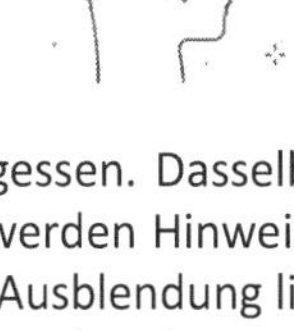

Der Mensch neigt dazu, gewisse Informationen, die sein Selbstkonzept beziehungsweise sein Selbstwertgefühl bedrohen könnten, auszublenden oder zu verdrängen. Wenn Sie zum Beispiel überzeugt davon sind, dass Sie ein guter Mathematikschüler sind, werden Sie einer negativen Kritik an Ihren Fähigkeiten in diesem Bereich weniger Bedeutung schenken oder diese sogar ignorieren und vergessen. Dasselbe gilt auch andersherum: Glauben Sie nicht an Ihren Erfolg, werden Hinweise darauf, dass er geschieht, selektiv verdrängt. Der Effekt der Ausblendung liefert damit die psychologische Erklärung für dieses Beispiel, was bereits zuvor im Text aufgeführt wurde.

Der Effekt des Confirmation Bias

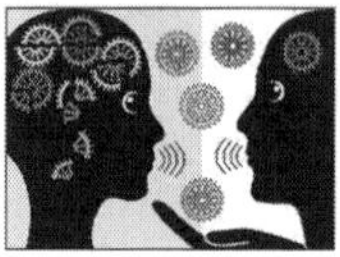

Der Mensch besitzt die meist unbewusste Neigung, in erster Linie jene Informationen zu betrachten und sich an diese zu erinnern, die seine eigenen Meinungen und Sichtweisen bestätigen. Der Confirmation Bias beschreibt demnach den Effekt, die mit dem eigenen Weltbild übereinstimmenden Informationen selektiv auszuwählen, während andere Ansichten und widersprüchliche Argumente hingegen ignoriert werden. So kommt es leider in der Praxis häufig vor, dass zum Beispiel Wissenschaftler nur jenen Experimenten oder Studien Beachtung schenken, die die eigenen Theorien beziehungsweise Hypothesen bestätigen.

Damit auch Sie sich vor dem Confirmation Bias und der damit einhergehenden kognitiven Wahrnehmungsverzerrung schützen können, ist es wichtig, dass Sie sich auch jene Argumente anschauen, die Ihren Ansichten oder Ihren Zielen widersprechen. So können Sie Ihre Vorhaben auf realistischen Fakten aufbauen und drohen nicht, in einer Illusion zu enden, die zum Scheitern verurteilt ist.

Beispiel:
Sind Sie überzeugter Anhänger der ketogenen Diät (oder einer beliebigen anderen Diät), so sollten Sie sich auch zumindest einmal über andere Ernährungsformen informieren, auch wenn Sie diese ursprünglich nicht für sich selbst als passend definiert hätten. Damit verhindern Sie, dass Ihr Gehirn keine Informationen zu Ihrem Bewusstsein durchdringen lässt, die gegen Ihre derzeitige Meinung sprechen. So bleiben Sie offen und ehrlich zu sich selbst.

Der Effekt der Projektion

Wenn wir projizieren, übertragen wir unsere eigenen Merkmale, Motive oder Empfindungen auf unsere Mitmenschen, anstatt diese bei uns selbst wahrzunehmen. Dieser psychologische Effekt ist äußerst weit verbreitet und eine bedeutende Ursache vieler zwischenmenschlicher Konflikte. Ist eine Persönlichkeit nicht in der Lage, eine negativ bewertete Eigenschaft, wie zum Beispiel Aggression oder Wut, bei sich selbst anzunehmen, und verschiebt sie diese auf einen Mitmenschen, bei dem sie die Merkmale als störend empfindet, liegt das Phänomen der Projektion vor.

Dieser Effekt dient der Psyche als unbewusster Abwehrmechanismus, durch den sie sich von ihren eigenen negativen Anteilen, mit denen sie sich nicht zu identifizieren wagt, abspaltet und diese auf die Mitmenschen schiebt, ganz unter dem Motto: „Nicht ich bin aggressiv, sondern die anderen. Ich wehre mich schließlich nur." Durch das Erkennen der Projektion und das Zurücknehmen dieser übernehmen Sie wieder Verantwortung für das, was Sie empfinden, und können Ihre abgespaltenen Anteile wieder in Ihre Persönlichkeit integrieren. Dadurch verringern Sie zwischenmenschliche Konflikte, die auf reiner Projektion beruhen und die damit vermeidbar sind.

Beispiel:
Wenn Sie sich das nächste Mal über die Mutter Ihres Partners aufregen, reflektieren Sie doch einmal das Verhältnis zu Ihrer eigenen Mutter. Mit diesbezüglichen Erkenntnissen können Sie eine Projektion auf die Mutter Ihres Partners auflösen, die Ihre Liebesbeziehung belasten könnte.

Der Effekt des Primings

Durch den Effekt des Primings können andere Menschen in Ihrem Denken und Handeln mittels Reizen beeinflusst sowie manipuliert werden, ohne dass diese es bewusst wahrnehmen. Gezielt eingesetzte Reize wie Wörter, Formulierungen, Klänge, Bilder oder Gerüche verursachen, dass das Denken des Betroffenen in eine bestimmte Richtung gelenkt wird. Der Reiz löst zum Beispiel gewisse Assoziationen oder Erinnerungen aus, die damit in Verbindung stehen, was wiederum zu einer gewünschten Reaktion führt. Eines der bekanntesten Beispiele des Primings ist der Florida-Effekt, bei dem Menschen, die zuvor durch Reize auf die Begriffe „Alter“ und „alt“ geprimt wurden, sich anschließend langsamer, schwerfälliger und angestrengter bewegten – als wären Sie selbst plötzlich älter geworden.

Sie können sich den Priming-Effekt zunutze machen, indem Sie sich auf Ihren persönlichen Erfolg primen. Umgeben Sie sich dafür mit diversen Reizen, die Sie auf Begriffe wie „Erfolg“, „gewinnen“, „Träume verwirklichen“ oder Ähnliches primen. Dadurch werden Sie Ihre Leistungen steigern und beginnen, an Ihren Erfolg zu glauben. Wer an sich selbst glaubt, kann bekanntlich mehr erreichen.

Beispiel:
Lesen oder schauen Sie sich ab sofort jeden Abend vor dem Einschlafen positive Erfolgsgeschichten von Menschen an, die das erreicht haben, was Sie zu erreichen versuchen. Damit primen Sie sich selbst auf Erfolg.

Der Effekt der Gruppenkonformität

Der Effekt der Gruppenkonformität ist auch als Gruppenzwang bekannt. Der Mensch tendiert dazu, sich in seinen Ansichten und seinem Verhalten an die Normen beziehungsweise Erwartungen einer Gruppe anzupassen. Denken Sie nur einmal an einen ehrlichen Jungen im Teenageralter, der eigentlich nichts von Kriminalität hält und trotzdem mit seinem Freundeskreis aus Angst vor Zurückweisung oder Ausschluss von der Gruppe beim Klauen mitmacht.

Der Effekt der Gruppenkonformität mag in Zeiten des Jagens und Sammelns überlebenswichtig für den Homo sapiens gewesen sein, doch heutzutage kann er dazu führen, dass wir entgegen unseren eigenen Überzeugungen handeln. Wir tun dann vielleicht Dinge, die uns von unseren persönlichen Zielen entfernen. Deshalb ist es wichtig, dass Sie stets mit einem kritischen Blick jenes prüfen, was innerhalb der Gruppe, der Sie sich zugehörig fühlen, geschieht. So vermeiden Sie es, sich unbewusst Dingen anzupassen, die nicht Ihrem Wesen entsprechen.

Beispiel:
Wenn Sie zum Beispiel das erste Mal Ihr Ziel vor einer großen Gruppe von Menschen vorstellen müssen, können Sie sich selbst dabei beobachten, wie Sie mit diesem Druck und der Anspannung umgehen. Nehmen Sie wahr, wie Sie sich verhalten, wie Sie in bestimmten Momenten reagieren und wie Sie vermutlich auf Ihre Mitmenschen reagieren. Dabei könnten Sie zum Beispiel über sich selbst lernen, dass Sie unter großem Druck besonders gut „funktionieren" und dass Sie ausgesprochen selbstbewusst dabei sind, von Ihren Träumen zu erzählen, selbst dann, wenn es vor einer größeren Menschenmenge stattfindet.

Der Effekt der Narzissmusfalle

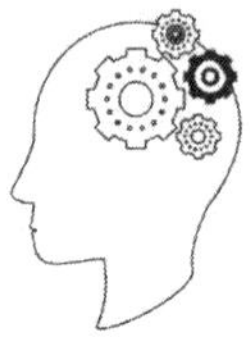

Ein Narzisst ist ein Mensch, der übermäßig auf sich selbst bezogen ist und sich selbst überschätzt, wodurch Konflikte in zwischenmenschlichen Verbindungen hervorgerufen werden können. Wir sprechen hier deshalb von einer Falle, weil narzisstische Persönlichkeiten in der Gesellschaft mittlerweile recht häufig anzutreffen, aber nicht unbedingt auf den ersten Blick zu erkennen sind. Die Ursache hinter dem egoistischen und selbstdarstellerischen Auftreten eines Narzissten liegt dem Verlangen nach Anerkennung, Bewunderung und Wertschätzung zugrunde, die er sich nicht selbst entgegenbringen kann. Die Narzissmusfalle kann durch verschiedene Anzeichen aufgedeckt werden, zum Beispiel durch ständige vernichtende Kritik, Demütigungen, Entwertungen, Rachsucht und Drohungen.

Innerhalb einer zwischenmenschlichen Beziehung können narzisstische Individuen diese durch ihren Charakter vergiften, was sich äußerst belastend auf die Betroffenen auswirken kann. Die Unfähigkeit, sich nicht aus der Narzissmusfalle befreien zu können, womit sich viele Menschen konfrontiert sehen, wird durch ein geringes Selbstwertgefühl bedingt – denn wer wenig von sich selbst hält, lässt eher zu, dass andere Menschen einen schlecht behandeln, weil man es ja „nicht anders verdient hat". Deshalb ist es wichtig, sich mit dem Thema der Selbstliebe auseinanderzusetzen und ein gesundes Verhältnis zu sich selbst aufzubauen.

Beispiel:
Wenn Sie bemerken, dass zum Beispiel Ihr Partner besonders hart reagiert, wenn Sie ihm Ihre Pläne und Ziele verraten, sollten Sie aufmerksam werden. Schießt er völlig unbegründet vermehrt gegen Sie und versucht er, Sie von der Erreichung Ihrer Träume aus unerklärlichen Gründen abzuhalten, sollten Sie Ihre Beziehung neu überdenken. Wenn Sie Erfolg haben möchten, ist es wichtig, dass Sie sich mit Menschen umgeben, die auch an Sie glauben und Ihnen Mut machen, statt Ihnen Ihr Vorhaben noch zu erschweren.

Der Effekt der retrospektiven Verzerrung

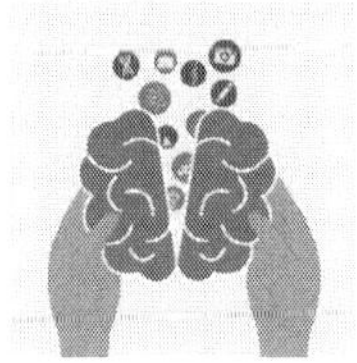

Der Effekt der retrospektiven Verzerrung beschreibt das psychologische Phänomen, dass der Mensch im Rückblick auf ein vergangenes Ereignis dieses anders interpretiert, als es tatsächlich geschehen ist. Man kennt diese Tendenz auch als „rosarote Brille", wenn zum Beispiel eine Persönlichkeit die eigenen vergangenen Vorhaben in einem übertrieben positiven Licht betrachtet. Je höher die positiven Erwartungen an ein Ereignis sind, desto eher kann der Betroffene dieses genießen und desto mehr wird die Erinnerung daran später ins Positive verzerrt. Wenn Sie zum Beispiel große Vorfreude auf Ihren langersehnten Urlaub empfinden, werden Sie diesen nicht nur besser genießen können, sondern im Nachhinein Ihren Freunden von Erinnerungen berichten, die Sie unbewusst ins Positive verzerrt haben.

Das Wissen um diesen Effekt kann Ihnen dabei helfen, zu vermeiden, dass Sie vergangene Erlebnisse übermäßig positiv bewerten, woraus negative Folgen für künftige Entscheidungen entstehen könnten.

Beispiel:
Um zu vermeiden, dass Sie ein vergangenes Erfolgserlebnis, auf das Ihr derzeitiges Ziel aufbaut, unrealistisch bewerten, sollten Sie sich eine fremde Meinung einholen. Wenn Sie zum Beispiel in der Vergangenheit eine sportliche Leistung erzielt haben, die Sie als großartig empfinden, und es sich aufgrund dessen zutrauen, an einem besonders schweren Wettbewerb teilzunehmen, könnten Sie einen Sportler in Ihrem Metier fragen, ob dieser auch der Meinung ist, dass Ihre vergangene Leistung so positiv war, wie Sie glauben.

Der Effekt des Konsistenzdrangs

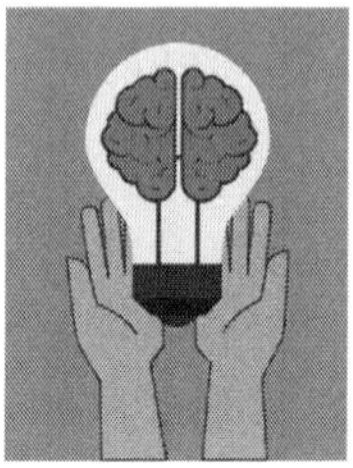

Dem Menschen wohnt ein innerer Drang nach Konsistenz inne, der sich sowohl auf sein Denken, Verhalten, seine Überzeugungen und Entscheidungen bezieht. Bei diesem Effekt werden unbewusst inneren Unstimmigkeiten und psychologischen Widersprüchen aus dem Weg gegangen, indem Konflikte vermieden werden, die auf kognitiver Dissonanz beruhen. Vielleicht haben Sie es selbst schon einmal erlebt: Sie haben einen lieben Freund, der unter einer Krankheit leidet und gleichzeitig weiterhin ungesundes Essen zu sich nimmt und sich nicht körperlich betätigt. Weil Sie ein guter Freund sind, der sich um seine Liebsten sorgt, weisen Sie ihn darauf hin, dass er seinen Lebensstil zum Gesünderen hin verändern könnte, damit es ihm besser geht. Doch dieser weigert sich, Ihrem Vorschlag nachzugehen. Ihr Freund weigert sich konsequent, Ihrer Idee eine Chance zu geben, und vermeidet damit unbewusst eine kognitive Dissonanz. Denn wenn er anerkennen würde, dass sein ungesunder Lebensstil mit seiner Erkrankung in Zusammenhang stehen könnte, würde eine psychologische Unstimmigkeit zwischen seinem Wissen und seinem Verhalten entstehen.

Leider kann dieser Effekt dazu führen, dass wir manchmal in unserem Leben Veränderungen unterlassen, die uns guttun würden und die uns in unserer persönlichen Entwicklung weiterbringen würden. Wenn Sie das nächste Mal eine fremde Idee, ohne darüber nachzudenken, beiseiteschieben, könnten Sie sich kurz an den Effekt des Konsistenzdrangs erinnern und sich fragen, ob die neue Idee nicht vielleicht doch einen Vorteil für Sie bereithält, den Sie zuvor aus Schutz vor kognitiver Dissonanz nicht erkennen konnten.

Der Effekt der kognitiven Abkürzung

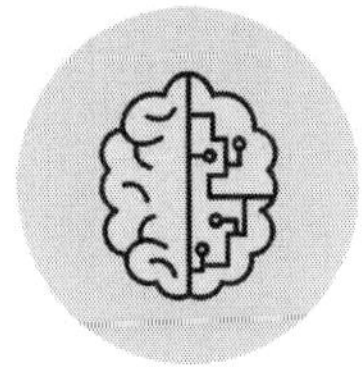

Wenn der Mensch genügend Zeit, Informationen und Motivation hätte, würde er seine Entscheidungen treffen, indem er die zur Verfügung stehenden Optionen gründlich abwägt und analysiert. Das kann einerseits die Wahl des Restaurants zum Mittag, aber auch die Wette auf eine bestimmte Sportmannschaft oder das neue Auto sein. In der Realität der modernen Zivilisation nutzen wir jedoch häufig die sogenannte kognitive Abkürzung, wenn wir schnelle Entscheidungen treffen müssen und uns dabei statt auf eine umfassende Analyse auf Regeln oder eben Abkürzungen verlassen. Dadurch können wir auch dann eine Wahl treffen, wenn nur begrenzt Zeit, Wissen oder Informationen zur Verfügung stehen. Diese kognitiven Abkürzungen, Faustregeln oder Strategien sind mühelos, schnell und bringen zufriedenstellende Ergebnisse mit sich. Stellen Sie sich vor, Sie müssten sich auf die Schnelle für eine deutsche Fußballmannschaft entscheiden, Sie kennen sich nur leider überhaupt nicht mit diesem Sport aus. Es ist wahrscheinlich, dass Sie sich zum Beispiel für den FC Bayern München entscheiden, einfach weil Sie diesen Namen schon einmal irgendwann in den Medien gehört haben. Statt sich für eine gute Entscheidung intensiv mit den deutschen Fußballmannschaften auseinanderzusetzen und alle Optionen abzuwägen, nehmen Sie einfach eine Abkürzung.

Kognitive Abkürzungen können durchaus praktisch sein, wie wir gesehen haben. Doch machen Sie sich bewusst, dass es wichtigere Fragen gibt, deren Beantwortungen nicht durch dieses psychologische Phänomen beeinflusst werden sollten. Deshalb sollten Sie sich umfassend mit allen Optionen befassen, bevor Sie eine Entscheidung bezüglich Ihrer Ziele treffen. Zu schnell könnten Sie sonst in die Falle der kognitiven Abkürzung tappen, die bei wichtigen Entscheidungen jedoch nicht genutzt werden sollte. Wenn Sie zum Beispiel den Wunsch verfolgen, Ihren Körper so weit zu trainieren, dass Sie an einem besonders herausfordernden sportlichen Wettkampf teilnehmen können, sollten Sie in Bezug auf Ihren künftigen Personaltrainer nicht einfach die erste und leichteste Option wählen, die sich Ihnen anbietet. Auch wenn es vielleicht reizvoll ist, den Trainer im nächstgelegenen Fitnessstudio aufgrund der Nähe zu wählen oder jenen, von dem Sie vor ein paar Tagen eine Werbung im Internet gesehen haben, so ist diese Entscheidung bezüglich Ihres Ziels zu wichtig, als dass Sie sie mittels kognitiver Abkürzung treffen sollten. Nehmen Sie sich deshalb die Zeit und sammeln Sie Informationen über Ihre Optionen. Sprechen Sie mit den potentiellen Fitnesstrainern oder machen Sie Probestunden bei diesen. Die extra Mühe wird es wert sein.

Tool 2: Resilienz – Die Kunst der psychischen Widerstandskraft

Definition und Bedeutung von Resilienz

Haben Sie auch schon einmal einer spannenden Lebensgeschichte eines Menschen gelauscht, der von schweren Hürden und schmerzvollen Schicksalsschlägen berichtete und trotzdem mit einem Lächeln auf den Lippen und einer bezüglich der Umstände unerklärlichen Lebensfreude vor Ihnen saß? Vielleicht fragten Sie sich, woher dieser Mensch die Kraft nahm, diese schrecklichen Krisen zu überwinden. Vielleicht wunderten Sie sich sogar darüber, wie er seine Schicksalsschläge nicht nur meisterte, sondern sogar gestärkt daraus hervorging. Wie gelang es ihm, trotz der unvorstellbaren Probleme seinen Lebensmut und seine Zuversicht nicht zu verlieren? Dieser Mensch ist nicht der einzige mit dieser „Superkraft", denn sie steckt in jedem von uns – auch in Ihnen. Lassen Sie uns mit dem Kapitel des zweiten Tools der Psychologie beginnen.

Was ist Resilienz und wer besitzt diese Fähigkeit?

Die eben angesprochene mentale Fähigkeit, auch schwerste Belastungen auszuhalten und sich davon nicht aus der Bahn werfen zu lassen, wird Resilienz genannt. Sie beschreibt das Können, auch während widriger Umstände seine eigene psychische Gesundheit aufrechtzuerhalten beziehungsweise schnell wiederherzustellen. Der Begriff entstammt dem lateinischen Wortstamm „resilire" und kann mit „abprallen" übersetzt werden. Es ist tatsächlich so, dass Persönlichkeiten mit dieser „Superkraft" Schicksalsschläge und Krisen von sich abprallen lassen können, denn sie geben dem Schmerz und anderen negativen Gefühlen keine Chance, an ihnen haften zu bleiben, sondern transformieren ihn durch ihren unermüdlichen Lebensmut. Wenn man an „Superkraft" denkt, könnte schnell der Eindruck entstehen, dass Resilienz etwas Geheimnisvolles ist, womit nur wenige auserwählte Individuen gesegnet sind. Dies ist jedoch nicht der Fall, denn das Potential dieser psychischen Widerstandskraft liegt in jedem Einzelnen von uns verborgen. Sie ist auch nicht angeboren, wie man vermuten könnte, sondern entwickelt sich erst im Laufe des Lebens und mit den Ereignissen und Erkenntnissen, die ein Mensch während seiner Zeit auf der Erde erfährt. Es ist auch nicht so, dass resiliente Menschen kein oder nur geringes Leid erfahren und deswegen so gut darin sind, sich davon nicht unterkriegen zu lassen. Nein, auch diese Persönlichkeiten machen schwere Zeiten durch, doch auch wenn Sie fallen, bleiben Sie nicht besiegt liegen, sondern stehen immer wieder auf. Ihnen ist bewusst, dass es nicht darum geht, wie oft man fällt, sondern das Wichtige ist nur, dass man einmal öfter wieder aufsteht. Das ist der Inbegriff eines wahren „Stehaufmännchens", das dank seiner geistigen Beweglichkeit und Elastizität selbst nach einer Phase der extremen Belastung wieder zurück in seinen Normalzustand findet. Sie können sich das wie bei einem Gummi vorstellen, der in alle Richtungen extrem gedehnt werden kann. Er wird auch bei stärkerer Spannung nicht reißen, sondern findet sofort in seinen Ursprungszustand zurück, wenn man aufhört, ihn auseinanderzuziehen.

Wie resilient ein Mensch im Vergleich zu anderen ist, hängt ganz von seiner Persönlichkeit ab, die durch die Summe seiner vergangenen Lebensumstände geformt wird. Was der eine für eine lebensvernichtende Belastung hält, stellt für den anderen lediglich eine mühelose Aufgabe dar. Wo der eine aufgibt, weil es ihm einfach zu viel wird, fühlt sich ein anderer motiviert und wird gerade erst warm. Wie Sie sehen können, kann ein und dieselbe Situation bei 20 verschiedenen Menschen 20 unterschiedliche Empfindungen auslösen.

Resilienz hängt außerdem sehr eng mit dem sozialen Netzwerk zusammen, in dem eine Persönlichkeit aufwuchs und mit dem sie sich im Erwachsenenalter umgibt. Besonders in der Zeit der Kindheit wird ein wichtiger Grundstein für die Fähigkeit gelegt, auf Widrigkeiten resilient zu reagieren. Die amerikanische Psychologin Emmy Werner schaute sich in den 1950er Jahren die Lebensgeschichten von 700 Kindern auf der hawaiianischen Insel Kauai an und machte dabei eine interessante Entdeckung. In ihrer 1992 veröffentlichten Langzeitstudie mit dem Titel „The children of Kauai: Resiliency and recovery in adolescence and adulthood" (aus dem Englischen: Die Kinder von Kauai: Resilienz und Erholung in der Jugend und im Erwachsenenalter) selektierte sie jene Kinder, die unter besonders schweren Umständen, wie finanzieller Not oder psychisch erkrankten Eltern, aufwuchsen. Von diesen Risikokindern zeigten jedoch einige eine erstaunlich positive Entwicklung in den kommenden Jahren. Doch was unterschied diese resilienten Kinder von den anderen? Emmy Werner stellte fest, dass es nicht daran liegen konnte, dass sie eine bessere Kindheit genossen, denn all diese Kinder hatten es schwer. Die Psychologin machte bei ihrer Forschung die Entdeckung, dass es bezüglich der psychischen Widerstandskraft einen besonders wichtigen **Schutzfaktor** gibt, der Resilienz begünstigt: Es ist eine stabile zwischenmenschliche Verbindung zu einer Vertrauensperson. Die resilienten Kinder aus der hawaiianischen Studie mit einer positiven Entwicklung hatten das Glück, Halt von mindestens einer Bezugsperson erhalten zu haben, auf die sie zählen konnten, die sie unterstützte, sie förderte und ihnen Wertschätzung entgegenbrachte. Dieser Schutzfaktor wirkt sich zudem bis ins Erwachsenenalter aus. Kann ein Mensch von sich behaupten, von ihm nahestehenden Menschen umgeben zu sein, die ihn im Falle eines Schicksalsschlages Rückhalt bieten, wird er den Krisen seines Lebens widerstandsfähiger begegnen können.

Schutzfaktoren sind jene Aspekte, die die Fähigkeit der Resilienz begünstigen, wie z. B. Geborgenheit, verfügbare stabile Bezugspersonen und Sicherheit. Im Gegensatz dazu stehen die sogenannten **Risikofaktoren**, wie z. B. Gewalterfahrungen, Mobbing etc., die hingegen die Fähigkeit der Resilienz vermindern, indem sie es schwer machen, widerstandsfähig zu bleiben.

Übung: Analyse Ihres sozialen Netzwerkes

Diese Übung soll Ihnen bewusst machen, dass auch Sie ein Sicherheitsnetz in Form eines sozialen Netzwerkes haben, das Sie in schwierigen und herausfordernden Zeiten auffangen wird. Nehmen Sie sich etwas zum Schreiben und widmen Sie sich den folgenden Fragen:

- Schreiben Sie in die Mitte Ihres Blattes das Wort „Ich" und umkreisen Sie es.

- Notieren Sie nun um das „Ich" im Zentrum alle Menschen in Ihrem Leben, mit denen Sie mehr oder weniger Zeit verbringen oder in einer anderen Form verbunden sind. An welcher Stelle Sie diese hinschreiben, ist zunächst nicht von Bedeutung. Die folgenden Fragen können Ihnen bei diesen Überlegungen weiterhelfen:

- Welche sind die Menschen, mit denen Sie am meisten Zeit in Ihrem Alltag verbringen?
- Wer hat Ihnen bereits in der Vergangenheit bei einem Problem beigestanden?
- Wer zählt zu Ihrer Familie?
- Wer ist immer für Sie da?
- Mit wem haben Sie bereits gemeinsam Herausforderungen gemeistert?
- Welche Menschen kennen Sie bereits Ihr gesamtes Leben lang?
- Wer hat Ihnen schon einmal geholfen, von dem Sie es nicht erwartet hätten?
- Auf welche Menschen können Sie zählen, auch wenn Sie mit diesen nicht viel Zeit verbringen, zum Beispiel, weil Sie zu weit auseinander wohnen?
- Mit welchen Menschen sind Sie aufgrund bestimmter Lebensumstände, zum Beispiel gemeinsame Kinder oder entfernt Blutsverwandte, für immer verbunden, auch wenn Sie möglicherweise nicht viel Zeit miteinander verbringen?

- Markieren Sie nun gut sichtbar jene Namen, die zu Ihrem *engsten* Kreis gehören. Das sind in der Regel die wichtigsten Familienmitglieder und Freunde, denen Sie alles anvertrauen würden und die auch ein Teil Ihres Alltags sind. Diese Menschen repräsentieren Ihren sozialen Anker, der Ihnen auch in herausfordernden Zeiten Halt bietet. Doch auch alle anderen Namen gehören zu Ihrem sozialen Netzwerk.

Wie Sie sehen können, sind Sie nicht allein. Sie müssen keine Herausforderung allein stemmen. Diese wundervollen Menschen, die Sie in dieser Übung aufgezählt haben, stehen Ihnen stets bei und werden Ihnen ihre Unterstützung zukommen lassen, wenn Sie sie darum bitten. Schon allein das Wissen darum, nicht allein zu sein und von einem sozialen Netzwerk umgeben zu sein, das auch in Krisenzeiten für Sie da ist, macht Sie automatisch resilienter.

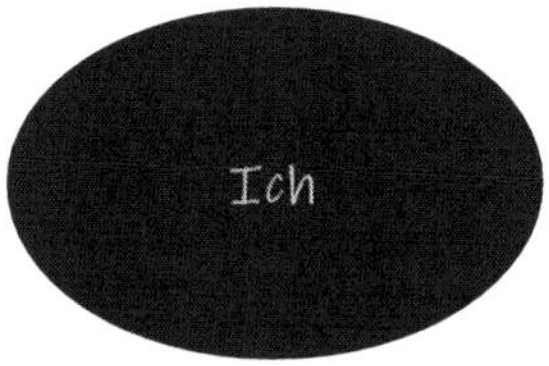
Ich

Neben dem wichtigsten Schutzfaktor der Resilienz, dem sozialen Netzwerk, gibt es weitere personale und soziale Aspekte, die die psychische Belastbarkeit fördern. Dazu zählen unter anderem die folgenden:

- **Soziale Kompetenz**: Wenn eine Person sozial kompetent ist, bedeutet das, dass sie effektiv in sozialen Situationen zu interagieren und mit anderen Menschen umzugehen weiß. Wer zum Beispiel weiß, dass er auch in Krisenzeiten nicht allein ist und um Hilfe fragen kann, ist resilienter als jemand, der sich einsam fühlen würde. Von einem sozialen Netzwerk im privaten, partnerschaftlichen, familiären oder beruflichen Kontext umgeben zu sein ist das eine, das andere ist, auch in der Lage dazu zu sein, dieses aufzubauen, zu pflegen und darauf zurückgreifen zu können.

- **Selbstwirksamkeit**: Dies beschreibt die Überzeugung eines Individuums, dass es selbst schwierige Situationen aus seiner eigenen Kraft heraus meistern kann.

- **Selbstwahrnehmung**: Um Herausforderungen bewältigen zu können, sollten Sie in der Lage sein, sich selbst, Ihre Gefühle, Gedanken und Verhaltensweisen reflektieren und die eigenen Fähigkeiten einschätzen zu können.

- **Selbstregulation**: Mit dem Begriff der Selbstregulation werden verschiedene Eigenschaften und Fähigkeiten einer Person zusammengefasst, die der Selbstbeherrschung dienen. Es geht daher um die Regulation von Impulsen und Wünschen sowie um die Bedürfnisbefriedigung. Im Sinne der Selbstregulation ist der Mensch dazu geneigt, sich selbst Ziele zu setzen. Diese Ziele führen im Verlauf der Entwicklung zu weiteren Handlungen. Im Verlauf der Selbstregulation kommt es zur ständigen Überprüfung ebendieser Ziele. Sollte es im Rahmen dieser Überprüfung zu einer negativen Bewertung kommen, werden die Handlungen reguliert und angepasst. Demnach bezieht sich die Fähigkeit der Selbstregulation auf die Kompetenz, die eigenen Verhaltensweisen, Emotionen sowie kognitiven Prozesse je nach Begebenheiten zu regulieren, sie anzupassen und zu lenken.

- **Selbstbewusstsein**: Wer sich seines eigenen Wertes bewusst ist und Vertrauen in sich selbst und seine Kompetenzen besitzt, kann nicht nur leichter auf seine Mitmenschen zugehen, sondern besitzt auch den Glauben an sich selbst, das schaffen zu können, was einen momentan belastet.

• **Eigenverantwortung**: Resiliente Menschen übernehmen Verantwortung für ihre Gedanken, Gefühle, Worte und Taten.

Beispiel:
Anna arbeitet in einem Büro und hat eine wichtige Präsentation vorzubereiten. Sie weiß, dass sie genug Zeit hatte, um die Präsentation vorzubereiten, aber sie hat sich in den letzten Wochen oft ablenken lassen und hat nicht genug Zeit damit verbracht, sich angemessen vorzubereiten. Als die Präsentationstermine näher rücken, erkennt Anna, dass sie nicht genug Material vorbereitet hat und dass ihre Präsentation nicht ihren üblichen Standards entspricht. Anstatt Ausreden zu suchen oder die Schuld auf andere zu schieben, entscheidet Anna, die Verantwortung für ihre Situation zu übernehmen. Sie erkennt, dass sie ihre Zeit nicht effektiv genutzt hat, und akzeptiert die Konsequenzen ihres Handelns. Anstatt sich selbst zu bemitleiden, entscheidet sie, alles in ihrer Macht Stehende zu tun, um die Situation zu verbessern. Sie macht Überstunden, um die Präsentation fertigzustellen, und lernt aus ihrem Fehler, um in Zukunft besser zu planen und ihre Zeit effektiver zu nutzen.

• **Akzeptanz & Lösungsorientiertheit**: Nur wer die derzeitige Lage beziehungsweise das bestehende Problem akzeptieren kann, kann sich der Lösung widmen. So kann der Betroffene erkennen, was er beeinflussen kann und was nicht.

Beispiel:
Lena hat gerade erfahren, dass sie ihren Job verloren hat. Anstatt in Panik zu geraten oder sich von negativen Emotionen überwältigen zu lassen, nimmt sie die Situation an und ist entschlossen, eine Lösung zu finden. Zunächst akzeptiert Lena, dass der Verlust ihres Jobs eine Realität ist, die sie nicht ändern kann. Sie erlaubt sich, traurig oder enttäuscht zu sein, aber sie lässt diese Gefühle nicht ihre Handlungen dominieren. Anstatt sich auf die negativen Aspekte der Situation zu konzentrieren, nimmt Lena eine lösungsorientierte Haltung ein. Sie reflektiert über ihre Fähigkeiten, Erfahrungen und Interessen und beginnt, Möglichkeiten zu erkunden. Sie aktualisiert ihren Lebenslauf, recherchiert nach neuen Jobmöglichkeiten, informiert sich über Weiterbildungskurse und spricht mit Freunden und ehemaligen Kollegen über potenzielle Chancen. Lena konzentriert sich darauf, was sie kontrollieren kann, und arbeitet aktiv daran, neue berufliche Möglichkeiten zu schaffen. Obwohl die Situation herausfordernd ist, bleibt sie optimistisch und entschlossen, eine positive Veränderung herbeizuführen.

- **Optimismus**: Nur, wenn die Zukunft positiv erscheint, kann man die nötige Motivation und Zuversicht zum Weitermachen entwickeln. Mit diesem Thema beschäftigen wir uns im nächsten Abschnitt noch intensiver.
- **Problemlösungskompetenz**: Wie im Beispiel schon angerissen: Resiliente Menschen sind fähig, diverse Lösungsvorschläge für eine verzwickte Situation zu entwickeln.
- **Kohärenz durch Kontinuität und Sinnhaftigkeit**: Widerstandsfähige Persönlichkeiten glauben fest daran, Herausforderungen immer wieder gewappnet zu sein und dass sich hinter diesen ein tieferer Sinn verbirgt.
- **Stressmanagement**: Stress ist ein stetiger Begleiter von Traumata, Schicksalsschlägen und Krisen. Ein resilienter Mensch vermag es, mit diesem umzugehen. Später mehr zu diesem Thema.
- **Gesundheit**: Ein guter körperlicher und geistiger Zustand begünstigt die Widerstandsfähigkeit, denn nur gesundes Gewebe kann flexibel und elastisch sein. Außerdem müssen der Körper und vor allem auch die Psyche in der Lage sein, mit dem Stress, der mit Krisen einhergeht, umgehen zu können.
- **Sicherung von Grundbedürfnissen**: Die Erfüllung grundlegender Bedürfnisse des Menschen wie Ernährung, Wohnraum und Einkommen wirkt sich positiv auf die Fähigkeit der Resilienz aus.

Wenn man in der Flutwelle des Schicksalsschlags unterzugehen droht: Wie Sie sich gegen Stress wappnen können

Was das Immunsystem des Körpers ist, ist Resilienz für die Psyche: Sie wehrt „körperfremde Schadstoffe und Keime" in Form von Stress ab, der zum Beispiel durch Lebenskrisen, Rückschläge, Konflikte, Trennungen, Verluste und Leid ausgelöst wird. Stress kann den Menschen körperlich wie geistig in einen gesundheitsgefährdenden Ausnahmezustand versetzen, insbesondere dann, wenn er langfristig andauert. Er ist eine ganz natürliche Alarmreaktion des Organismus in Situationen, in denen dieser stark gefordert wird. Durch die Ausschüttung von Stresshormonen wie Adrenalin und Cortisol werden der Herzschlag, der Atem und der Muskeltonus so verändert, dass der Körper innerhalb kürzester Zeit mehr leisten kann. Gleichzeitig werden Energien aus Bereichen abgezogen, wie zum Beispiel dem Verdauungsprozess, die für die Bereitstellung der verstärkten Leistungsfähigkeit vonnöten sind. Es werden somit aus dem Körper alle freien Ressourcen gesammelt, um zu ermöglichen, dass der Betroffene in Momenten des Stresses entweder flüchten oder kämpfen kann. Dieser Mechanismus war insbesondere in der jüngeren Menschheitsgeschichte zu Zeiten des Jagens und Sammelns überlebenswichtig.

Stress ist demnach ein äußerst wichtiger und beeindruckender körpereigener Schutzmechanismus, ohne den unsere Spezies nicht über die Jahrtausende hätte bestehen können. Sofern er nur kurzfristig besteht, ist Stress sogar gesund, da wir dadurch besser neue Fähigkeiten erlernen und Herausforderungen bewältigen können. Auf langfristige Sicht jedoch drehen sich die positiven Auswirkungen um und der Betroffene beginnt, erste gesundheitliche Probleme zu bemerken. Aus der anfänglichen Unfähigkeit, sich zu entspannen, sowie aus der Nervosität und Hektik können sich Beschwerden wie Kopfschmerzen, Verdauungsprobleme, Atemnot, Schlafstörungen und Konzentrationsstörungen entwickeln. Herz-Kreislauf-Erkrankungen, Depressionen und Burnout sind Erkrankungen, die häufig mit Stress in Verbindung gebracht werden können.

Übung: Der Stresstest

Manchmal schleicht sich der Stress auf eine subtile Art in das Leben ein, ohne dass man es bewusst bemerkt. Oder aber er besteht bereits so lange, dass man den angespannten Zustand schon als „normal" empfindet. So oder so können Sie sich ab und zu mithilfe dieses Tests selbst überprüfen, ob Sie gestresst sind oder nicht. Unser Körper und Geist verraten uns nämlich ziemlich genau, wie es um uns derzeitig steht.

- **1. Stressebene – Der Körper**: Sind Sie körperlich gerade angespannt? Bemerken Sie, wie Sie gewisse Muskeln und Muskelgruppen anspannen? Schlägt möglicherweise Ihr Herz schneller oder schwitzen Sie? All das sind Anzeichen von Stress auf der körperlichen Ebene.
- **2. Stressebene – Die Gedanken**: Gedanken, die Zweifel ausdrücken oder Sie abwerten, drücken ebenso Stress aus. Kommen Ihnen Gedanken wie „Ich bin völlig überfordert" oder „Ich pack das sowieso nicht" bekannt vor?
- **3. Stressebene – Die Gefühle**: Wie fühlen Sie sich jetzt gerade? Sind Sie ausgelaugt? Fühlen Sie sich kraftlos?
- **4. Stressebene – Das Verhalten**: Beobachten und Reflektieren Sie Ihr Verhalten auf Stress. Machen Sie hastige Bewegungen? Wirken Sie nervös? Reagieren Sie gereizt? Neigen Sie dazu, Ihre Mitmenschen im Gespräch ins Wort zu fallen?

Schicksalsschläge, wie eine Trennung vom langjährigen Partner oder der Tod eines geliebten Menschen, sind Erlebnisse, die eine lange Zeit brauchen, bis sie überwunden werden. Gefühle wie Trauer und Verzweiflung können nicht ohne weiteres sofort verarbeitet werden, denn gewisse Ereignisse benötigen einfach manchmal Monate oder sogar Jahre, um mit ihnen zurechtzukommen. Das kann sogar die stärkste Persönlichkeit an ihre Grenzen treiben. Leid und Schmerz gehören ebenso wie Glück und Erfüllung zur menschlichen Erfahrung dazu, weshalb wir diesen nicht aus dem Weg gehen können. Doch was wir wiederum tun können, ist, unseren Umgang mit diesen stressauflösenden Faktoren zu ändern. Die folgende Liste liefert Ihnen einige hilfreiche Anhaltspunkte:

• **Selbstreflexion**: Identifizieren Sie Ihre persönlichen Stressoren, indem Sie regelmäßig aufschreiben, welche Dinge oder Situationen Sie gestresst haben. Stressoren sind Faktoren, die Stress auslösen, und können so etwas wie Lärm, Schmerzen, Isolation, aber auch Krankheiten, übermäßige Erwartungen oder Perfektionismus sein. Durch Selbstreflexion lernen Sie nicht nur jenes kennen, was in Ihnen Stress auslöst, sondern auch Ihre individuelle Reaktion darauf.

• **Stressoren**: Einige von diesen Stressoren können bei der Stressbewältigung abgebaut werden, zum Beispiel, indem Sie früher aufstehen, damit Sie nicht unter Zeitdruck geraten, oder indem Sie Ihre Eltern um Unterstützung mit Ihren Kindern bitten, damit Sie ein wenig Ruhe und Zeit für sich selbst haben.

• **Entspannungsübungen**: Um die körperliche Stressebene anzugehen, helfen Ihnen entspannende Übungen, die Sie unter anderem im Yoga oder Tai-Chi finden. Auch progressive Muskelentspannung, autogenes Training, Atemübungen oder Meditation sind wunderbare Hilfsmittel zur Reduzierung von Stress auf der körperlichen Ebene.

• **Pausen**: Gönnen Sie sich auch einmal ein Durchatmen im hektischen Alltag Ihres Lebens. Kleine Pausen können da Wunder wirken. Doch auch „große“ Pausen wie der gute Schlaf oder ein erholsamer Urlaub sind essenziell für die Gesundheit.

• **Mindset**: Die Art, wie Sie über Probleme und Krisen denken, hat einen großen Einfluss darauf, wie Sie darauf reagieren. Bei einigen Menschen sorgt schon das Bewerbungsgespräch für so viel Stress, dass es ihre Gesundheit bedrohen könnte, während andere vor hunderttausend Zuschauern sprechen und dabei nicht eine Schweißperle verlieren. Resiliente Menschen zeichnen sich dadurch aus, sich nicht ohnmächtig und machtlos bei einem Schicksalsschlag oder einem Konflikt zu fühlen. Da sie ein optimistisches Mindset besitzen, betrachten Sie Krisen nicht als ein Problem oder eine Belastung, sondern als eine Herausforderung, die die Chance auf persönliches Wachstum mit sich bringt. So wird plötzlich aus einer ausweglosen Situation, die Überforderung und negativen Stress, auch Distress genannt, auslöst, eine interessante und spannende Möglichkeit, um sich darin zu üben, Lösungen zu finden und neue Fähigkeiten zu entwickeln, was positiven Stress, auch Eustress genannt, auslöst – nur, weil sich das Denken geändert hat.

- **Lösungsfindung**: Statt sich dem Stress hilflos zu ergeben, regt dieser Punkt Sie dazu an, sich aktiv mit der Lösung Ihrer stressauslösenden Probleme auseinanderzusetzen. Betreiben Sie Brainstorming und finden Sie Wege, wie Sie mit Ihren Stressoren umgehen können. Entwickeln Sie zudem einen konkreten Plan, um beim nächsten Mal besser zu reagieren und Ihren Stressoren auf eine neue Art zu begegnen, und vergessen Sie nicht, diesen Plan auch in die Realität umzusetzen.
- **Zeitmanagement**: Verbessern Sie Ihr Zeitmanagement, denn unter Zeitdruck zu stehen, ist nicht nur ein unnötig weit verbreiteter Stressor, sondern auch ein relativ leicht zu vermeidender. Eine gute Organisation ist hier der Schlüssel. Priorisieren Sie Ihre Aktivitäten und erarbeiten Sie einen konkreten Zeitplan, den Sie in Ihrem Terminkalender schriftlich festhalten.
- **Körperliche Bewegung**: Begegnet der Mensch einem seiner Stressoren, folgt die körperliche Reaktion in Form der Ausschüttung von Stresshormonen, die letztendlich den Organismus auf Kampf oder Flucht vorbereiten. Erfolgt jedoch weder der Kampf noch die Flucht, so verbleiben die Stresshormone im Körper, da sie nur schwer von diesem selbst wieder abgebaut werden können. Deshalb können Sie den Prozess beschleunigen, indem Sie sich körperlich bewegen. Sport beseitigt Stress auf eine fast schon magische Weise, weshalb viele beruflich sehr eingespannte Persönlichkeiten darauf schwören. Dadurch kriegen Sie endlich wieder Ihren Kopf frei – frei von Stresshormonen.
- **Soziale Kontakte**: Das Pflegen sozialer Kontakte ist sehr stresslösend und deshalb ein guter Ausgleich zum angespannten Alltag. Umgeben Sie sich mit Menschen, mit denen Sie wirklich gern Zeit verbringen und lachen können. Das wirkt wie Balsam für die angespannte Seele.
- **Gesundheit**: Zu guter Letzt sollen Sie sich daran erinnert fühlen, sich um Ihre Gesundheit zu kümmern. Achten Sie auf sich, indem Sie sich gesund ernähren und ausreichend schlafen. Doch auch auf der psychischen Ebene tun Sie etwas für sich, wenn Sie zum Beispiel etwas tun, das Sie lieben, oder auch einmal „Nein“ sagen, wenn jemand Sie um etwas bittet, Sie aber dafür derzeitig keine Kraft und Ressourcen aufbringen können. Viel zu oft nämlich stellen wir unsere eigenen Bedürfnisse hinter die anderer Menschen und vergessen dabei uns selbst. Und dann wundern wir uns: Warum bin ich mit meinem Leben so unzufrieden? Selbstfürsorge ist hier das Stichwort.

Die Rolle von Optimismus und Gelassenheit

Optimismus: Die Quelle der Kraft in schwierigen Lebenskrisen

Optimismus ist eine Entscheidung. Es ist die Entscheidung, die Welt von der besten Seite aus zu betrachten und auch dann zuversichtlich zu bleiben, wenn es einmal schwierig wird. Optimismus ist wie das Licht am Ende des Tunnels, das einem die Sicherheit gibt, dass es einen Ausweg gibt, auch wenn man sich selbst gerade noch in der Dunkelheit befindet. Der einzige Weg raus führt nach vorne. Es gibt keine andere Möglichkeit, als einen Schritt vor den nächsten zu setzen und sich dem Licht langsam zu nähern, denn wer stehen bleibt oder sich gar umdreht und in die Dunkelheit hinter sich starrt (= Pessimismus), blickt in die falsche Richtung und wird das Ende des Tunnels nicht so schnell erreichen. Was gesunder Optimismus jedoch nicht ist, ist blindes und unrealistisches Einreden, dass alles gut sei – ein optimistisch eingestellter Mensch liegt keiner Illusion auf, sondern verwendet einen wichtigen Schlüssel der Resilienz, um sich damit die Tür zu einem glücklicheren und zufriedenen Leben zu öffnen.

Ein Optimist denkt bei einem Glas mit Wasser nicht in erster Linie daran, ob es halb voll oder halb leer ist, sondern dass auch ein halbes Glas den Durst löschen kann, auch wenn es nur vorübergehend ist. Diese positive Erwartung hilft ihm im Leben auch bei der Bewältigung herausfordernder Krisen weiter, denn eine optimistische Einstellung beeinflusst automatisch das Ergebnis. Denken Sie zurück an das Beispiel der sich selbst erfüllenden Prophezeiung, auch Pygmalion-Effekt genannt, bei dem der Betroffene nicht an die Erreichung seiner Ziele glaubte. Seine negative Erwartungshaltung führte letztendlich dazu, dass er tatsächlich keinen Erfolg hatte, was jedoch nicht an den Umständen lag, sondern an seinem Verhalten, das durch die negative Einstellung beeinflusst wurde. So verhält es sich auch mit dem Optimismus, nur eben andersherum. Wer zuversichtlich und positiv in die Zukunft blickt, wird tendenziell eher positive Ergebnisse erzielen, da er mehr Einsatz zeigt und mehr Durchhaltevermögen beweist. Er betrachtet seine Ziele als durchaus erreichbar und verstärkt somit sein Engagement, wodurch die Chance auf Erfolg ansteigt. Damit zu rechnen, dass man den Ausweg am Ende des Tunnels erreichen wird, komme, was wolle, führt dazu, dass man auch innerhalb des Bewältigungsprozesses eher angenehme Empfindungen verspürt – positive Emotionen sind neben dem Optimismus ein weiterer Schutzfaktor der Resilienz. Optimismus lässt Sie von innen heraus stark werden – mental wie physisch. Einerseits schreiben sich nämlich diese Menschen Ihre Erfolge selbst zu und machen bei Dingen, die gut gelaufen sind, nicht äußere Einflüsse und Glück verantwortlich, sondern das eigene Tun und die eigenen Fähigkeiten. Bei negativen Ereignissen hingegen neigen optimistische Persönlichkeiten dazu, äußere Einflüsse als Ursache dafür zu sehen. Diese meist unbewusste Denkweise ist äußerst gesund für die Psyche, denn dadurch würdigen wir uns selbst mehr, schätzen unsere Begabungen und schenken uns selbst Dankbarkeit – und genau dies stärkt wiederum die Resilienz. Andererseits stärkt eine positive Einstellung dem Leben gegenüber unter anderem das Immunsystem und macht dadurch auch den Körper resilienter für Erkrankungen. Optimismus fördert demnach Ihre Gesundheit auch auf physischer Ebene, wie eine Studie von Heather Rasmussen, Michael Scheier und Joel Greenhouse aus 2009 mit dem Titel „Optimism and physical health: a meta-analytic review (aus dem Englischen: Optimismus und physische Gesundheit: Ein metaanalytischer Überblick) zeigte. Des Weiteren steigert Optimismus sogar Ihre Lebenserwartung, wie unter anderem eine Langzeitstudie mit dem Titel „Optimism is associated with exceptional longevity in 2 epidemiologic cohorts of men and women" (aus dem Englischen: Optimismus ist in 2 epidemiologischen Kohorten von Männern und Frauen mit einer außergewöhnlichen Langlebigkeit verbunden) der Boston University School of Medicine 2019 feststellte. Dabei fanden Lewina Lee, Peter James, Emily Zevon und Laura Kubzansky heraus, dass die Wahrscheinlichkeit, 85 Jahre und älter zu werden, in der Probandengruppe der größten Optimisten um 50 % höher war als bei Probanden mit pessimistischen Zügen. Bei den Männern lag dieser Wert sogar bei ganzen 70 %. Die Aussage, dass Optimisten länger leben, ist also gar nicht mal so unrealistisch.

Zudem führt diese positive innere Haltung dazu, eine gesündere Lebensweise einzunehmen, denn damit gehen sogenannte aktive Bewältigungsstrategien einher. Ein gutes Beispiel hierfür ist, wenn wir erste Anzeichen körperlicher Beschwerden bemerken, wir unsere Ernährung ändern und uns mehr im Alltag bewegen, um in Eigenverantwortung etwas für unsere Gesundheit zu tun und schlimmere Konsequenzen zu vermeiden versuchen. Diese aktiven Bewältigungsstrategien sorgen dafür, dass wir negativen Einflüssen aus dem Weg zu gehen versuchen und auf Unterstützung aus unserem sozialen Netzwerk zurückgreifen. Damit einher geht ein deutlich verbesserter Umgang mit Stress, denn Optimisten können dank einer lösungsorientierten und adaptiven Denkweise schneller aus einer prekären Situation herausfinden. Eine Studie aus dem Jahr 2010 mit dem Titel „Optimism" (aus dem Englischen: Optimismus) von Charles Carver, Micheal Scheier und Suzanne Segerström sowie eine weitere Studie dieser mit der Bezeichnung „Dispositional optimism" (aus dem Englischen: Dispositioneller Optimismus) weisen aus wissenschaftlicher Sicht auf die genannten Punkte hin, die besagen, dass eine positive Lebenseinstellung mit Gesundheit und Resilienz in Verbindung steht. Während Pessimisten in jeder Chance eine Bedrohung zu vermuten scheinen, sieht der Optimist in jeder Bedrohung eine Chance – das sagt bereits eine ostasiatische Weisheit. Optimismus – wir sprechen hier von der realistischen, also gesunden Version – kann durchaus trainiert und verbessert werden. Wenn auch Sie Ihr Leben durch eine positivere Einstellung bereichern möchten, nehmen Sie sich die folgenden Hinweise zu Herzen.

- **Stärken statt Schwächen**: Legen Sie Ihren Fokus auf das, worin Sie gut sind und was Ihnen Freude bereitet. Indem Sie sich bewusst machen, welche Fähigkeiten und Kompetenzen in Ihnen stecken, können Sie auch das gewaltige Potential erkennen, das in Ihnen schlummert. Versuchen Sie, Ihre Stärken noch weiter auszubauen und damit Ihre persönlichen Ressourcen zu vermehren.
- **Dankbarkeit**: Dankbarkeit ist ein gewaltiges und äußerst effektives Mittel für mehr Optimismus und damit mehr Resilienz. Integrieren Sie dieses wunderschöne Gefühl deshalb in Ihren Alltag, indem Sie ein Dankbarkeitstagebuch anlegen und jeden Abend mindestens drei Dinge darin notieren, für die Sie den Tag über dankbar waren.
- **Lösung statt Problem**: Richten Sie Ihre Konzentration nicht auf das aus, was schiefgelaufen ist, sondern auf das, wie Sie es besser machen können. Problemorientierung führt dazu, dass Sie nicht vorankommen, weil Sie Ihre Aufmerksamkeit und damit Ihre Energie auf das fokussieren, was Sie *nicht* wollen. Bleiben Sie deshalb stattdessen lösungsorientiert, indem Sie sich bewusst werden, dass Sie stets eine Wahl haben und es immer Alternativen gibt. Ein Problem bringt nämlich immer eine Lösung mit sich, sonst wäre es kein Problem. Sie müssen sie nur finden.
- **Misserfolge**: Statt sich für Rückschläge zu verurteilen und sich herunterziehen zu lassen, entdecken Sie das Positive, indem Sie sich auf die Chance dahinter ausrichten. Erst durch unsere Fehler können wir lernen, was wir beim nächsten Mal besser machen können und müssen. Durch diese Denkweise verlieren Misserfolge nicht nur Ihren bitteren Beigeschmack, sondern schenken uns sogar wichtige Anregungen, um zu lernen und zu wachsen.
- **Toxischer Optimismus**: Machen Sie sich bewusst, dass es auch eine negative Form des Optimismus gibt, die Sie vermeiden sollten. Übermäßig positives Denken kann verursachen, dass Risiken unterschätzt werden und sich der Betroffene in Situationen begibt, die gefährlich sind. Zudem wird dadurch etwas häufig fehlbewertet und nicht genügend berücksichtigt, das einem Erfolg potentiell im Wege stehen könnte, wodurch die Chancen auf diesen sinken könnten. Auch in Bezug auf Empfindungen kann toxische Positivität dazu führen, dass die Gefühle und Emotionen anderer Menschen, die gerade durch eine schwere Zeit gehen, minimiert werden, ganz unter dem Motto: „Hab dich nicht so, du kommst schon darüber hinweg, heulen bringt nichts, also lach mal wieder.“ Ein gesunder Optimismus ist demnach ein realistischer, denn dadurch können Sie zwar die positiven Aspekte der jeweiligen Situation erkennen und nutzen, jedoch ohne dabei die negativen zu verdrängen.

Übung: Optimismus dank kognitiver Umstrukturierung

Eine optimistische Einstellung will gelernt sein, denn insbesondere in Momenten, in welchen wir Menschen uns von negativen Empfindungen und pessimistischen Gedanken umgeben fühlen, ist es besonders schwer, sich Optimismus vorstellen zu können. In genau diesen Situationen können Sie durch bewusste kognitive Umstrukturierung Ihren Optimismus steigern. Wie das geht, erfahren Sie nun. Nehmen Sie sich etwas zum Schreiben und planen Sie ein wenig Zeit in Ruhe zum Nachdenken ein.

- Identifizieren Sie zunächst die Situation, die in Ihnen hier und jetzt negative Gedanken und Gefühle auslöst. Schreiben Sie nieder, was Sie bedrückt.

____

____

____

- Konzentrieren Sie sich nun auf Ihre Gefühle. Welche Empfindungen können Sie wahrnehmen? Fühlen Sie sich überfordert, wütend oder traurig? Benennen Sie sie so konkret wie möglich.

____

____

____

- Fragen Sie sich nun, welche Gedanken diese Gefühle auslösen. Was verbirgt sich hinter Ihren Empfindungen und Ihrer schlechten Gemütslage? Welche Gedanken haben dies verursacht? Warum genau empfinden Sie gerade Überforderung, Wut, Trauer oder Ähnliches? Schreiben Sie auch hier so detailliert und deutlich wie möglich auf, was Sie in Bezug auf die belastende Situation denken.

____

____

____

- Nun geht es an die Überprüfung Ihrer Gedanken. Sammeln Sie Beweise für beziehungsweise gegen Ihre Gedanken, die Ihre negativen Empfindungen in dieser Situation ausgelöst haben. Entsprechen Ihre Gedanken tatsächlich der Realität? Was spricht dafür? Was spricht dagegen? Es ist hilfreich, wenn Sie sich für die Beantwortung dieser Fragen möglichst auf eine sachliche Ebene begeben. Bleiben Sie stets ehrlich zu sich selbst und versuchen Sie wirklich, die Wahrheit herauszufinden, indem Sie die Beweise für oder gegen Ihre Gedanken überprüfen.

____

____

____

• Zu guter Letzt geht es an den Austausch negativer Gedanken in positive. Blicken Sie auf die Situation durch eine optimistische Brille und sammeln Sie positive, aber realistische Alternativen für Ihre Gedanken.

Beispiel:
Wenn Sie zum Beispiel gerade eine Trennung von Ihrem Partner erlebt haben, haben Sie vermutlich im vorletzten Punkt bemerkt, dass der Gedanke „Ich werde niemals wieder einen Menschen finden können, den ich liebe und mit dem ich glücklich werden kann" nicht der Realität entspricht. Dieser Glaube verursachte in Ihnen negative Gefühle der tiefen Trauer, Angst, des Versagens, der Hoffnungslosigkeit und der Ohnmacht. Sie könnten den Gedanken zum Beispiel ersetzen, indem Sie erkennen, dass es noch Millionen weitere Menschen auf der Erde gibt, die potentiell für Sie als Partner in Frage kommen könnten. Sicherlich ist es wahr, dass nicht ein Einziger von diesen so sein wird wie Ihr Ex-Partner. Doch wer sagt, dass es nicht vielleicht sogar noch besser geht?

____

____

____

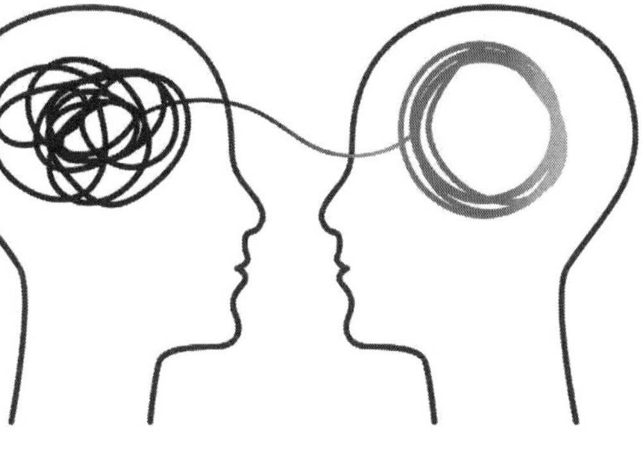

Gelassenheit: Der Schutzschild in Zeiten der Bedrohung und Belastung

Resiliente Menschen weisen in der Regel neben dem gesunden Optimismus auch eine innere Gelassenheit auf, die ihnen selbst in Zeiten von großem Stress Ruhe und damit Klarheit verschafft. Wer sich von Stress übermannen lässt, geht ganz und gar in den körperlich orientierten Kampf-oder-Flucht-Modus über. Hierbei zieht der Organismus Energie aus den kognitiven Zentren des Gehirns ab, die zum Beispiel bei den Muskeln benötigt wird. Denn wenn wir vor einem Säbelzahntiger fliehen müssen, können wir nicht erst darüber nachdenken, was zu tun ist, sondern müssen sofort handeln. In diesen Momenten reagiert unser Körper so schnell, dass wir gar keine Zeit hatten, vorher darüber nachzudenken. Ist die Gefahr vorüber, wundern wir uns vielleicht, was gerade eigentlich passiert ist. Dies zeigt uns, wie wenig wir eigentlich klar denken können, wenn wir uns im Stress befinden. In einer Begegnung mit einem Säbelzahntiger mag das überlebenswichtig sein, weil der Schutzmechanismus durch eine echte Bedrohung ausgelöst wurde und für eine sofortige Reaktion kein Denken erforderlich, ja, sogar hinderlich, ist.

Doch als Dauerzustand im hektischen Berufsalltag, bei dem der Stress durch die Psyche ausgelöst wurde, führt er dazu, dass wir unbewusst tendenziell aus Angst heraus handeln, statt mit unserer Gehirnleistung die besten Optionen zu analysieren. Hier wirkt Gelassenheit wie ein wahres Wunder, denn so können belastende Situationen ohne Bewertung und Emotionen gestellt werden. Dadurch reduzieren sich Gedanken und negative Gedankenspiralen, die von Hilflosigkeit, Ohnmacht und Überforderung geprägt sind und ständig wiederholt werden, womit Stress entsteht. Gelassenheit ist in Bezug auf die Resilienz also eine Art Schutzschild, an dem der Stress, der mit Krisensituationen, Schicksalsschlägen und Bedrohungen einhergeht, abprallen kann. Wenn Sie ruhig bleiben können, während Sie einer schwierigen Situation gegenüberstehen, können Sie auf diese mit mehr Klarheit und Resilienz reagieren. Wie auch Sie ausgeglichener werden können, zeigen Ihnen die folgenden hilfreichen Tipps:

- **Realistische Einschätzung**: Lernen Sie, zwischen Dingen zu unterscheiden, die Sie ändern können und auf die Sie keinen Einfluss haben. Wenn Sie von Ihrem Chef ständig destruktiv kritisiert werden und sich unterdrückt fühlen, müssen Sie sich eingestehen, dass Sie Ihren Chef niemals ändern können. Wenn Sie darauf warten, dass dies passiert, machen Sie sich von diesem abhängig und werden früher oder später enttäuscht werden. Während Sie keinen Einfluss auf andere Menschen und deren Verhalten haben, so können Sie jedoch Ihre Reaktion darauf und Ihren Umgang damit verändern. Sie könnten zum Beispiel lernen, die Situation zu akzeptieren, wenn es derzeit keinen anderen Ausweg gibt, oder aber Sie kündigen und befreien sich damit aus Ihrer Lage.

• **Aufregung**: Bringt es wirklich etwas, wenn Sie sich aufregen? Kommen Sie dadurch Ihren Zielen näher? Macht es etwas ungeschehen, wenn Sie sich aufregen? In den meisten Fällen lautet die Antwort auf alle drei Fragen „Nein". Ganz im Gegenteil kann Aufregung sogar verhindern, dass Sie in der jeweiligen Situation eine Lösung finden können. Zudem schaden Sie sich selbst damit am meisten: Wenn Sie wutentbrannt über Ihren Chef herziehen, vergiften Sie sich mit den dadurch negativen und hasserfüllten Gefühlen selbst.

• **Entspannungstechniken**: Integrieren Sie Techniken in Ihren Alltag, der Ihrem Organismus immer wieder aufs Neue die Chance gibt, herunterzufahren und den Stress auszugleichen. Das kann eine kleine Pause zwischendurch, Meditation, Bewegung oder anderes sein. Damit trainieren Sie Ihren Geist auf Gelassenheit und Ausgeglichenheit.

• **Sport**: Apropos Ausgeglichenheit – körperliche Betätigung baut nicht nur Stresshormone ab, wie Sie bereits wissen, sondern fördert auch die Gelassenheit, weil die Anspannungen des Tages ausgeglichen werden.

• **Wahrnehmung**: Überprüfen Sie Ihre Wahrnehmung, denn in vielen Situationen erscheint uns etwas viel dramatischer, als es eigentlich ist. Kennen Sie das, wenn Sie im Nachhinein denken, dass das alles ja gar nicht so schlimm war, nachdem Sie fast verzweifelt sind, als Sie sich noch in der Situation befanden?

• **Soziale Kontakte**: Werden die persönlichen Sorgen immer wieder in den eigenen Gedanken hin und her gewälzt, kann es dazu kommen, dass sich aus anfänglichen Mücken ganze Elefanten entwickeln. Sprechen Sie also ruhig einmal mit Ihren Vertrauten über Ihre Probleme und holen Sie sich andere Meinungen ein. Das entspannt und fördert zudem eine klarere Sichtweise.

• **Fehler**: Legen Sie Ihren Perfektionismus ab und akzeptieren Sie, dass Fehler, sowohl Ihre eigenen als auch die Ihrer Mitmenschen, einfach dazugehören. Sie werden immer wieder geschehen, weshalb es gewaltig zu mehr Gelassenheit beitragen kann, wenn Sie Fehler als etwas Normales betrachten können.

Übung: Sofortmaßnahmen für Gelassenheit

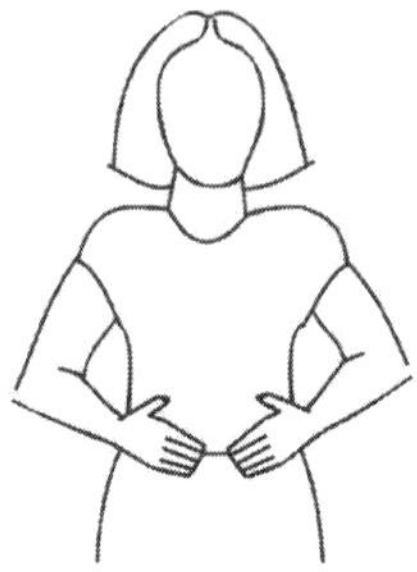

Befinden Sie sich in einer Situation, in der Sie gefühlt gleich vor Wut oder Zorn explodieren, so können Sie mit einigen Tipps sofort mehr Ruhe und Gelassenheit in Ihren Körper und Geist bringen.

• **Durchatmen**: Atmen Sie ein paar Male tief ein und aus, in Ihren Bauch hinein, bevor Sie etwas sagen oder tun. Bringen Sie Ihr Stresslevel wieder runter, indem Sie sich auf Ihre Atmung besinnen, bevor Sie Worte aussprechen oder etwas tun, das Sie bereuen könnten.

• **Die Aquarium-Technik**: Diese Übung schafft eine innere Distanz während einer Situation, die Sie triggert. Dadurch entwaffnen Sie Ihr gewohntes Reaktionsmuster und geben sich somit die Chance, frei zu entscheiden, wie Sie reagieren möchten. Haben Sie auch schon einmal vor einem Aquarium mit allerlei Meerestieren gestanden und ohne zu bewerten einfach nur zugesehen, wie die Fische von hier nach da und dort schwimmen? Haben Sie auch ein so beruhigendes Gefühl dabei empfunden? Diese Übung bittet Sie, genau diese Perspektive einzunehmen, wenn Sie das nächste Mal einen Triggermoment wahrnehmen. Sehen Sie das Geschehnis und Ihre Gefühle wie hinter einer dicken Glasscheibe sitzen. Das stimmt Sie durch die innere Distanz neutraler und Sie können mit ein wenig Übung lernen, sich nicht länger durch Ihre Emotionen steuern zu lassen.

• **Die 10-10-10-Notfallregel**: Akute Stresssituationen benötigen einfache Techniken, die schnell eine Verbesserung bewirken. Mit der 10-10-10-Notfallregel können Sie in genau diesen Momenten eine Erleichterung vom Stress erzielen. Stellen Sie sich dafür die folgenden 3 Fragen:

• Was würde ich in 10 Tagen über diese Situation denken?
• Was würde ich in 10 Wochen über diese Situation denken?
• Was würde ich in 10 Monaten über diese Situation denken?

Durch diese simplen Fragestellungen lösen Sie sich etwas von der Intensität der Stresssituation, die in diesem Moment Ihr klares Denken und Fühlen beeinträchtigt. Sie werden überrascht sein, was es in Ihnen bewirkt, wenn Sie die Fragen ehrlich beantworten. Meistens haben wir nämlich diese Situation in 10 Tagen, Wochen oder Monaten schon längst vergessen, wodurch uns bewusst wird, dass es keinen Grund gibt, sich jetzt darüber aufzuregen. Das entspannt ungemein und fördert die Gelassenheit.

Übung: Der herabschauende Hund – professioneller Alleskönner aus dem Yoga

Bei dieser Übung wird das Herz oder vielmehr der Herzmuskel entspannt. Bei der korrekten Haltung befindet sich dieser in einer Umkehrhaltung zum Körper. Bei der Durchführung der Übung können Sie auf diese Weise leichter ausatmen und Ihr Organismus kommt zur Ruhe.

Materialien:
Yogamatte

So gehen Sie vor:

- Begeben Sie sich in die Liegestützposition. Auf diese Weise halten Sie sofort den korrekten Abstand zwischen Händen und Füßen ein.
- Im nächsten Schritt beugen Sie Ihre Beine aus dieser Position heraus leicht. Ihr Hinterteil wird dabei nach oben und hinten geschoben.
- Strecken Sie die Arme aus und sorgen Sie dafür, dass Ihr Rücken in Richtung Ihrer Matte gezogen wird.
- Sofern möglich, gehen Sie nun dazu über, Ihre Beine durchzustrecken. Dabei bewegen Sie Ihre Fersen vorsichtig in Richtung des Bodens.

Übung: Stuhlübung zum Abbau von Stress aus dem Yoga

Bei dieser Übung wird Ihr Stoffwechsel angekurbelt und Ihre Beinmuskulatur wird gefördert. Auf diese Weise werden die Stresshormone leichter und schneller abgebaut.

Materialien:
Yogamatte

So gehen Sie vor:

- Für diese Übung begeben Sie sich zunächst in die Ausgangsposition. Hierzu nehmen Sie einen aufrechten Stand ein. Die Füße stellen Sie dabei so, dass sie hüftbreit auseinanderstehen.
- Im nächsten Schritt atmen Sie ein und strecken Ihre Arme über Ihren Kopf.
- Wenn Sie ausatmen, beugen Sie die Knie und gehen tief nach unten. Der Bewegungsablauf ähnelt dabei dem Absetzen auf einem Stuhl. Achten Sie hierbei darauf, dass die Fußspitzen nicht über Ihre Knie hinausragen.
- Ihr Gewicht wird bei dieser Übung auf die Fersen verlagert. Das Becken kippen Sie nach hinten.
- In der Position verbleiben Sie im Anschluss für die Dauer von drei bis fünf Atemzügen. Danach kehren Sie in den aufrechten Stand zurück. Die Hände führen Sie vor der Brust zusammen.

Tipp:
Zum Abbau von Stress sollten Sie diese Übung einige Male wiederholen.

Übung: Vorwärtsbeuge breitbeinig aus dem Stretching

Material:
Trainingsmatte

So gehen Sie vor:

- Für diese Übung stellen Sie Ihre Füße schulterbreit auf.
- Anschließend beugen Sie Ihre Hüfte nach vorne. Dabei bringen Sie Ihre Brust nach unten.
- Nachdem Sie die Brust nach unten gebracht haben, sollte sich Ihr Brustkorb vor Ihren Oberschenkeln befinden.
- Lassen Sie Ihren Kopf bei der Ausführung der Übung locker nach unten hängen. Das Gewicht verlagern Sie dabei auf die Fußballen.
- Nachdem Sie die Position eingenommen haben, sollten Sie diese für eine Dauer von 10 bis 20 Sekunden halten.
- Anschließend kehren Sie in den aufrechten Stand zurück.

Resilienz im Alltag fördern

Wie wir bereits festgestellt haben, ist Resilienz keine angeborene Fähigkeit, sondern eine, die sich im Laufe des Lebens entwickeln kann. Demnach können wir jeden einzelnen Tag etwas dafür tun, ein wenig widerstandsfähiger zu werden, sei es nur mithilfe einiger Maßnahmen, die wenig bis fast gar keinen Aufwand kosten. So können auch Sie sich Schritt für Schritt und Tag für Tag in Ihrer Fähigkeit der Resilienz steigern und sich damit gegen all die Stürme des Lebens wappnen, die mit Sicherheit auch vor Ihnen nicht Halt machen werden.

Selbstfürsorge: Das Fundament der Resilienz

Selbstfürsorge und Resilienz sind eng miteinander verbunden, wie Sie vielleicht sogar schon erkannt haben. Jeder Mensch besitzt individuelle Bedürfnisse, die erfüllt werden wollen, damit es ihm gut geht und er ein zufriedenes Leben führen kann. Doch was zeigt die Realität? Im Verlauf des Tages begegnen wir unzähligen Menschen, die hektisch von A nach B hetzen, die sich vor Zeit- beziehungsweise Leistungsdruck kaum retten können, die kaum Zeit oder Energie für Ihre Familie finden und auch sonst nur traurig abwinken, wenn man sie fragt, ob sie sich denn überhaupt um sich selbst kümmern. Das Ergebnis sind angespannte Gesichter, denen man kein Lächeln abringen kann, Sorgen im Übermaß und unerfüllte Lebensträume. Man könnte behaupten, dass all diese Unzufriedenheit und all das Unglück der Menschen von unerfüllten Bedürfnissen herrühren, die ignoriert, überhört oder verdrängt werden. Es ist traurig, zu sehen, dass wir glauben, unser Einkommen, unsere Kunden, der Chef, das Haus, der Status, der Besitz und anderes seien wichtiger als wir selbst – dabei besitzt das eigene Ich die größte Bedeutung für unser Leben. Sie selbst sind der wichtigste Mensch in Ihrem Leben, schließlich müssen Sie mit sich selbst das gesamte Leben lang aushalten. Nur Sie hören Ihre Gedanken, fühlen Ihre Emotionen, besitzen Verantwortung für Ihre Handlungen und tragen die Konsequenzen von alldem in Ihrem Leben. Dementsprechend sollten Sie sich um sich selbst kümmern. Hinzu kommt, dass, wenn Ihre Bedürfnisse unerfüllt bleiben, Sie in Unglück verfallen, da Ihnen etwas fehlt, womit Sie auch Ihre Mitmenschen belasten, sei es durch schlechte Laune, haltlose Vorwürfe, Projektionen (siehe Effekt der Projektion) oder mangelnde Liebesfähigkeit.

So hängt Ihre Resilienzfähigkeit maßgeblich von Ihrem inneren psychischen Zustand ab. Wenn es Ihnen gut geht, werden Sie deutlich besser Stress regulieren können. Dafür müssen Sie jedoch dafür sorgen, dass Ihre Bedürfnisse erfüllt werden. Sie kennen es bestimmt aus Ihrem eigenen Leben: Sie sind gestresst, weil Sie von einem wichtigen beruflichen Termin zum nächsten hetzen. Sie können einfach nicht mehr, doch Ihr straffer Zeitplan erlaubt keine Fehler und keine Pausen. Sie kommen nach Hause zu Ihrer Familie und Ihre Kinder, wie sie nun einmal sind, spielen stürmisch und voller Lebensfreude

Fangen. Da platzt Ihnen endgültig der Kragen und Sie schreien Sätze wie „Setzt euch jetzt gefälligst hin!“ oder „Wenn ihr nicht sofort still seid, gibt es heute Abend kein Fernsehen!“ Was ist hier passiert? Im ersten Moment könnte man glauben, Sie seien nur wegen des Verhaltens der Kinder laut und erzürnt geworden. Doch das ist nur die oberflächliche Sichtweise, denn tatsächlich waren die Kinder nur der letzte Tropfen, der das Fass zum Überschwappen brachte. Sie waren lediglich der Anlass für Ihre heftige Reaktion, die Ursache dafür liegt jedoch bei Ihnen selbst: bei Ihren unerfüllten Bedürfnissen. Sie brauchen dringend eine Pause und Erholung von Ihrem beruflichen Stress, was Sie sich jedoch nicht gönnen. Damit waren Ihre Kinder die Leittragenden, die Ihren Frust über Ihre berufliche Anspannung mit voller Wucht abbekamen.

Wie hätte das Ganze ausgesehen, wenn es Ihnen gut gehen würde und Sie auf Ihre Bedürfnisse achten? Das veranschaulicht ein weiteres Beispiel: Denken Sie einmal an eine Zeit in Ihrem Leben, in der Sie vollkommen und aus tiefstem Herzen heraus glücklich waren. Vielleicht war das der Moment, in dem Sie Ihr Studium erfolgreich abgeschlossen haben, frisch verliebt waren oder Ihr Baby direkt nach der Geburt in den Armen hielten. Erinnern Sie sich noch an das Gefühl der Erfüllung und Seligkeit in Ihnen? In diesen Momenten hätte doch alles geschehen können, ohne dass es Sie aus Ihrem Glück hätte reißen können. Es zerscheppert ein Teller auf dem Boden – Sie müssen über Ihre eigene Tollpatschigkeit lachen. Der Chef kritisiert Ihre Arbeit – kein Problem für Sie, Sie lassen sich davon nicht herunterziehen. Die Kinder spielen schreiend Fangen – Sie lassen sich von der Freude anstecken und spielen sogar mit. Können Sie den Effekt auf Ihr Leben erkennen, den erfüllte Bedürfnisse haben?

Die Basis der Selbstfürsorge ist die Selbstwahrnehmung, die gleichzeitig einer der Schutzfaktoren der Resilienz ist. Es gilt, durch Selbstbeobachtung und -reflexion die eigenen Wünsche zu ergründen, wie zum Beispiel Ruhe, Erholung oder Zeit für sich, und dieses Wissen dann zu nutzen, um sie sich zu erfüllen. Dafür sind zweierlei Aspekte erforderlich: Selbstakzeptanz und Selbstverantwortung. Einerseits müssen Sie sich und Ihre Bedürfnisse annehmen können, denn nur dann halten Sie sie für wichtig genug, um sie zu befriedigen. Andererseits muss Ihnen bewusst sein, dass Sie der einzige Mensch sind, der erstens Ihre Bedürfnisse wahrnehmen kann und zweitens diese erfüllen kann. Niemand anderes ist für Ihr Wohl verantwortlich – nicht einmal Ihre Eltern, Ihre Kinder, Ihr Partner oder sonst jemand. Echte Selbstfürsorge geht über ein erholsames Bad oder einen Wochenendurlaub im Wellness-Resort hinaus. Echte Selbstfürsorge sollte auch kein besonderes Ereignis sein oder als Belohnung eingesetzt werden. Echte Selbstfürsorge geschieht nämlich jeden Tag, und zwar auch dann, wenn Sie an sich zweifeln, deprimiert sind oder Ihr Selbstwertgefühl geknickt ist. Hier nun ein paar Anregungen, wie Sie im Alltag mehr auf sich achten können:

• **Glaubenssätze**: Überprüfen Sie einmal, welche inneren Überzeugungen Ihnen nicht dienlich sind und Sie sowohl von Selbstakzeptanz als auch von einem glücklicheren Leben abhalten. Sagen Sie öfter zu sich Dinge wie „Das ist ja mal wieder typisch ich! So dumm kann auch nur ich sein" oder „Ich muss hart arbeiten und darf keine Rücksicht auf das nehmen, was ich will, sonst komme ich in meiner Karriere nicht weit"? Dann helfen Ihnen diese Glaubenssätze nicht unbedingt dabei, dass Sie sich selbst lieben können, trotz Ihrer Fehler, Ecken und Macken, die übrigens jeder Einzelne von uns hat. Wer nicht viel von sich hält, hält es auch nicht für notwendig, mit sich selbst fürsorglich umzugehen.

• **Wünsche**: Nehmen Sie Ihre Wünsche ernst und erfüllen Sie sich diese. Wollten Sie schon immer einmal nach Südamerika reisen? Oder lieben Sie das Klettern, haben bisher aber leider nie Zeit dafür gefunden? Oder würden Sie gerne öfter etwas mit Ihren Kindern unternehmen? Selbstfürsorge bedeutet, dass Sie diese Wünsche ernst nehmen und sich dafür einsetzen.

• **Lebensfreude**: Bescheren Sie sich mehr Spaß und Lebensfreude im Alltag, indem Sie etwas tun, das Sie lieben. Nutzen Sie Ihr inneres Gefühl der Freude als Kompass: Welche Aktivitäten zaubern Ihnen ein Lächeln ins Gesicht? Bei welchen Dingen vergessen Sie schlagartig all Ihre Sorgen? Wonach fühlen Sie sich energetisiert und wieder aufgeladen?

• **„Nein"**: Es kann wirklich schwer sein, anderen Menschen abzusagen beziehungsweise auf deren Anfragen mit einem klaren „Nein" zu antworten. Werden Sie sich bewusst, dass Sie es niemals jedem recht machen können und dass es in Ordnung ist, Aufgaben nicht zu übernehmen, weil es sich für Sie nicht richtig anfühlt. Damit stärken Sie enorm Ihre Eigenverantwortung, denn Sie treten in diesen Momenten für sich selbst ein, weil Sie wissen, was Ihnen guttut und was nicht, und nehmen die dadurch entstehenden Konsequenzen in Kauf. Selbstverständlich bedeutet dies nicht, ab sofort nur noch „Nein" zu sagen, sondern genau abzuwägen, ob ein „Ja" genau das ist, was Sie brauchen und was Sie weiterbringt.

• **Genuss**: Selbstfürsorge darf vollkommen und mit allen Sinnen genossen werden. Gönnen Sie sich auch einmal ein erholsames heißes Bad, eine Massage oder einen Besuch in Ihrem Lieblingsrestaurant. Selbstfürsorge bedeutet jedoch auch, statt dem Burger einen Salat zu bestellen oder sich statt des Serienmarathons im Fitnessstudio auszupowern. Hier ist das richtige Maß von Bedeutung: Finden Sie die Balance, mit der Sie nicht nur etwas für Ihre Gesundheit, sondern auch für Ihren Genuss tun.

Resilienz im Alltag fördern: Tipps für mehr Widerstandskraft

Neben der Selbstfürsorge verhelfen Ihnen zum Abschluss des zweiten Tools noch ein paar letzte Tipps zu mehr Resilienz im Alltag:

- **Tagebuch schreiben**: Das Aufschreiben von allem, was Ihnen so durch den Kopf geht und was Sie bewegt, ist ein sehr effektiver Bewältigungsmechanismus. Nicht ohne Grund verbreitet sich das Tagebuchschreiben (im Englischen: Journaling) so rasant, denn es ist ein sehr heilsamer Prozess der Verarbeitung von Erlebnissen. Dies konnte auch schon wissenschaftlich nachgewiesen werden: In einer Studie mit der Bezeichnung „Online Positive Affect Journaling in the Improvement of Mental Distress and Well-Being in General Medical Patients With Elevated Anxiety Symptoms: A Preliminary Randomized Controlled Trial" (aus dem Englischen: Online-Positiv-Affekt-Journaling bei der Verbesserung der psychischen Belastung und des Wohlbefindens bei allgemeinmedizinischen Patienten mit erhöhten Angstsymptomen: Eine vorläufige randomisierte kontrollierte Studie), die unter anderem von Joshua Smyth und Jillian Johnson durchgeführt wurde, zeigte auf, dass Tagebuchschreiben nicht nur das allgemeine Wohlbefinden durch die Linderung psychischer Belastungen verringern kann, sondern auch die körperliche Leistungsfähigkeit und damit die Lebensqualität verbessert. Des Weiteren verbessert das Journaling das Gedächtnis und den IQ, stärkt das Immunsystem, verbessert den Schlaf, fördert Kreativität und das Lösen von Problemen, steigert die soziale Intelligenz, fördert die Kommunikationsfähigkeit, hilft bei der Zielerreichung, verringert Stress und macht letztendlich glücklicher.

- **Reflexion**: Nehmen Sie sich einmal die Zeit und rufen Sie sich vergangene schwere Zeiten in Ihrem Leben in Erinnerung. Reflektieren Sie bisherige Krisen und Schicksalsschläge – das kann im Rahmen des Tagebuchschreibens geschehen – und werden Sie sich darüber bewusst, welche Herausforderungen Sie bereits gemeistert haben. Das lenkt Ihren Fokus wieder auf Ihre großartigen Kompetenzen und persönlichen Ressourcen, die Ihnen auch bei kommenden Schwierigkeiten bereitstehen werden.

- **Resiliente Denkmuster**: Trainieren Sie jeden Tag Ihren Geist auf Widerstandsfähigkeit, indem Sie zum Beispiel Fehler oder Rückschläge annehmen. Richten Sie Ihren Blick zudem stets auf das, was Sie tun können, um der Lösung näher zu kommen. Weigern Sie sich, bei Niederlagen aufzugeben, sondern sehen Sie diese als Motivator und Antrieb an. Machen Sie es sich zur täglichen Aufgabe, hinter jeder noch so kleinen Herausforderung die Chance zu entdecken. Was verbirgt sich Positives hinter den Konflikten, die Sie erleben?

• **Soziale Unterstützung**: Erinnern Sie sich an die Bedeutung einer oder mehrerer Bezugspersonen für die Fähigkeit der Resilienz. Bauen Sie stabile Beziehungen auf und pflegen Sie diese, indem Sie Ihre wichtigsten Menschen in Ihren Alltag einbeziehen. Sie sind wie ein Anker während der Stürme des Lebens oder der Fels in der Brandung. Dabei ist jedoch auch entscheidend, dass Sie lernen, soziale Unterstützung anzunehmen.

• **Herausforderungen**: Seien Sie mutig und suchen Sie sich aktiv neue Herausforderungen, von denen Sie lernen dürfen und an denen Sie wachsen können. Stecken Sie sich persönlich motivierte Ziele und verfolgen Sie diese trotz Widrigkeiten, indem Sie jeden Tag etwas dafür tun, dass sie wahr werden. Damit rüsten Sie sich für kommende Ereignisse, die Ihren Glauben an sich selbst prüfen werden.

Ihr Planet: Eine Übung bei auftretenden Problemen

Diese Übung hilft Ihnen dabei, eine innere Distanz zu Ihrer derzeitigen Krise aufzubauen und Prioritäten zu setzen. Sie erinnert Sie daran, dass es stets Ihre eigene Entscheidung ist, was Sie in Ihrem Leben zulassen und welche Dinge dort nichts zu suchen haben.

So gehen Sie vor:

• Stellen Sie sich vor, Sie würden auf Ihrem eigenen Planeten leben, der nach Ihnen benannt ist.

• Im Universum um Sie herum schweben Dinge, die auf Sie zukommen. Das sind Emotionen, Gedanken, Probleme und auch Stress.

• Werden Sie sich bewusst, dass Sie selbst es in der Hand haben, was davon auf Ihrem Planeten landet. Sie haben jederzeit das Recht, Dinge wieder rauszuschmeißen, die in Ihrem Leben nichts zu suchen haben. Danken Sie dann zum Beispiel dem Stress dafür, dass er Ihnen etwas mitteilen wollte, und bitten Sie ihn dann, Ihren Planeten wieder zu verlassen. Sie allein entscheiden, ob Sie den Stress zulassen oder nicht.

Tool 3: Intrapersonelle Kommunikation – Die Macht des Selbstgespräches

DIE GRUNDLAGEN DER INTRAPERSONELLEN KOMMUNIKATION

Der Begriff „intrapersonell" beschreibt, was innerhalb einer Persönlichkeit vonstattengeht, denn „intra" kann mit „in sich" übersetzt werden. Die intrapersonelle Kommunikation ist demnach die Verständigung, die in einem Menschen mit sich selbst stattfindet. Im Gegensatz dazu beschreibt die „interpersonelle" Kommunikation den Informationsaustausch zwischen zwei oder mehreren Menschen. „Inter" bedeutet nämlich „zwischen".

Das dritte Tool beschäftigt sich mit dem spannenden Thema der Kommunikation, die jede Persönlichkeit mit sich selbst führt. Diese nennen wir umgangssprachlich auch das Selbstgespräch. Obwohl dieses völlig ohne bewusstes Zutun und schon seit wir denken können abläuft, dürfen wir die Macht der inneren Worte nicht unterschätzen. Sie mögen aufgrund der menschlichen Natur kontinuierlich auftreten, was jedoch nicht ihre Bedeutung mindert. Das wird deutlich, wenn Sie sich die positive intrapersonelle Kommunikation im Zusammenhang mit persönlichem Erfolg anschauen: Bereits einige wissenschaftliche Studien konnten beweisen, dass Selbstgespräche zu besseren Resultaten bei gestellten Aufgaben führen können. So zeigte eine Studie aus dem Jahr 2004 von Dietrich Dörner und Ralph Reimann mit dem Titel „Die Auswirkung von selbstadressierten Fragen auf die Entwurfsqualität beim Konstruieren: Eine explorative Studie", dass sich Selbstgespräche bei der Lösung komplexer Konstruktionsaufgaben positiv auf deren Ergebnisse auswirken. Durch Selbstbefragungen und -erklärungen zur Begleitung der Handlung konnten die Probanden zu besseren Resultaten kommen.

Die Selbstkommunikation geschieht in der Regel unwillkürlich und betrifft in erster Linie die eigene Person oder auch jene Menschen, die uns besonders nahestehen. Der Inhalt der inneren Gespräche bezieht sich dabei auf persönliche Bewertungen, Erwartungen, Befürchtungen, Gefühle, Selbstanweisungen sowie auf körperliche, geistige und seelische Befindlichkeiten. Im Geist denken, analysieren, interpretieren, fühlen und bewerten wir alles, was sich in unserem Leben offenbart. Es findet ein inneres Gespräch mit sich selbst statt, wobei dementsprechend der Sender und Empfänger ein und dieselbe Person sind. Ein weiteres Merkmal der Selbstkommunikation ist ihre Unvermeidbarkeit und Spontaneität. Der innere Dialog ereignet sich ohne den Einfluss persönlicher Kontrolle des Betroffenen. Der Inhalt muss jedoch nicht wortwörtlich genommen werden, sondern sollte der Selbstreflexion unterzogen werden.

Während Kinder noch freier und unbekümmerter in ihrem Ausdruck sind und deshalb ihre Autokommunikation häufig laut äußern, geschieht die intrapersonelle Kommunikation bei Erwachsenen überwiegend innerhalb der Gedanken, also lautlos und mental.

Wie Selbstgespräche das Selbstbild prägen

Natürlich bleibt die Art und Weise, wie wir mit uns selbst sprechen, nicht ohne Konsequenzen, wenn es um unser Selbstbild geht. So wie Sie die Aussagen Ihrer Mitmenschen über Sie, also das Fremdbild, prägen können, so hat auch die intrapersonelle Kommunikation einen maßgeblichen Einfluss auf das, was Sie von sich selbst halten. Hören Sie immerzu von Ihren Mitmenschen, wie inkompetent und unqualifiziert Sie in Ihrem Job oder Hobby sind, hinterlässt dies unweigerlich Spuren in Ihrem Selbstbewusstsein und Selbstwertgefühl. Nach und nach wird sich Ihr Selbstbild dementsprechend anpassen und Sie werden sich selbst für weniger kompetent halten. Es macht keinen großen Unterschied, ob Sie diese negativen Worte immerzu von anderen oder von sich selbst hören. Wenn Sie sie von sich selbst hören, ist es sogar so, dass Sie sie in der Regel um einiges häufiger zu hören bekommen, wodurch sie sich noch schneller in Ihr Selbstbild integrieren können.

Überwiegen negative Selbstgespräche, die möglicherweise sogar das eigene Versagen thematisieren, resultiert dies in Unsicherheit und Unzufriedenheit. Das Selbstbild formt sich dementsprechend und es kann eine verzerrte Wahrnehmung der Welt entstehen. Mit der Zeit wird auch der Alltag nicht unbeeinflusst von dieser zerstörerischen Kommunikationsform bleiben, denn negative Selbstkommunikation wird sich früher oder später als eine sich selbst erfüllende Prophezeiung im Leben manifestieren. Denken Sie nur einmal zurück an den Pygmalion-Effekt.

Das wirkt auch andersherum, weshalb positive intrapersonelle Kommunikation einen so großen Einfluss auf den persönlichen Erfolg haben kann. Wer sich selbst für fähig hält, eine Aufgabe lösen zu können, und sich durch anregende, inspirierende und motivierende Selbstkommunikation selbst unterstützt, wird eher Erfolg bei seinen Vorhaben haben. Mit jedem Wort, das Sie an sich selbst richten, können Sie demnach selbst entscheiden, ob Sie Ihr Selbstbild in die positive oder negative Richtung formen möchten.

Übung: Welche Phrasen, die Sie sich immer wieder selbst erzählen, prägen Ihr Selbstbild?

Nehmen Sie sich nun etwas Zeit zur Selbstreflexion. Durch Innenschau können Sie ergründen, welche Dinge, die Sie sich immer wieder selbst sagen, zu bestimmten Persönlichkeitsmerkmalen führten. Diese Übung hilft Ihnen dabei, zu erkennen, welch einen großen Einfluss die Art und Weise, wie Sie mit sich sprechen, auf Ihr Leben hat.

• Konzentrieren Sie sich auf den heutigen Tag und erleben Sie ihn vor Ihrem inneren Auge erneut.

- Welche inneren Gespräche haben Sie heute geführt?
- Was haben Sie direkt nach dem Aufwachen gedacht?
- Was kam Ihnen im Verlauf des Tages in den Sinn?
- Welche Phrasen tauchten immer wieder auf?
- Welche Gedankengänge wiederholten sich?
- Worauf bezogen sich die Themen Ihrer Selbstgespräche?

• Gehen Sie nun tiefer in die Reflexion hinein, indem Sie einzelne Sätze und Aussagen identifizieren, die Sie auch schon an anderen Tagen von sich selbst gehört haben. Sätze wie

- „Das ist ja mal wieder typisch für mich",
- „Ich habe es doch von Anfang an gewusst, dass ich das nicht kann" oder
- „Oh Gott, ich bin so tollpatschig und peinlich"

könnten dabei zu Tage kommen, doch auch ganz andere Sätze könnten Sie dabei aufdecken. Betrachten Sie sowohl die positiven als auch die negativen Aussagen.

• Verbinden Sie nun die von Ihnen identifizierten Aussagen mit Ihrem Selbstbild. Welche Phrasen, die Sie sich immer wieder erzählen, prägen Ihre Wahrnehmung von sich selbst? Wie genau tun sie dies? Hier ein paar mögliche Beispiele:

- „Es klingt wunderschön, wenn ich dieses Lied singe" → Sie halten sich für einen talentierten Sänger
- „War ja klar, dass ich es mal wieder versemmeln musste" → Sie halten sich für einen Versager, der seine Vorhaben und Ziele kaum erreicht
- „Dass mir schon wieder etwas kaputt gehen muss, ist so typisch ich" → Sie halten sich für einen Tollpatsch

• Werden Sie sich bewusst, dass Sie sich die meiste Zeit immer wieder dieselben Sätze über sich erzählen, von denen Sie *glauben*, dass sie Sie beschreiben würden. Dabei suchen Sie in äußeren Gegebenheiten und Umständen nur die Bestätigung für Ihre inneren Glaubenssätze. Nur, weil Ihnen Fehler unterlaufen, wie jedem Menschen, heißt das nicht, dass Sie ein Versager sind. Nur, weil Ihnen regelmäßig Dinge herunterfallen, heißt das nicht, dass Sie ein Tollpatsch sind.

Diese Bezeichnungen und Phrasen zeugen von Schubladendenken, das Sie davon abhält, zu erkennen, was Sie alles erreichen können. Schließlich kann auch ein Versager Erfolg haben und auch ein Tollpatsch kann Dinge reparieren.

Wozu dienen Selbstgespräche?

Der Mensch nutzt Selbstgespräche, um ...

- ... seine Aktionen und Tätigkeiten vorzubereiten: „Morgen mache ich mehr Sport als heute" oder „Ich muss noch den Müll rausbringen".
- ... Geschehnisse zu kommentieren: „Ich bin ja richtig gut darin" oder „Es läuft schlechter als erwartet".
- ... Erlebnisse auszuwerten: „Das ist ja gerade so noch einmal gut gegangen" oder „Ich bin so stolz auf mich, es gewagt zu haben".

Die intrapersonelle Kommunikation unterstützt das Handeln, wobei sie meist der Selbstmotivation dient – insofern sie positiver Natur ist. Wenn der Mensch zum Beispiel unter Stress steht, neigt er dazu, nicht mehr länger unterstützende innere Dialoge zu führen, sondern sich selbst etwas zu sagen, das sein Handeln sogar stört. „Ich habe mich schon wieder total blöd angestellt" oder „Das wird mir niemals gelingen" sind deshalb Beispiele, die leider jeder von uns kennt.

Autokommunikation dient der Selbstregulierung, da es sich hier um Anweisungen zu bestimmten Handlungen handelt. Sie hilft Ihnen dabei, Ihre Impulse zu kontrollieren und das eigene Verhalten zu steuern, indem sie die Innenschau ermöglicht und damit tieferliegende Aspekte der Persönlichkeit offenbart. So können Sie Ihre Gedanken ordnen und sich über Ihre Gefühle klar werden. Sie werden fähig dazu, sich auf das Wesentliche zu fokussieren und irrelevante Aspekte auszuklammern. Davon profitiert nicht nur Ihre allgemeine Konzentrationsfähigkeit, sondern auch Ihre Leistungsfähigkeit. Deshalb ist die intrapersonelle Kommunikation ein wichtiges Mittel zur Selbstreflexion, denn Sie lernen sich durch die Analyse Ihrer Emotionen und Ihrer Bewertung des Umfeldes besser kennen. Es ist also kein Wunder, dass Sie dadurch bessere Entscheidungen treffen können. Gleichzeitig fördert eine positive Kommunikation das Ordnen von Gedanken, wodurch sich der Geist klärt, sich die Kommunikation verbessert und Ruhe in die Innenwelt einkehren kann.

Wie ein Ventil, das angestauten Druck ablässt, dienen auch Selbstgespräche dazu, dass sich Gedanken und Gefühle, wie Wut, Trauer oder Frustration, weniger stark in Ihnen anstauen. Durch das Fassen in Worte von inneren Empfindungen und Gedankengängen werden sie sortiert. So können auch Entscheidungen leichter getroffen werden. Außerdem kann sich der Mensch Informationen, die er gehört und nicht nur gedacht hat, eher merken.

Mit sich selbst zu sprechen, verbindet Sie mit Ihrem innersten Wesenskern. Sie ziehen dabei Ihre Aufmerksamkeit von Ihrer Umgebung und der Außenwelt ab und richten sie ganz auf Ihr Inneres. Sie nehmen sich Zeit für Ihre Gedanken und Gefühle sowie Bedürfnisse und Wünsche, wodurch gemachte Erfahrungen besser verstanden und Konflikte gelöst werden können. So beruhigen Sie sich zum Beispiel in herausfordernden Situationen selbst oder motivieren sich auf dem Weg zu Ihren Zielen, wodurch Sie persönlich wachsen. Positive Selbstgespräche verbessern das persönliche Wohlbefinden und tragen dazu bei, dass die psychische Gesundheit ansteigt.

Wer sich selbst besser kennt, kann auch besser auf seine Mitmenschen zugehen. Die intrapersonelle Kommunikation dient als eine Art Filter der Wahrnehmung und fördert sozialverträgliches Verhalten.

Selbstgespräche können jedoch auch negativ sein, was sich durch das typische Gedankenkarussell und die mentale Abwärtsspirale zeigen kann, aus der man sich scheinbar nicht befreien kann. Hier spielen häufig Unruhe, Ängste und depressive Verstimmungen mit hinein – mehr dazu jedoch im nächsten Kapitel.

Wer führt Selbstgespräche und in welchen Situationen?

Selbstgespräche können sich in komplexen inneren Monologen in Gedanken oder in Form von Ausrufen oder Halbsätzen wie „Ach Herrje“ oder „Mist, ich muss ja noch …“ zeigen. Alle Menschen kommunizieren regelmäßig mit sich selbst, weshalb diese Art des Sprechens völlig normal ist. Bei vielen geschieht dies unbewusst in Gedanken und es wird nur ab und zu, in der Regel, wenn man allein ist, artikuliert. Dabei merkt man es oft nicht. Ob sich ein Mensch letztendlich eher laut oder im Stillen, unbewusst oder bewusst, mit sich selbst unterhält, hängt von seiner Persönlichkeit und seinen gemachten Erfahrungen ab. Zum Beispiel neigen introvertierte Menschen eher zur Selbstkommunikation als Extravertierte. Das könnte daran liegen, dass weniger sozial aktive Menschen die fehlenden Interaktionen mit anderen zu kompensieren versuchen – ganz unter dem Motto: „Wenn niemand anderes da ist, muss ich eben mit meiner Zimmerpflanze sprechen.“ Auch impulsive Charaktere führen mehr Selbstgespräche als jene, die viel Selbstbeherrschung und Selbstkontrolle beweisen. Persönlichkeiten, die weniger Zeit allein verbringen und sozial aktiver sind, reden weniger mit sich selbst als andere. Interessanterweise ist die Selbstkommunikation bei Einzelkindern ausgeprägter und kritischer als bei Geschwisterkindern. Zusammenfassend lässt sich sagen, dass Menschen, die öfter Selbstgespräche führen, insgesamt im Inneren mehr auf sich selbst konzentriert sind und Eindrücke tendenziell eher verbal statt visuell verarbeiten. Zudem zeichnen sich diese Menschen dadurch aus, dass sie sich aufgrund ihres erhöhten Kognitionsbedürfnisses in erster Linie durch Nachdenken und Abwägen zum Treffen von Entscheidungen und zur Bildung von Meinungen bewegt fühlen.

Intrapersonelle Kommunikation besteht gemäß des amerikanischen Psychologen Tom Brinthaupt aus vier Hauptaspekten: Anweisungen, Motivation und Bestärkung, soziale Analysen und Einschätzungen sowie Selbstkritik. Auf Selbstgespräche greift der Mensch demnach in der Regel in den folgenden Situationen zurück:

- **Wenn Sie sich konzentrieren**, sagen Sie sich laut oder innerlich die nächsten Schritte auf. Wer Selbstgespräche führt, geht bei seinen Vorhaben übrigens konzentrierter und mit mehr Struktur vor.

- **Wenn Sie sich motivieren**, nutzen Sie intrapersonelle Kommunikation dazu, um sich selbst zu höheren Leistungen anzutreiben. „Du hast es gleich geschafft" und „Jetzt ist Endspurt angesagt" sind an Sie selbst gerichtete Aussagen, die Sie dazu motivieren, Hindernisse zu überwinden oder die letzten Schritte zu Ihrem Ziel auszuführen. Haben Sie es dann tatsächlich geschafft, loben Sie sich selbst dafür.

- **Wenn Sie eine soziale Interaktion durchdenken**, bereiten Sie sich auf geplante Gespräche vor oder verarbeiten im Nachhinein Erlebnisse und Gefühle, die in einem sozialen Kontext entstanden sind. Demnach können Selbstgespräche Ihre emotionale Verarbeitung und Strukturierung begleiten.

- **Wenn Sie sich kritisieren**, beschimpfen Sie sich innerlich selbst dafür, dass Sie einen Fehler begangen oder ein Ziel nicht erreicht haben.

Die Konsequenzen negativer Selbstkommunikation

Autokommunikation im Zusammenhang mit psychischen Erkrankungen: Wenn sich positive Selbstgespräche in negative verwandeln

Wie Sie bereits wissen: Die intrapersonelle Kommunikation kann einerseits positiv sein und damit das Wohlergehen des Menschen unterstützen. Sie kann andererseits jedoch auch– und das tut sie in der Regel äußerst häufig – negative Züge annehmen und damit der Persönlichkeitsentwicklung im Wege stehen. Sie verringert in diesem Fall das Selbstbewusstsein des Betroffenen, führt zu Selbstzweifeln und verhindert, dass er sich durch konstruktive Reflexion weiterentwickelt. Damit verhindern negative Selbstgespräche, dass sich ein gesundes Maß an Selbstakzeptanz und Selbstvertrauen aufbauen kann, was für das allgemeine Wohlbefinden, die Gesundheit und die Herausforderungen des Lebens von großer Notwendigkeit ist. Eines ist klar: Wir alle reden mit uns selbst, doch wann genau liegt eine unterstützende Form der Autokommunikation vor und ab wann muss von einer negativen Ausprägung gesprochen werden? Obwohl die intrapersonelle Kommunikation unzählige Vorteile mit sich bringt und deshalb grundsätzlich nützlich für das Überleben in der Welt ist, verbinden heutzutage viele Menschen Selbstgespräche mit psychischen Störungen. Wer mit sich selbst redet, scheint „nicht mehr alle Tassen im Schrank" zu haben, dabei ist dies ein ganz normales Vorgehen zur Verarbeitung und Einordnung von Sinneseindrücken und Informationen. Das sehen wir bereits bei Kindern, die noch freier in ihrem Selbstausdruck sind. Doch nur, weil Erwachsene ihre Selbstgespräche in den Geist verlagert haben, heißt das nicht, dass Erwachsene weniger mit sich selbst sprechen, als es Kinder tun.

Nichtsdestotrotz können Menschen auch eine übermäßig ausgeprägte Selbstkommunikation aufweisen, was auf psychische Erkrankungen hindeuten kann. So kommen Selbstgespräche zum Beispiel im Bereich der Psychosen, bei Demenzerkrankten sowie bei schweren Formen von Depressionen häufiger als üblich vor. Das zeigt sich in der Regel durch die ständige Wiederholung derselben Sätze, das laute Vor-sich-hin-Schimpfen oder das laute Mit-sich-selbst-Reden in öffentlichen Bereichen, wie im Zug oder beim Einkaufen. Manche dieser Betroffenen gaben die Auskunft, mit Stimmen zu sprechen, die sie hören. Von echten Selbstgesprächen kann man hier also genauer betrachtet nicht sprechen, da aus der Sicht der psychisch Erkrankten mit anderen Menschen kommuniziert wird – auch wenn diese nur im Geist des Betroffenen existieren.

Stimmen zu hören, die nicht dem eigenen Selbst entstammen und demnach als fremd wahrgenommen werden, bedeutet, die Grenze von gesunden Selbstgesprächen zu krankhaften überschritten zu haben. Das Problem hierbei ist, dass Betroffene nicht unterscheiden können, ob Töne und Klänge von innen oder außen kommen. Bei gesunden Menschen werden neuronale Mechanismen im Gehirn bei äußeren Geräuschen so unterbunden, dass sie eindeutig feststellen können, dass die Quelle der wahrgenommenen Töne außerhalb ihres Körpers liegt. Bei Menschen hingegen, die unter pathologischem Stimmenhören leiden, ist diese Fähigkeit des Umschaltens nicht mehr gegeben, sodass sie nicht klar definieren können, ob das Geräusch nun von ihrem Umfeld kam oder ihrem eigenen Geist entsprungen ist. Damit können sie ihre Gedanken nicht mehr sortieren, wodurch die Vorteile, die die intrapersonelle Kommunikation mit sich bringt, entfallen.

Bei Selbstgesprächen ist in erster Linie das richtige Maß entscheidend dafür, ob sie positiv oder negativ für uns sind. In den richtigen Situationen mit sich selbst zu sprechen, ist völlig in Ordnung und hilfreich, doch die Kontrolle über die Autokommunikation zu verlieren, kann ein Anzeichen für eine vorliegende psychische Erkrankung sein.

Wenn Selbstkommunikation das eigene Leben negativ beeinflusst

Negative Selbstgespräche müssen jedoch nicht immer eine so dramatische Form annehmen, wie soeben beschrieben wurde. Wir alle waren und sind bereits mehr oder weniger Opfer von übermäßiger Selbstkritik und -verurteilung. Problematisch werden die sonst zum Menschen gehörenden Selbstgespräche dann, wenn wir zu hart und unfair mit uns ins Gericht gehen, uns mit dem Zweck der eigenen Erniedrigung mit anderen vergleichen oder uns mental heruntermachen. Kommen vielleicht auch Ihnen Sätze wie die folgenden bekannt vor?

- Jedes Kind hätte es besser machen können als du!
- Jetzt hab dich mal nicht so!
- Stell dich nicht schon wieder so doof an!
- Meine Güte, du bist ja selbst für so eine Pillepalle zu dumm!
- Beim letzten Mal hat es auch nicht geklappt, was sollte dieses Mal anders sein?
- Du bist echt der Einzige, der es mal wieder nicht versteht!
- Wie kannst du nur so dämlich, unsportlich, tollpatschig, bescheuert, ... sein?

Übung: Wie förderlich sind Ihre Selbstgespräche?

Nehmen Sie sich einmal die Zeit und überprüfen Sie Ihre typischen inneren Dialoge dahingehend, ob diese Sie bei Ihren persönlichen Vorhaben und Projekten unterstützen oder behindern.

- Sammeln Sie auf einem Zettel oder in einem Tagebuch für die nächste Woche alle typischen Sätze und Dialoge, die häufig Teil Ihrer Selbstgespräche sind. Notieren Sie Sätze, die Sie regelmäßig von sich selbst hören. Diese können sich auf sämtliche Lebensbereiche beziehen.
- Sind die 7 vollen Tage vergangen, geht es an die Auswertung der gesammelten Informationen. Markieren Sie sich mit einem Stift jede Aussage, die Sie als negativ empfinden.
- Beantworten Sie sich nun die folgenden Fragen:

Führen Sie in der Regel eher positive oder negative Selbstgespräche?

____

____

____

Wie ist das Verhältnis zwischen positiven und negativen Aussagen?

____

____

____

Worauf genau beziehen sich Ihre positiven Selbstgespräche – geht es hier um Erfolge der Vergangenheit, um Ihre persönlichen Fähigkeiten oder um Ihren Charakter?

Worauf genau beziehen sich Ihre negativen Selbstgespräche – geht es hier um in der Vergangenheit gemachte Fehler, um Ihre persönlichen Schwächen oder um Ihre Persönlichkeit?

Wann treten bei Ihnen eher positive und wann eher negative Selbstgespräche auf?

In den Situationen, in denen negative Selbstkommunikation geschieht: Inwiefern beeinflusst diese das Ergebnis Ihrer Gedanken, Worte oder Taten?

Würden Sie Ihre Selbstgespräche allgemein als förderlich für Ihre persönlichen Ziele und Vorhaben im Leben betrachten?

Möglicherweise erwischen Sie sich mit negativen Selbstgesprächen besonders bei Themen und in Lebensbereichen, die Ihnen am Herzen liegen und bei denen es Ihnen besonders wichtig ist, dass Sie gute Ergebnisse abliefern. Das könnte der sportliche Wettkampf sein, für den Sie hart trainieren, sich innerlich dafür aber schlechtmachen. Sie glauben nicht an sich selbst, bezweifeln Ihre Fähigkeiten, heben die Konkurrenten in den Himmel und kritisieren sich für die kleinsten Fehler. Oder Sie nehmen sich ein gesundheitliches Ziel vor, was Sie jedoch auch mit negativer Autokommunikation torpedieren. Vielleicht halten Sie sich nicht für gut genug oder bezweifeln, dass Sie einen Erfolg überhaupt verdient haben – wobei Sie nicht zögern, sich selbst diese Sätze in härtester und unsensibelster Manier selbst an den Kopf zu werfen.

Menschen, die unter kritischen Bedingungen aufgewachsen sind und wenig positiven Zuspruch durch Bezugspersonen erhalten haben, tendieren eher dazu, sich innerhalb negativer Selbstkommunikation abzuwerten.

Negative Selbstgespräche sind tatsächlich sehr weit verbreitet. Hier handelt es sich um innere Dialoge, durch die sich die negativen Überzeugungen, inneren Haltungen und Ängste des Betroffenen verstärken. Diese Autokommunikation nimmt damit einen Einfluss auf sämtliche Gedanken, Gefühle und Handlungen, wodurch sich wiederum die Motivation sowie die Leistungsfähigkeit absenken können. Da stellt sich die große Frage: Warum tun wir uns das eigentlich selbst an?

Bei negativen Selbstgesprächen werden sämtliche, potenziell riskante oder gar gefährliche Ergebnisse einer Handlung in Betracht gezogen. Sie verfolgen also den Zweck, in einer bedrohlichen Welt bessere Entscheidungen zu treffen, Gefahr zu vermeiden und damit besser überleben zu können. Durch die gedankliche Konzentration auf das Negative können mögliche Probleme identifiziert und Bereiche aufgedeckt werden, die verbessert werden sollten. Negative Selbstgespräche sind damit nicht partout destruktiv. Ganz im Gegenteil werden sie sogar von einigen Menschen bewusst eingesetzt, um sich selbst zu fordern und zu motivieren, bestehende Hindernisse zu meistern.

Selbstkritik kann demnach sogar die kognitive Leistung steigern, weil sie das Vertrauen in sich selbst herabsetzt und gleichzeitig die innere Motivation und Konzentration verbessert. Auch die körperlichen Fähigkeiten können sich steigern, was einige Sportler für ihre Zwecke nutzen. Doch die meisten Menschen würden dies nicht unterschreiben, weil sie den inneren Dialog als störend empfinden. Er wird dann schädlich, wenn die Selbstkritik überhandnimmt und ungerechtfertigt ist oder die Motivation herabsetzt. Entstehen Hoffnungslosigkeit, Ohnmachtsgefühle, Unwohlsein oder das Aufgeben als Konsequenz negativer Autokommunikation, liegt eine destruktive Selbstsabotage vor. Das führt zu einem verminderten Selbstwertgefühl, zu schlechteren Leistungen, verstärkten Ängsten, wie Versagensangst oder der Angst vor Fehlern, sowie ultimativ zu einer Verschlechterung der psychischen Gesundheit. Wer unter ständiger Selbstkritik leidet, wird seine Vorhaben tendenziell eher abbrechen, seine Träume aufgeben und seine Ziele nicht erreichen.

Übung: Die Identifizierung und Umformulierung negativer Selbstgespräche

Selbstgespräche können sich als Problem herausstellen und die eigene Weiterentwicklung behindern sowie das Selbstbewusstsein, Selbstvertrauen und die Selbstakzeptanz verringern. Negative Selbstkommunikation kann unmöglich vollständig vermieden werden, es gibt jedoch Wege, wie Sie sie umkehren und stattdessen für sich nutzen können. Diese Übung zeigt Ihnen die 3 notwendigen Schritte dafür auf.

1. Identifikation: Zunächst müssen Sie jene Selbstgespräche erkennen, die Ihren Zielen und Ihrem Erfolg im Wege stehen. Notieren Sie sich dafür die unerwünschten Gedanken, wann diese auftreten und welche Ursache ihnen zugrunde lag. Es kann helfen, wenn Sie sich diese in Ihrem Alltag sofort in einem kleinen Notizheft aufschreiben, das Sie überallhin mitnehmen.

Beispiel:
Sie bemerken den negativen Gedanken „Beim letzten Sportwettkampf habe ich den letzten Platz gemacht, also werde ich es bei diesem bestimmt wieder vermasseln“, als Sie sich während des Trainings auf den bevorstehenden Wettkampf vorbereiten. Ihnen fällt auf, dass, je näher der Termin rückt, desto intensiver, gemeiner und schädlicher Ihre negativen Selbstgespräche werden. Sie reflektieren, dass die Ursache hierfür in Ihrer Versagensangst liegt. Sie identifizieren sich so sehr mit dem Erfolg im Sportwettkampf, dass Sie Ihren Selbstwert davon abhängig machen. Leider fühlen Sie sich durch Ihre negativen Selbstgespräche so frustriert und demotiviert, dass sich Ihre Leistungen zunehmend verschlechtern, je näher das Ereignis rückt. Sie glauben aufgrund der vergangenen Erfahrung nicht daran, dass Sie es besser machen können, und haben deshalb innerlich eigentlich schon aufgegeben, noch bevor der Wettkampf überhaupt begonnen hat.

2. Umformulierung: Betrachten Sie Ihre negativen Selbstgespräche nicht als Tatsachen, sondern als einfache Gedanken, die wie Wolken am Himmel kommen und wieder vorbeiziehen. Was in Ihren Gedanken vor sich geht, entspricht in den seltensten Fällen der Realität und spiegelt nur unzuverlässig die Wirklichkeit wider. Nehmen Sie negative Selbstgespräche als Gedanken an, die umformuliert werden können. Dabei geht es nicht darum, diese zu unterdrücken oder zu ersetzen, denn damit könnten zusätzlicher Druck und zusätzliche Angst entstehen. Es gilt deshalb, im ersten Schritt den Gedanken anzuerkennen und ihn zu akzeptieren. Im zweiten Schritt fügen Sie ihm eine Aussage hinzu, die sich positiv sowohl auf Ihre Motivation als auch auf Ihre Leistung auswirkt. So nutzen Sie negative Selbstgespräche dazu, um sich herauszufordern und sich zu höheren Leistungen anzutreiben. Suchen Sie dafür Gegenargumente, die den negativen Gedanken widerlegen. Verknüpfen Sie das Ganze mit Motiven und Ihren persönlichen Stärken, Ressourcen, Fähigkeiten und Kompetenzen.

Beispiel:
Sie könnten Ihrem Gedanken „Beim letzten Sportwettkampf habe ich den letzten Platz gemacht" zum Beispiel einen der folgenden positiven Zusätze hinzufügen:
„... aber dieses Mal bin ich besser vorbereitet und habe härter trainiert."
„... doch ich habe auch schon einmal einen Sportwettkampf gewonnen."
„... aber jetzt fühle ich mit bereit, über mich hinauszuwachsen."
„... doch jetzt werde ich bessere Leistungen erzielen, weil ich damals noch keinen so guten Trainer hatte und noch nicht so erfahren wie jetzt war."

____

____

____

____

____

____

3. Nachdem Sie Ihre negativen Selbstgespräche identifiziert und umformuliert haben, ist es besonders wichtig, dass Sie dies einüben. Automatisieren Sie diese Übung, indem Sie jedes Mal, wenn Ihnen ein negativer Gedanke über den Weg läuft, diesen umformulieren. Damit verringern Sie nicht nur die Konsequenzen, die er auf Ihre Ziele und Vorhaben hat, sondern nutzen ihn sogar dafür, um diese noch schneller und effektiver zu erreichen.

____

____

____

Tipps für effektive und unterstützende Selbstgespräche

- **Hören Sie Ihrer inneren Stimme zu**: Bleiben Sie aufmerksam, wenn Sie Selbstgespräche führen. Identifizieren Sie Ihre Gedanken und Glaubenssätze, sodass Sie diese, wenn nötig, umformulieren können. Sie haben selbst die Zügel in der Hand und können Ihre Selbstkommunikation in die Richtung lenken, die konstruktiv und unterstützend ist.

- **Üben Sie sich in Selbstakzeptanz**: An erster Stelle steht die Annahme dessen, was momentan Bestand hat. Wenn Sie Ihre negativen Gedanken stur leugnen und verdrängen, müssen Sie dafür sehr viel Energie aufwenden. Es ist anstrengend und ermüdend, das zu negieren, was Teil der eigenen Persönlichkeit ist. Das bedeutet jedoch nicht, dass Sie diesen Umstand nicht ändern können. Zunächst sollten Sie sich jedoch mit all Ihren Facetten – Stärken wie Schwächen – annehmen.

- **Begegnen Sie sich mit Mitgefühl und Verständnis**: Würden Sie so mit Ihrem besten Freund oder mit Ihrem Liebespartner sprechen, wie Sie manchmal mit sich selbst reden? Vermutlich nicht! Begegnen Sie sich so, wie Sie Ihren liebsten Menschen begegnen würden, schließlich sind Sie der wichtigste Mensch in Ihrem Leben. Sie müssen jeden Tag mit Ihrer inneren Stimme auskommen, da wäre es doch angenehmer, wenn sie Ihnen freundlich gesonnen wäre. Gelingt Ihnen dies einmal nicht, können Sie sich diese Frage stellen: Was würde ich meinem besten Freund in dieser Situation sagen?

- **Reflektieren Sie Ihre Selbstgespräche**: Dass der Inhalt der intrapersonellen Kommunikation nicht immer der Realität entspricht, wissen Sie bereits. Deshalb ist es auch so wichtig, die getätigten Aussagen nicht einfach als Tatsachen hinzunehmen, sondern mit einem gewissen Abstand zu überdenken. Wenn Sie sich selbst immer wieder sagen, dass „Sie zu rein gar nichts zu gebrauchen sind“, entspricht dies keineswegs der Wirklichkeit. Möglicherweise haben Sie in der Vergangenheit in einer bestimmten Situation unter bestimmten Gegebenheiten eine bestimmte Handlung ausgeführt, die ein unerwünschtes Ergebnis hervorgerufen hat. Dieser sachlich formulierte Umstand rechtfertigt jedoch keineswegs eine so generalisierte Aussage wie „Sie seien zu rein gar nichts zu gebrauchen“. Unterscheiden Sie hier deshalb unbedingt zwischen Realität und Übertreibung.

- **Nehmen Sie einen Perspektivwechsel vor**: Überlegen Sie, aus welchen Blickwinkeln Sie den negativen Gedanken und die Situation, mit der er verknüpft ist, auch noch betrachten könnten. Welche positiven Aspekte könnten sich dahinter verbergen? Wenn Sie sich zum Beispiel ständig selbst über Ihre Tollpatschigkeit beklagen, könnten Sie sich daran erinnern, dass Sie damals genau wegen dieser Eigenschaft von dem Menschen im Café angesprochen wurden, der später Ihr Partner werden sollte.

Mit Selbstbekräftigung und Affirmationen die Macht der intrapersonellen Kommunikation nutzen

Selbstgespräche sollten eigentlich Ihr Wohlbefinden fördern. Sie sollten dazu führen, dass Sie mehr an sich glauben, mutig Ihre Träume verfolgen und Ihre Ziele motiviert anstreben, statt Sie zu behindern und Ihnen zu schaden. Sie sollten Ihnen nützlich sein und Sie weiterbringen. Es gibt zahlreiche Gründe, warum die Autokommunikation selbstbekräftigend und positiv sein sollte, denn sie …

- … steigert Ihre Motivation und Ihre Leistungen.
- … verbessert Ihre Konzentration.
- … beruhigt Sie in Momenten des Zweifels.
- … aktiviert Ihre Kräfte in Momenten, in denen Sie alles geben müssen.
- … stimmen Sie zuversichtlich und hoffnungsvoll.
- … ermutigt Sie, Neues auszuprobieren und sinnvolle Risiken einzugehen.
- … schenkt Ihnen Selbstvertrauen.
- … verkleinert Zweifel und Ängste.
- … unterstützt Ihre Vorhaben und Projekte.
- … hilft Ihnen dabei, durchzuhalten, wenn es einmal schwerer ist.
- … macht Sie mental stärker.
- … stärkt Ihnen den Rücken in Situationen, die Sie psychisch und körperlich schwer belasten.
- … macht das Treffen von Entscheidungen leichter.
- … bekräftigt Ihre Motive.
- … unterstützt Sie dabei, all Ihre Ressourcen und Möglichkeiten auszuschöpfen.
- … steht Ihnen in Krisen bei.
- … lässt Sie Ihr gewaltiges Potential erkennen.
- … zeigt Ihnen, was Sie alles erreichen können.
- … lässt Sie über sich hinauswachsen.

Stellen Sie sich vor, der begabteste Motivationstrainer stünde Ihnen bei all Ihren Herausforderungen Ihres Lebens in jedem Moment zur Verfügung. Sie müssten ihm nur Bescheid geben und schon würde er Sie vor dem anstehenden Sportwettkampf, vor dem Ansprechen eines besonders attraktiven und sympathischen Menschen oder vor der besonders bedeutsamen Präsentation vor Ihrem Chef zu Höchstleistungen motivieren. Ihr persönlicher Motivationscoach würde Ihnen Mut machen, Ihre Zweifel beruhigen und diese mit Gründen, warum Sie erfolgreich sein werden, nichtig machen. Und jetzt stellen Sie sich einmal vor, dass Sie in jeder Sekunde Ihres Lebens Zugriff auf diesen Trainer hätten, ohne auch nur einen Cent dafür zu bezahlen. Denn Sie selbst können diese Rolle für sich übernehmen. Sie selbst können so viel Selbstmitgefühl, Selbstakzeptanz, Selbstwert und Selbstbewusstsein in sich kultivieren, dass Sie sich auf Erfolg programmieren. Akzeptieren Sie nicht, dass Ihnen Ihre Selbstgespräche Steine auf Ihren persönlichen Entwicklungsweg legen.

Der konstruktive Umgang mit Selbstgesprächen

Jeder Mensch kann lernen, sich seiner persönlichen Autokommunikation bewusst zu werden. Mit dem Wissen darüber, was Selbstgespräche eigentlich sind, welches Potential in ihnen steckt und wie negative Formen das Leben erschweren können, steigt in der Regel auch das Bewusstsein für die eigenen Selbstgespräche. Erst dann ist es möglich, sie konkret in bestimmten Bereichen zum Einsatz zu bringen, in denen sie hilfreich und unterstützend zur Erreichung eines Ziels beitragen. Möchten Sie sich auf eine Aufgabe voll und ganz konzentrieren können, sollten Sie dies durch Autokommunikation begleiten, denn durch die verbale Stimulation wird das Gehirn bei der Aufnahme von Informationen und beim Erlernen von etwas Neuem unterstützt. Wollen Sie Ihr Erinnerungsvermögen steigern, greifen Sie auf die intrapersonelle Kommunikation zurück, denn Sie werden verloren gegangene Dinge leichter wiederfinden, wenn Sie mit sich selbst sprechen. Auch, wenn Sie sich mehr Motivation wünschen, dürfen Sie sich diesem wertvollen Tool bedienen. Zudem können Sie es nutzen, wenn Sie sich auf eine zwischenmenschliche Begegnung vorbereiten möchten oder eine soziale Interaktion zu verarbeiten haben.

Im Rahmen der Verhaltenstherapie werden Selbstgespräche mit dem Ziel der Selbstbekräftigung gezielt zum Einsatz gebracht. Das Selbstbewusstsein und das allgemeine Wohlbefinden können durch bewusst erzeugte Aussagen gesteigert werden, wodurch der Anwender lernt, eine neue Einstellung sich selbst und dem Leben gegenüber einzunehmen. Das löst körperliche Prozesse wie die Ausschüttung von Endorphinen in Gange, die auch als Glückshormone bezeichnet werden. Wer also regelmäßig mit sich selbst auf eine liebevolle, verständnisvolle und positive Weise spricht, transformiert auf lange Sicht die oft so kritischen Selbstgespräche und fördert damit seine Zufriedenheit.

Eingesetzt werden können Selbstgespräche zudem in Momenten, in denen Stress die Situation beherrscht, wozu eine Studie mit dem Titel „Third-person self-talk facilitates emotion regulation without engaging cognitive control: Converging evidence from ERP and fMRI" (zu Deutsch: Selbstgespräche in der dritten Person erleichtern die Emotionsregulation ohne kognitive Kontrolle: Konvergierende Evidenz aus ERP und fMRT) anregt, die von Jason Moser, Adrienne Dougherty und weiteren Forschern im Jahr 2017 durchgeführt wurde. Richtig und positiv gewählte Worte, die an sich selbst gerichtet werden, vermögen den Anwender, zu beruhigen, sodass er einen kühlen Kopf bewahren und auf die Umstände angemessen reagieren kann. Selbstgespräche sind deshalb eine effektive Methode, um die Selbstbeherrschung und Stressbewältigung zu fördern. Hierbei hat sich das Sprechen über sich selbst in der dritten Person bewährt, wodurch eine Distanz zwischen dem Beteiligten und dem, was erlebt wird, entsteht. Dadurch wird die stressauslösende Situation aus einer übergeordneten Perspektive betrachtet und kann so neu bewertet werden. Die Einnahme der Rolle des Beobachters oder Zuschauers ermöglicht, dass wir besser mit emotionalem Stress klarkommen.

Positive Selbstgespräche besitzen also das Potential, das Verhalten zu verändern. Indem Sie sich angenehme Botschaften senden, verbessern Sie Ihr Selbstbewusstsein und schaffen damit ein Fundament für die Anpassung und Veränderung von Gewohnheiten und Verhaltensweisen. Diese positiven Botschaften werden auch Affirmationen genannt, deren Macht wir uns nun widmen wollen.

Die Kraft der Selbstgespräche mithilfe von Affirmationen entfachen

Affirmationen sind einfache kurze Sätze, die unmissverständlich positiv formuliert werden, mit dem Ziel, positive Gedanken und Überzeugungen in das Unterbewusstsein einzuspielen. Durch das Nutzen dieser lebensbejahenden Aussagen werden nach und nach hinderliche Glaubenssätze des Geistes in förderliche transformiert, sodass sich nicht nur das Selbstvertrauen anhebt, sondern sich der Anwender zudem motivierter fühlt, Altes loszulassen und Neues zu probieren.

Die Macht der Affirmationen kann sich jedoch nur dann entfalten, wenn diese kontinuierlich wiederholt werden. Innere Einstellungen und Haltungen lassen sich im Unterbewusstsein nicht über Nacht verändern. Gedanken formen den Verstand und was immer wieder gedacht wird, geht schließlich als Überzeugung in den eigenen Geist über. Alle bestehenden Glaubenssätze haben sich über Monate, Jahre und gar Jahrzehnte hinweg in Ihrem Geist eingenistet. Je länger sie bestehen, desto mehr Zeit hatten sie, sich auf Ihre Denk- und Verhaltensweisen auszuwirken. Nicht ohne Grund fällt es älteren Leuten schwerer als jüngeren, offen für neue Ideen und Konzepte zu sein, weil damit die alten und bestehenden in Frage gestellt werden könnten. Deshalb müssen Sie den Affirmationen eine Chance geben können, damit auch diese durch regelmäßiges Wiederholen tief in Ihr Unterbewusstsein eindringen können, um sich damit positiv auf Ihr gesamtes Leben auszuwirken. Mit jedem einzelnen Denken oder Aussprechen der Affirmation und mit jedem einzelnen Tag, an dem Sie dies tun, kommen Sie der positiven Veränderung in Ihrem Leben einen Schritt näher. Die Kraft der positiven Selbstgespräche durch Affirmationen begleitet Sie auf Ihrem persönlichen Weg der Selbstentwicklung mit dem Ziel eines erfüllteren Lebens.

Der Aufbau von Affirmationen: Die Macht verbirgt sich im Detail

Die richtige Formulierung der positiven Kraftformeln, wie Affirmationen auch genannt werden können, ist der Schlüssel zum Erfolg. Manche Punkte mögen kleinlich wirken, doch tatsächlich entscheiden meist die unscheinbarsten Details darüber, ob die Sätze positiv wirken können oder nicht.

- Formulieren Sie Ihre Affirmationen stets positiv. Wörter wie „nicht" oder „kein" sollten vermieden werden, denn Sie sollten sich immer vor Augen halten, *was* Sie wollen, statt daran zu denken, was Sie *nicht* wollen. Ansonsten konzentriert sich die Aussage auf das Negative, wodurch negative Empfindungen hervorgerufen werden und somit auch das Ergebnis nur negativ sein kann.

Beispiel:
„Ich bin nicht mehr dick" → „Ich bin schlank"

• Wichtig ist zudem, dass Sie die Aussage kurz und knapp, präzise und direkt formulieren. Vermeiden Sie alle unnötigen Zusätze, die die Aussage verweichlichen. Dass die Affirmation unmissverständlich ist, ist eine Schlüsselkomponente dieser Methode der positiven Selbstkommunikation.

Beispiel:
„Ich möchte abnehmen, damit ich endlich wieder in meine alten Klamotten passe und mich wohler in meinem Körper fühle" → „Ich fühle mich wohl in meinem Körper"

Es sollte ausschließlich die Gegenwartsform verwendet werden – die Vergangenheit und die Zukunft finden hier keinen Platz. Wählen Sie den Satz so, als ob das gewünschte Ergebnis bereits eingetreten wäre.

Beispiel:
„Ich werde den Wettkampf nächste Woche gewinnen" → „Ich erreiche meine Ziele"

• Kraftformeln werden immer direkt an denjenigen gerichtet, der Sie verwendet. Lassen Sie dabei Ihre Mitmenschen außen vor, denn Sie sind der einzige Mensch, den Sie verändern können. Auf andere habe Sie keinen Einfluss.

Beispiel:
„Peter soll mich endlich mehr lieben" → „Ich liebe meinen Partner so, wie ich selbst geliebt werden möchte"

Damit die Affirmationen wirken können, müssen Sie auch daran glauben können. Lassen Sie die Finger von utopischen Zielen, an deren Verwirklichung Sie Zweifel haben. Beginnen Sie mit Aussagen, an deren Eintritt Sie tatsächlich glauben können. Mit der Zeit, nachdem Sie sich von der enormen Wirkung dieser auf Ihr Leben überzeugt haben, können Sie sich an größere Aussagen heranwagen.

Beispiel:
„Ich gewinne eine Goldmedaille bei den Olympischen Spielen" → „Ich verbessere meine Leistung im Training kontinuierlich"

Der Umgang mit Affirmationen: Alltägliches Rezitieren leicht gemacht

Affirmationen können nur ihre volle Wirkung entfalten, wenn sie genügend Zeit hatten, sich in die Tiefen des Unterbewusstseins vorzuarbeiten. Mit jedem Mal, mit dem Sie einen positiven Satz wiederholen, glauben Sie zunehmend mehr an seinen Inhalt. Sie programmieren sich damit selbst auf mehr Positivität. Je häufiger Sie Ihre Lieblingsaffirmationen jeden Tag rezitieren, desto eher werden diese von Ihrem Geist aufgenommen und gespeichert. Dabei müssen Sie sie nicht immer laut aussprechen, denn auch das Denken, Aufschreiben oder Singen bewirkt etwas in Ihnen.

Besonders effektiv ist übrigens das laute Aussprechen der Affirmationen vor dem Spiegel. Blicken Sie sich selbst in die Augen und üben Sie, die positiven Sätze voller Überzeugung auszusprechen.

Wenn es Ihnen schwerfallen sollte, sich im Stress des Alltages an die Wiederholung der Affirmationen zu erinnern, machen Sie es sich selbst leichter: Beschreiben Sie kleine Klebezettel mit Ihren gewählten Kraftformeln und kleben Sie sie an Stellen in Ihrer Wohnung oder im Büro, an denen Sie häufig vorbeikommen. Wann immer Sie diese Zettelchen sehen, erinnern Sie sich somit selbst an die Rezitation.

Übung: Affirmationen in den Alltag integrieren

Affirmationen können ihre Kraft nur dann vollkommen entfalten, wenn sie ständig wiederholt werden und somit ins Unterbewusstsein übergehen. Deshalb ist es so wichtig, diese in den Alltag zu integrieren, wodurch Sie regelmäßig daran erinnert werden, Ihre persönlichen Affirmationen zu nutzen. Mithilfe dieser Übung können Sie jene Sätze und Aussagen identifizieren, die am besten zu Ihnen passen.

- Markieren Sie jene drei Affirmationen aus der folgenden Liste, die Sie persönlich ansprechen und die Sie in Ihren Alltag integrieren möchten. Diese dienen jedoch nur als Anregungen oder Beispiele, Sie können selbstverständlich auch bis zu drei eigene Aussagen formulieren, sollte keiner der Vorschläge passend für Sie klingen.

Beispiele für Affirmationen:

- Ich glaube an mich.
- Ich vertraue meinen Fähigkeiten.
- Ich bin genug.
- Ich bin liebenswürdig.
- Ich bin gesund.
- Ich fühle mich in meinem Körper rundum wohl.
- Ich bin stark, energiegeladen und vital.

- Ich erreiche meine Vorhaben mit Leichtigkeit.
- Ich habe bereits alles, was ich brauche, um erfolgreich zu sein.
- Ich verdiene Erfolg.
- Ich verdiene es, glücklich zu sein.
- Ich bin zutiefst erfüllt in meiner Partnerschaft.
- Ich liebe mein Leben.
- Ich strahle innerlich und äußerlich.
- Ich bin kreativ.
- Mein Körper und Geist sind widerstandsfähig.
- Ich bin dankbar dafür, dass mir alle Möglichkeiten offenstehen.
- Ich habe stets eine Wahl.
- Ich kümmere mich gut um mich.
- Ich bin wichtig.
- Ich lasse los.
- Ich stehe für meine Bedürfnisse ein.
- Ich kommuniziere, was ich brauche, um glücklich und zufrieden zu sein.
- Ich kann das.
- Ich führe erfüllende Freundschaften.
- Ich werde unterstützt.
- Ich stehe zu mir.
- Ich stehe für mich ein.
- Ich liebe mich.

- Nun wählen Sie mehrere von den weiter oben aufgeführten Techniken, mithilfe derer Sie mehrmals täglich an Ihre Affirmationen erinnert werden möchten. Sie könnten zum Beispiel Klebezettel beschreiben und diese im Haus verteilen. Zusätzlich packen Sie einen in Ihr Portemonnaie und stellen sich einen Timer auf Ihrem Handy, der, wenn er klingelt, Sie daran erinnert, Ihre Affirmationen aufzusagen. Entscheiden Sie sich für die, die am leichtesten für Sie umsetzbar sind und am wenigsten Zeit kosten. Je einfacher Sie es sich selbst machen, Ihre Affirmationen im Laufe des Tages zu wiederholen, desto eher werden Sie diese neue Gewohnheit in Ihren Alltag integrieren und langfristig beibehalten können.

- Wiederholen Sie die Affirmationen nun in Ihrem Alltag für mindestens 30 Tage, um einen echten positiven Effekt auf Ihr Leben zu bewirken. Reflektieren Sie in regelmäßigen Abständen die Erfolge, die Sie bei dieser Übung erzielen. Dies hilft Ihnen einerseits dabei, zu erkennen, welchen Einfluss Ihre

Affirmationen konkret auf Ihre individuellen Umstände haben, und andererseits werden Sie durch Ihre Erkenntnisse und Erfolge zusätzlich motiviert.

Was bewirkt das mehrfache Wiederholen der Affirmation spontan und längerfristig bei Ihnen in Körper und Geist? Wie fühlen Sie sich, nachdem Sie positive Selbstgespräche mit sich geführt haben?

____

____

____

Welche Veränderungen können Sie durch die Affirmationen in Ihrem Alltag bezüglich Ihrer psychischen Verfassung erkennen?

____

____

____

Welche Veränderungen können Sie durch die Affirmationen in Ihrem Alltag bezüglich Ihrer körperlichen Verfassung erkennen?

____

____

____

Welche allgemeinen Veränderungen in Ihrem Leben können Sie auf die positiven Selbstgespräche und Affirmationen zurückführen?

____

____

____

- Haben Sie die 30 Tage abgeschlossen, können Sie selbstverständlich einen weiteren Monat dranhängen. Wenn Ihnen die Affirmationen noch zusagen, sprechen Sie sie weiter, ansonsten besteht immer auch die Chance, diese durch bessere auszutauschen, insofern Sie sich stets genügend Zeit geben, diese in Ihr Unterbewusstsein über einen längeren Zeitraum hinweg einsinken zu lassen.

Tool 4: Emotionale Intelligenz als Schlüsselkompetenz

Die Komponenten emotionaler Intelligenz

Emotionale Intelligenz: Emotionen wahrnehmen, verstehen, beeinflussen und nutzen

Die emotionale Intelligenz, auch EQ genannt, ist jene Fähigkeit, die eigenen Emotionen sowie die der Mitmenschen wahrzunehmen und zu verstehen, wodurch diese Emotionen beeinflusst und genutzt werden können. Diese Kompetenz bezeugt die emotionale und geistige Stärke einer Persönlichkeit, weshalb sie übrigens auch die Resilienz stärkt. Emotional intelligente Menschen arbeiten effektiver auf Ihre Ziele hin, sind flexibler, selbstbewusster, belastbarer und können sich besser sowie schneller von Stress erholen. Dabei ist diese Fähigkeit etwas, das nicht feststeht, sondern trainiert werden kann. Auch wenn das Talent zur Steuerung von Emotionen angeboren ist, so kann diese Fähigkeit im Laufe des Lebens weiterentwickelt werden, und zwar von jedem von uns.

1. Wahrnehmen: Emotional intelligente Menschen sind in der Lage, ihre eigenen Gefühle durch Innenschau wahrzunehmen. Bei ihren Mitmenschen besitzen sie die Kompetenz, Mimik und Gestik sowie die Körperhaltung und die Stimmqualität zu beobachten und richtig zu interpretieren.

Beispiel:
Sie unterhalten sich mit Ihrem Kollegen über die derzeitige finanzielle Lage im Unternehmen. Dabei bemerken Sie, dass sich seine Mimik zunehmend verkrampft, sich seine Stirn kräuselt und seine Gesten hektischer werden. Daraufhin interpretieren Sie das Verhalten Ihres Kollegen als Zorn. Zugleich bemerken Sie auch bei sich selbst erste Anzeichen der Anspannung und eine innere Hitze, die auf Wut schließen lassen.

2. Verstehen: Gefühle entstehen aufgrund einer bestimmten Situation, weshalb sie sich auf diese beziehen und dementsprechend interpretiert werden müssen. Emotional intelligente Menschen sind zudem dazu fähig, zu erkennen, ob sich die Gefühle anderer auf sie persönlich beziehen oder durch etwas anderes ausgelöst wurden.

Beispiel:
Sie können anhand der hektischen Gesten und der angespannten Mimik Ihres Kollegen erkennen, dass er sauer ist und ihn die finanzielle Lage des Unternehmens sehr emotional bewegt, was Sie verstehen und nachvollziehen können. Sie können außerdem einschätzen, dass seine Gefühle nicht auf Sie bezogen sind, sondern auf den Gesprächsinhalt.

3. Beeinflussen: Erst, wenn ein Mensch Emotionen wahrnehmen und verstehen kann, können diese auch beeinflusst werden. Eine Persönlichkeit mit emotionaler Intelligenz besitzt deshalb die Fähigkeit der Selbstregulation, was bedeutet, dass sie ihre Gefühle zielgerichtet einsetzen kann. Selbst starke Emotionen haben nicht so viel Macht über diese Menschen, dass sie sie überwältigen könnten. Je nach Situation können Gefühle also bewusst hervorgerufen, vermieden oder korrigiert werden. Mit der Beeinflussung der eigenen Gefühle können emotional intelligente Menschen auch einen Einfluss auf die Empfindungen ihrer Mitmenschen ausüben.

Beispiel:
Bei dem Gespräch mit Ihrem Kollegen haben Sie erkannt, dass Sie seine Gefühle nicht persönlich nehmen brauchen, weil diese sich auf die finanzielle Lage des Unternehmens beziehen. Zudem wird Ihnen bewusst, dass eine emotionale Auseinandersetzung Sie beide nicht weiterbringen wird, weshalb Sie sich wieder beruhigen und zunehmend entspannen. Während Sie selbst allmählich zurück zur Ausgeglichenheit finden, beschwichtigen Sie nebenbei auch Ihren Kollegen. Ihre Ruhe und Sachlichkeit spiegeln sich auch in Ihrem Verhalten, in Ihrer Mimik und Gestik wider, sodass auch Ihr Kollege davon positiv beeinflusst wird. Die Unterhaltung wird zunehmend neutraler.

4. Nutzen: Gefühle können auch zur Erreichung persönlicher Ziele eingesetzt werden. Des Weiteren besitzen emotional intelligente Menschen die Fähigkeit, Emotionen im Umgang mit dem sozialen Umfeld so zu nutzen, dass ein harmonisches Miteinander entsteht. Sie können aufgrund der wahrgenommenen und verstandenen Emotionen des Gegenübers auf mögliche Ideen schließen, wie dieser am besten unterstützt werden kann, denn sie wissen um die Wechselwirkung, die zwischen Gedanken und Gefühlen besteht.

Beispiel:
Aufgrund vergangener Erfahrungen wissen Sie, dass Sie am besten Ihre Wut durch körperliche Aktivität abbauen können. Deshalb schlagen Sie Ihrem Kollegen vor, gemeinsam nach der Arbeit eine Runde joggen zu gehen, um den Zorn des Gespräches ausklingen zu lassen. Außerdem geben Sie den Hinweis, dass Ihr Kollege seine Emotionen auch nutzen kann, um eine Veränderung der derzeitigen finanziellen Situation herbeizuführen – so transformiert sich sein Zorn in Motivation. Der Kollege könnte zum Beispiel zum Chef gehen und das Thema ansprechen sowie einige Vorschläge anbringen. Damit könnte er nicht nur das finanzielle Problem beseitigen, sondern auch seine Position im Unternehmen stärken.

Die Komponenten emotionaler Intelligenz

Gemäß dem amerikanischen Psychologen Daniel Goleman gibt es vier zentrale Komponenten der emotionalen Intelligenz, die wir uns nun genauer anschauen wollen.

1. **Selbstwahrnehmung**: Wie Sie bereits wissen, beschreiben Selbstwahrnehmung und Selbstbewusstsein die Fähigkeit, die eigene Persönlichkeit realistisch einschätzen zu können. Dafür sind das Erkennen und das Verstehen sowohl der eigenen Emotionen, Bedürfnisse, Motive und Ziele als auch der eigenen Stärken und Schwächen notwendig. Ein selbstbewusster Mensch ist wortwörtlich sich selbst bewusst, das heißt, dank Selbstreflexion kennt er seinen Charakter, kann sich einschätzen, kennt seine Reaktionen auf bestimmte Dinge, weiß, was er braucht, und kennt seine Schwachstellen, die es zu verbessern gilt.

2. **Selbstregulation**: Mit dem Begriff der Selbstregulation werden verschiedene Eigenschaften und Fähigkeiten einer Person zusammengefasst, die der Selbstbeherrschung dienen. Es geht daher um die Regulation von Impulsen und Wünschen sowie um die Bedürfnisbefriedigung. Im Sinne der Selbstregulation ist der Mensch dazu geneigt, sich selbst Ziele zu setzen. Diese Ziele führen im Verlauf der Entwicklung zu weiteren Handlungen. Im Verlauf der Selbstregulation kommt es zur ständigen Überprüfung ebendieser Ziele. Sollte es im Rahmen dieser Überprüfung zu einer negativen Bewertung kommen, werden die Handlungen reguliert und angepasst. Demnach bezieht sich die Fähigkeit der Selbstregulation auf die Kompetenz, die eigenen Verhaltensweisen, Emotionen sowie kognitiven Prozesse je nach Begebenheiten zu regulieren, sie anzupassen und zu lenken.

3. **Selbstmanagement**: Die Kompetenz, die eigenen Emotionen und die Gemütslage selbst beeinflussen und steuern zu können, wird Selbstregulierung genannt und ist eine Form des Selbstmanagements. Ein Mensch mit dieser Fähigkeit weiß, dass er Kontrolle über seine Gefühle hat, wodurch ihn diese nicht mehr so einfach überwältigen können. Selbstmanagement umfasst neben der emotionalen Anpassungsfähigkeit zudem die Selbstmotivation: Sich selbst motivieren zu können, heißt, die Bereitschaft zur Leistungserbringung und zur Begeisterungsfähigkeit aus sich selbst heraus entwickeln zu können – hier ist also die Sprache von der intrinsischen Motivation, die wir uns bereits im ersten Tool angeschaut haben. Menschen mit Selbstmotivation können auch dann Kraft zum Weitermachen aus sich heraus schöpfen, wenn es einmal schwierig wird und auftretende Herausforderungen eine hohe Frustrationstoleranz fordern.

4. Soziales Bewusstsein: Engagement innerhalb von sozialen Gruppen beschreibt die Kompetenz, Kontakte mit Mitmenschen knüpfen zu können und zwischenmenschliche Verbindungen aufbauen zu können, die dauerhafter Natur sind. Hier spielt das Einfühlungsvermögen mit hinein: Sich in Mitmenschen einfühlen, deren Gefühle nachvollziehen und deren Sichtweisen einnehmen zu können, beschreibt das Vermögen der Empathie. Einfühlsame Menschen zeichnet aus, dass sie andere Persönlichkeiten nicht nur in all ihren Facetten wahrnehmen können, sondern sie auch so annehmen, wie sie sind. Mit Respekt und Verständnis begegnen sie den Denkweisen und dem Verhalten ihres sozialen Umfelds – auch dann, wenn sie nicht unbedingt damit übereinstimmen oder es nicht gutheißen.

5. Beziehungsmanagement: Diese Komponente der emotionalen Intelligenz ist besonders wichtig bei der Interaktion mit dem sozialen Umfeld. Hierzu zählen deshalb Fähigkeiten wie Konfliktmanagement, Problemlösungskompetenzen, Beziehungsfähigkeit, Teamfähigkeit und Führungsqualitäten.

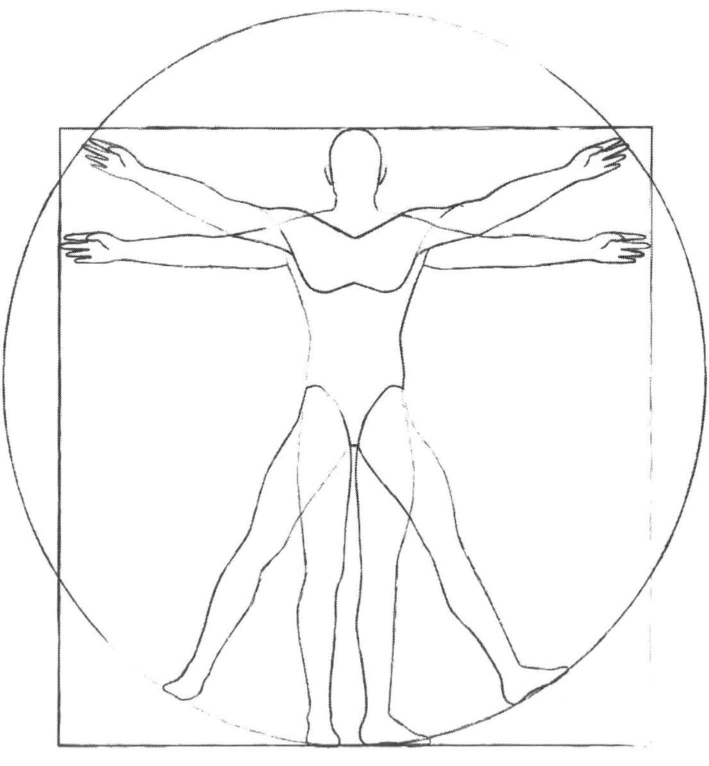

Übung: Emotional intelligente und empathische Reaktionen trainieren

Die eigene Empathie und damit die emotionale Intelligenz steigern zu wollen, beginnt mit dem Wunsch, sich für seine Mitmenschen zu interessieren. Mit dieser Übung können Sie Ihr Verhalten und Ihr Denken innerhalb von Gesprächen mit anderen trainieren, sodass sich Ihr Einfühlungsvermögen nach und nach steigert.

- Beginnen Sie damit, Ihre Mitmenschen bewusst zu beobachten. Machen Sie es sich zur Gewohnheit, egal, wo Sie sich gerade befinden, dem Umfeld Aufmerksamkeit zu schenken.

- Was verrät Ihnen die Körpersprache der Menschen?
- Wie interagieren diese miteinander?
- Welche Reaktionen der Menschen zeigen sich auf starke Emotionen wie bei einem Gefühlsausbruch oder bei Meinungsverschiedenheiten?

So können Sie viel über Menschen lernen, ohne ein Wort mit diesen gewechselt zu haben.

- Für mehr Empathie müssen Sie jedoch auch sich selbst während der Interaktion mit anderen Menschen beobachten können. Wenn Sie das nächste Mal ein Gespräch mit jemandem führen, egal, worum es geht, richten Sie einmal ganz bewusst den Fokus auf Ihr Denken, Fühlen und Verhalten währenddessen. Gleichzeitig achten Sie auch auf diese Aspekte bei Ihrem Gegenüber.

- Halten Sie beide Blickkontakt?
- Sind Ihre Körper einander zugewandt?
- Unterbrechen Sie sich gegenseitig oder hören Sie einander genau zu?
- Was geschieht, wenn Sie unterschiedlicher Ansicht sind?
- Wie reagieren Sie auf bestimmte Wörter oder Situationen und was war der Auslöser für diese Emotionen?

Das mag Ihnen am Anfang noch schwierig vorkommen, doch keine Sorge, diese Fähigkeit der Beobachtung wird sich mit der Zeit verbessern.

- Achten Sie darauf, möglichst ohne Vorurteile auf Ihren Gesprächspartner zuzugehen. Bewertungen und Verurteilungen verringern die Fähigkeit, die Einzigartigkeit im Gegenüber erkennen zu können. Wir neigen dazu, mit unserem Verstand Menschen in Schubladen zu stecken, was leider dazu führt, dass sich damit unsere Offenheit und Neugierde gegenüber unseren Mitmenschen verringern – was sich somit auch auf unsere Fähigkeit zur Empathie auswirkt.

- Üben Sie sich innerhalb des Gesprächs in aktivem Zuhören. Das bedeutet, dass Sie dem anderen Respekt entgegenbringen, indem Sie ihn aussprechen lassen und wirklich verstehen wollen. Auch wenn Sie vielleicht bei gewissen Meinungen widersprechen würden, können Sie trotzdem versuchen, diese zu akzeptieren und zu überdenken. Hier ist es hilfreich, möglichst neutral zu bleiben und die eigenen Emotionen nicht mit denen des Gegenübers zu vermischen (siehe Effekt der Projektion). Hinterfragen Sie die Gründe hinter den Denkweisen und dem Verhalten Ihres Gegenübers. Dafür können Sie aktiv nachfragen, zum Beispiel mithilfe der folgenden Sätze:

- Habe ich das richtig verstanden, dass du das so und so siehst?
- Wie kommt es dazu, dass du dieser Meinung bist?
- Welche Argumente kräftigen deine Ansichten?
- Was führte dazu, dass du so über dieses Thema denkst?

Merkmale emotional intelligenter Menschen: Hinweise, wie auch Sie Ihren EQ steigern können

Emotional intelligente Menschen zeichnen sich durch gewisse Merkmale aus, die zudem verdeutlichen, warum ein hoher EQ so wichtig ist. Neben dem allseits bekannten IQ, dem Intelligenzquotienten, kann das Leben nur mit Freude und Erfüllung genossen werden, wenn dieser durch die soziale Kompetenz und die Fähigkeit, mit Emotionen umzugehen, ausgeglichen wird.

Die Abkürzung **IQ** steht für den Intelligenzquotienten und umfasst das Leistungsvermögen des Intellektes. Der IQ ist ein Maß dafür, wie gut eine Person in standardisierten Intelligenztests im Vergleich zu anderen abschneidet. Diese Tests versuchen, verschiedene Aspekte der kognitiven Leistungsfähigkeit einer Person zu messen, einschließlich sprachlicher Fähigkeiten, logischem Denken, räumlicher Wahrnehmung und Problemlösungsfähigkeiten.

Der **EQ** hingegen bezieht sich auf die emotionale Ebene des Menschen und beschreibt die Fähigkeit, persönliche Gefühle wie auch die anderer Mitmenschen wahrzunehmen, zu identifizieren und zu verstehen. Durch die Entwicklung der emotionalen Intelligenz können wir unsere Beziehungen verbessern, effektiver kommunizieren und ein höheres Maß an persönlichem und beruflichem Erfolg erreichen.

Ansonsten mögen Sie vielleicht ein intelligenter Ingenieur sein, der seinesgleichen in diesem Fachgebiet sucht, doch es gelingt Ihnen nicht, das andere Geschlecht zu verführen. Wenn Sie einmal an Ihre persönlichen Erfahrungen denken, fallen Ihnen bestimmt selbst Erlebnisse ein, in denen es nicht die Fachkenntnisse waren, die gefragt und benötigt wurden, sondern zwischenmenschliche Kompetenzen. Vielleicht scheiterte ein vielversprechendes Projekt an mangelnder Kommunikation zwischen den Teammitgliedern oder Sie kündigten Ihren Traumberuf, weil Sie mit Ihrem Chef nicht zurechtkamen. Dies sind nur einige Beispiele für Situationen, in denen ein wenig mehr emotionale Intelligenz seitens der Beteiligten hilfreich gewesen wäre. Schauen wir uns nun an, was Menschen mit dieser Fähigkeit eigentlich genau ausmacht.

Menschen mit einem hohen EQ ...

- ... kommunizieren klarer und damit erfolgreicher. Sie jammern nicht herum, sondern wissen, was sie wollen, und sorgen auch dafür, dass sich Bedürfnisse erfüllen. Damit verbleiben sie nicht in einer Haltung der Ohnmacht, wodurch sich nichts an einer ungewünschten Situation ändert, sondern sie suchen nach einer Lösung für das Problem.
- ... halten mehr aus. Ihre Belastungsgrenze ist höher, da sie besser mit Stress umgehen können und negative Emotionen, die ihren Zielen im Weg stehen, regulieren können.
- ... können besser mit Kritik umgehen. Diese Persönlichkeiten wissen, dass gewisse Dinge nicht persönlich zu nehmen sind. Dementsprechend können sie Kritik mit einem klareren Blick sehen und sie sogar dazu nutzen, um besser zu werden.
- ... besitzen ein stabiles soziales Netzwerk, das sie hegen und pflegen. Dank ihrer zwischenmenschlichen Kompetenzen haben sie sich ein soziales Umfeld aufgebaut, das sie in schwierigen Zeiten auffangen kann und mit Unterstützung bereitsteht. Dasselbe würden sie auch für ihre Mitmenschen tun.
- ... sind gute Zuhörer. Sie lassen Ihren Gegenüber ausreden und schätzen andere Sichtweisen, auch wenn diese nicht ihren eigenen entsprechen. Zuhören bedeutet jedoch nicht, einfach nur passiv dazusitzen und den anderen sprechen zu lassen, nein, denn diese Menschen interessieren sich aktiv für den anderen. An dieser Stelle soll noch einmal auf die Übung „Aktiv zuhören trainieren" hingewiesen werden.
- ... kennen sich selbst. Diese Persönlichkeiten wissen, welche Bedürfnisse sie haben, welche Ziele sie erreichen wollen und welche Motive ihr Handeln inspirieren. Sie kennen sowohl ihre Talente und Begabungen als auch ihre persönlichen Baustellen.
- ... kontrollieren ihre Gefühle. Das bedeutet nicht, die eigenen Empfindungen zu unterdrücken, sondern der Situation angemessen zu reagieren.
- ... können sich intrinsisch motivieren. Sie können sich für bestimmte Sachen begeistern und finden die Motivation zu deren Umsetzung in sich selbst.
- ... lästern nicht über andere. Klatsch und Tratsch sind wenig ausgeprägte Verhaltensmuster bei diesen Persönlichkeiten, denn ihre Empathie verbietet ihnen, über ihre Mitmenschen gehässig herzuziehen.
- ... machen nicht andere verantwortlich. Diese Persönlichkeiten übernehmen Verantwortung für ihr eigenes Wohlergehen und geben diese nicht an Umstände oder ihre Mitmenschen ab. Sie sind keine Opfer, sondern Schöpfer des eigenen Lebens.

Emotionale Intelligenz im Konfliktmanagement

Für die erfolgreiche Beseitigung von zwischenmenschlichen Konflikten ist emotionale Intelligenz eine Schlüsselkompetenz. Durch sie können bestehende soziale Konflikte erst erkannt und gemanagt werden. Die Selbsterkenntnis, -reflexion und -regulierung sind hierbei drei wesentliche Grundbausteine, auf denen ein konstruktives Konfliktmanagement aufbaut. Also auch dann, wenn es einmal hitzig wird und die Gefühle der Beteiligten überzukochen drohen, können so Ruhe und Klarheit bewahrt werden. Zudem ist die Fähigkeit, Emotionen zu erkennen und zu verstehen, vonnöten, da der Mensch nun einmal von seinen Empfindungen regiert wird. Wir können schließlich nicht nichts fühlen.

Emotionale Intelligenz schlägt zudem die Brücke vom eigenen Selbst zu den Mitmenschen. Würden wir nur egoistisch auf uns selbst achten, würden wir uns vermutlich nur noch mit zwischenmenschlichen Konflikten herumplagen, da ständig die Egos diverser Menschen aneinandergeraten würden. Das geschieht zwar manchmal öfter, als man es sich wünschen würde, doch zum Glück bewahrt uns die emotionale Intelligenz davor, dass wir nur auf uns selbst bezogen sind. Sie schenkt uns nicht nur das Interesse, andere Menschen und uns selbst verstehen zu wollen, sondern auch die Fähigkeiten, uns mit unserem sozialen Umfeld emotional zu verbinden. So entstehen echte zwischenmenschliche Beziehungen, die Konfliktmanagement um einiges erleichtern – kein Wunder, dass Empathie als ein Führungsinstrument bezeichnet werden kann.

Bei einem konstruktiven Umgang mit Konflikten, bei dem die emotionale Intelligenz eingebracht wird, wird versucht, für jeden einzelnen Beteiligten eine gute Lösung zu finden. Jeder wird respektiert und jede Meinung wird anerkannt. Es wird auf sämtliche Anliegen eingegangen und kein Mitglied des Teams wird zurückgestellt. Es besteht der Wunsch, sich in den anderen hineinzuversetzen und zu verstehen, warum dieser so denkt, wie er eben denkt. Dabei wird erkannt, dass nicht nur man selbst, sondern eben auch die Mitmenschen Bedürfnisse haben, die erfüllt werden wollen. Deswegen wird anderen möglichst unvoreingenommen zugehört und die eigenen Sichtweisen werden überdacht.

Bei Konflikten ist es insbesondere wichtig, sich selbst in seinen Gefühlen regulieren zu können, also nicht sofort wutentbrannt herumzuschreien oder den Raum stürmisch zu verlassen, wenn es hitzig wird. Denn so ist offensichtlich keine Lösung zu finden. Jeder muss also die Bereitschaft mitbringen, das Problem beseitigen zu wollen und dafür Einsatz zu zeigen. Impulse sollten kontrolliert werden können, was besonders im Stress, den Konflikte mit sich bringen, wichtig ist. Denn ansonsten werden schnell einmal Dinge gesagt oder getan, die man später bereut. Das bringt niemanden weiter, sondern kann die Fronten sogar noch verhärten. An dieser Stelle kommt die Fähigkeit der Beeinflussung und Nutzung der eigenen Emotionen und die der

Mitmenschen zum Tragen – wohlgemerkt nicht zu egoistischen und manipulativen Zwecken, sondern zur Beseitigung des Konflikts und zum allgemeinen Wohlempfinden. Die Beteiligten sind darum bemüht, Win-win-Situationen zu schaffen und damit Konflikte so zu lösen, dass alle zufrieden sind.

Übung: Ich, Du, Wir – Die drei Sichtweisen eines Konfliktes

Mit dieser Übung trainieren Sie Ihre Fähigkeit, verschiedene Blickwinkel einzunehmen, was besonders bei Konfliktsituationen hilfreich ist. Dabei gehen Sie sowohl auf Ihre eigenen Empfindungen ein als auch auf die Ihres Gegenübers. Dadurch klärt sich der Blick in einer sonst typisch emotionalen Situation auf, wodurch es möglich wird, ernsthaft an der Lösung eines Problems zu arbeiten. Für diese Übung kann es hilfreich sein, Ihre Gedanken und Erkenntnisse aufzuschreiben.

- **Ich**: Bleiben Sie zunächst ganz bei sich. Betrachten Sie den Konflikt aus Ihrer persönlichen Sichtweise, ohne zunächst auf die der anderen einzugehen.

Was denken Sie?

____

____

Was fühlen Sie?

____

____

Wie reagieren Sie?

____

____

Wie lautet Ihre Meinung?

____

____

Welche Bedürfnisse haben Sie und wie glauben Sie, diese erfüllen zu können?

____

____

Welche Motivation steckt hinter Ihrem Verhalten?

____

____

• **Du**: Nun nehmen Sie Abstand von Ihren eigenen Empfindungen und versetzen sich bewusst in Ihr Gegenüber hinein. Stellen Sie sich vor, Sie wären dieser Mensch mit all seinen Gefühlen und Gedanken, Wünschen und Bedürfnissen.

Was sehen, hören und fühlen Sie in der Haut Ihres Konfliktpartners?

Welche Absichten verbergen sich hinter dem Verhalten des anderen?

Für diese Perspektive ist es wichtig, dass Sie dem anderen unvoreingenommen und offen begegnen. Lassen Sie dafür einmal Ihre Vorurteile beiseite und betrachten Sie Ihr Gegenüber so emotional unbeteiligt, wie es nur geht. Auch er ist ein Mensch wie Sie. Wenn mehrere Teilnehmer in den Konflikt verstrickt sein sollten, machen Sie diese Übung bei jedem einzelnen von diesen.

• **Wir**: Betrachten Sie nun die vorliegende Konfliktsituation im Gesamten. Stellen Sie sich vor, Sie wären ein völlig neutraler und unabhängiger Beobachter der Situation, der nichts mit dem Geschehen zu tun hat. Damit nehmen Sie einen emotionalen Abstand ein, der Ihnen helfen wird, die Dinge klarer zu sehen. Sie werden gelassener, objektiver und wertfreier. Damit lassen sich Konflikte auf eine deutlich leichtere und fairere Weise managen und lösen.

Wie wirkt die Situation auf Sie als unabhängiger Beobachter?

Würden Sie alle Gefühle ausklammern und die Situation völlig wertfrei betrachten, welche Erkenntnisse würden Sie daraus ziehen?

Was würden Sie sich selbst und den anderen Beteiligten raten, wenn Sie ein unabhängiger Zuschauer der Situation wären?

ANWENDUNG VON EMOTIONALER INTELLIGENZ IN SPEZIFISCHEN FELDERN

Emotionale Intelligenz baut auf dem Fundament der Selbsterkenntnis auf. Wenn Sie in der Lage sind, Ihre Gefühle nicht nur wahrzunehmen, sondern auch benennen und nutzen zu können, ist damit ein Grundstein für eine auf Harmonie basierende zwischenmenschliche Beziehung geschaffen. Dieser Aspekt ist eine Voraussetzung für den Aufbau und die Pflege einer gesunden Verbindung zu anderen Menschen.

Gleichzeitig können Sie mit emotionaler Intelligenz nicht nur Gefühle in sich selbst entdecken und begreifen, sondern auch in Ihren Mitmenschen. Auf dieser Basis kann Empathie entstehen, wodurch wiederum die Qualität Ihrer Beziehungen ansteigen wird.

Die Anwendung der emotionalen Intelligenz durch zum Beispiel das Einfühlungsvermögen hat das Potential, sämtliche soziale Verbindungen zu transformieren – sowohl im Privaten als auch im Beruflichen. Durch diese Kompetenz kann der Anwender das Tor zu mehr Verständnis und zu einem gelungenen Miteinander öffnen, da er seine Liebsten wie auch Freunde und Kollegen auf der emotionalen Ebene zu verstehen versucht.

Emotionale Intelligenz im Freundeskreis

Freundschaften, die auf emotionaler Intelligenz basieren, gewinnen eine ganz besondere Qualität und Tiefe, da der Fokus auf den Gefühlen beider Parteien liegt. Sich selbst und andere Menschen zu verstehen, bedeutet zum Beispiel, Mitgefühl zu zeigen und nachzufragen, wenn sich der Freund nicht gut fühlt. Im Gespräch entsteht durch aktives Zuhören das Empfinden, gehört zu werden, wobei der Betroffene sich in seinen Emotionen und Ansichten akzeptiert und respektiert fühlt. Emotionale Intelligenz bedeutet auch, Freunde nicht vor anderen bloßzustellen, sich nicht über deren Unsicherheiten lustig zu machen und sie nicht für gemachte Entscheidungen zu verurteilen.

Freundschaften, die durch emotionale Intelligenz angereichert werden, zeichnen sich durch gegenseitigen Respekt aus. Die Zeit des anderen wird wertgeschätzt, sodass Dinge, wie den anderen warten zu lassen oder Treffen kurzfristig abzusagen, vermieden werden – denn jeder weiß, wie bescheiden sich dies anfühlt. Menschen mit ausgeprägtem EQ führen Freundschaften, bei denen über Probleme gesprochen werden kann und bei denen sich gegenseitig Mut gemacht wird. Unterstützung wird überall dort angeboten und entgegengebracht, wo sie angemessen ist. Trotz der tiefen Verbindung werden jedoch auch die Grenzen des anderen stets respektiert und gewahrt. Ebenso werden keine Beschuldigungen hin und her geschoben, da beide Parteien wissen, dass das Leben manchmal andere Pläne hat und deshalb vorgenommene Treffen durch Termine oder Familie auch einmal gecancelt werden müssen. Des Weiteren würden Menschen mit emotional intelligenten Freundschaften niemals etwas vom anderen verlangen, von dem sie wissen, dass sie diesem unangenehm sind. Auch hier werden wieder gesetzte Grenzen eingehalten, selbst wenn es bedeutet, sich vom anderen distanzieren zu müssen, was nur durch Empathie geschehen kann. Kommunikation ist dabei das Mittel der Wahl, um Ängste und Sorgen mitzuteilen sowie Emotionen zum Ausdruck zu bringen.

Übung: Emotionen effektiv zum Ausdruck bringen

Nehmen Sie das nächste Mal, wenn Sie negative Gefühle bei einem Freund verspüren, die Situation zum Anlass, um sich in Selbstregulation und im Ausdruck Ihrer Emotionen zu üben. Dadurch bleiben Sie stets authentisch und sich selbst treu, während Sie Konflikten vorbeugen oder diese deeskalieren.

- Wenn Sie sich über etwas ärgern, bringen Sie dies Ihrem Freund auf eine besonnene und deutliche Art nahe. Schlucken Sie Ihren Unmut nicht herunter.

Beispiel:
„Ich habe 20 Minuten auf dich gewartet und habe mich währenddessen darüber geärgert, weil ich nicht wusste, ob du überhaupt noch vorbeikommst oder ob du mich vergessen hast. Ich mag es nicht, nicht zu wissen, was los ist. Würdest du mir bitte beim nächsten Mal eine kurze Textnachricht zukommen lassen, mit dem Hinweis auf deine 20-minütige Verspätung?"

- Bevor Sie einen emotionalen Ausbruch riskieren, atmen Sie erst einmal tief durch.
- Nun sprechen Sie das Thema so besonnen wie möglich an, indem Sie genau schildern, was Sie stört, welches Bedürfnis Sie haben und wie es erfüllt werden könnte.

Beispiel:
Lässt Ihr Freund Sie bei einer Verabredung eine halbe Stunde warten und löst das in Ihnen Ärger aus, kommunizieren Sie, dass Sie sich Respekt wünschen und Pünktlichkeit für Sie ein Ausdruck dessen ist.

Emotionale Intelligenz in der Familie

Was für den Freundeskreis gilt, gilt auch für die Familie. Emotionale Intelligenz wirkt ebenso auf Beziehungen, die auf Verwandtschaftsverhältnissen beruhen. Respekt und Empathie sind auch hier die Grundpfeiler der zwischenmenschlichen Verbindungen. Menschen mit einem ausgeprägten EQ erkennen hinter den Worten und Reaktionen ihres Partners oder ihrer Familienmitglieder die ursächlichen Bedürfnisse, die zu einem bestimmten Verhalten führten. Des Weiteren können sie auf eine angemessene Weise darauf eingehen und so die zwischenmenschliche Bindung durch Empathie stärken. Dies ist eine wichtige Voraussetzung für langfristige Beziehungen, die in Familien die Regel sind.Auch innerhalb von Familien baut emotionale Intelligenz Brücken zu den Verwandten auf, löst Probleme und vermittelt dadurch den kleinsten Mitgliedern von Anfang an Werte wie Respekt, Stärke und Einfühlungsvermögen. Dadurch finden die Kinder Halt durch ein soziales Umfeld, das Emotionen wertschätzt und fördert. So lernen die Kinder, positive Emotionen aufzubauen, was das Wohlbefinden dieser steigert. Übrigens zeigte eine Studie der spanischen Universität von Malaga aus dem Jahr 2020 mit dem Titel „Emotional Intelligence and Mental Health in the Family: The Influence of Emotional Intelligence Perceived by Parents and Children" (aus dem Englischen: Emotionale Intelligenz und psychische Gesundheit in der Familie: Der Einfluss der emotionalen Intelligenz aus der Sicht von Eltern und Kindern) auf, dass die psychische Gesundheit in großem Maße von der emotionalen Intelligenz beeinflusst wird.

Dementsprechend sind Aussagen und Glaubenssätze wie „Du bist schon zu alt zum Weinen" oder „Hör auf, dich zu ärgern" in emotional intelligenten Familien eher seltener anzutreffen. Da Kinder in erster Linie durch Nachahmung lernen, müssen Eltern darauf achten, welches Bild ihr eigener Umgang mit Emotionen vermittelt. Wenn es diesen nicht gelingt, richtig mit den persönlichen Empfindungen umzugehen, werden es auch die Kinder nicht lernen können. Ein gutes elterliches Vorbild kümmert sich um die eigenen Gefühle, bewältigt den alltäglichen Stress und sichert durch Selbstfürsorge, zum Beispiel in Form von kleinen Auszeiten, das eigene Wohlbefinden. Dies wiederum sichert ein harmonisches Miteinander innerhalb der Familie. Emotional intelligente Familienmitglieder hören einander zu, was auch die Kinder einschließt. Die Sorgen und Emotionen dieser werden weder mit einem „Ach, ist doch nicht so schlimm" oder „Hab dich nicht so" heruntergespielt noch ignoriert, so, als hätten die Gefühle der Kleinsten keine Bedeutung. Dies führt lediglich zur Verdrängung von Emotionen, jedoch niemals zur Bewältigung dieser. Stattdessen können die Kinder in einer emotional intelligenten Familie innerhalb einer entspannten, respektvollen und wertschätzenden Umgebung ihre Gefühle zum Ausdruck bringen. Denn schon allein durch das Kommunizieren können sich so einige Probleme in Luft auflösen. Hier ist es wichtig, dass die Kommunikation zwischen den Eltern und dem Nachwuchs authentisch, spontan, stimmig und liebevoll geschieht.

Emotionale Intelligenz im Beruf

Der Umgang mit Emotionen, also das Erkennen, Benennen und Verarbeiten dieser, ist auch im beruflichen Kontext eine wertvolle Komponente innerhalb der Beziehungen zu Kollegen, Vorgesetzten oder Mitarbeitern. Emotionale Intelligenz stellt die Grundlage für die Fähigkeiten dar, seiner eigenen Gefühle Herr zu sein, nicht in emotionale Ausbrüche zu verfallen sowie wohlüberlegte und klare Entscheidungen treffen zu können. Dies wiederum ermöglicht ein harmonisches Miteinander im Team und am Arbeitsplatz.

Im Beruf werden Sie zum Beispiel immer wieder Kritiken ausgesetzt sein, was sich nicht verhindern lässt. Ihr EQ bestimmt Ihre Reaktion auf die Bemängelung Ihrer Arbeit. Ist diese Fähigkeit in Ihnen gut ausgeprägt, werden Sie über Ihre anfängliche Verletztheit wegen der Kritik hinwegsehen können und die Chance auf Verbesserung dahinter erkennen – Sie werden vermutlich konstruktiv reagieren. Ist Ihr EQ jedoch eher gering, werden Sie sich höchstwahrscheinlich durch die Bewertung Ihrer Arbeit angegriffen fühlen und demnach impulsiv und mit Abneigung reagieren. Gleiches gilt bei Meinungsverschiedenheiten zwischen Kollegen oder mit Vorgesetzten, bei denen emotionale Intelligenz zum Bewahren von Ruhe ermahnt und dafür sorgt, dass alle beteiligten Parteien mit der Lösung einverstanden sind. So werden emotionale Ausbrüche und Eskalationen durch die Förderung von gegenseitigem Verständnis im Keim erstickt. Auch Führungskräfte profitieren enorm von der Fähigkeit der emotionalen Intelligenz. Wird ein Team von einem Menschen geleitet, der seine eigenen Emotionen kontrollieren kann und auch die Empfindungen seiner Mitarbeiter einbezieht, kann dieser eine konstruktive Zusammenarbeit entwickeln und gleichzeitig auftretende Konflikte auf eine effizientere Weise lösen. Dies wiederum fördert das Wohlbefinden aller beteiligten Mitarbeiter, denn wer sich verstanden und in seinen Anliegen und Meinungen gehört fühlt, ist zufriedener als jemand, der sich übergangen und dadurch frustriert fühlt. Durch mehr Einfühlungsvermögen unter Kollegen und Vorgesetzten können faire Entscheidungen getroffen werden und somit kann das Arbeitsklima stark verbessert werden. Die Führungskraft kann zum Beispiel bei einem Konflikt die Gefühle hinter den Reaktionen und Aussagen der Beteiligten erkennen und gegebenenfalls auf einzelne Teammitglieder zugehen. Der Wunsch, diese besser verstehen zu können, und das individuelle Eingehen auf diese, vermitteln ihnen das Gefühl, gehört zu werden. So verbessert sich die gesamte Arbeitsumgebung, da mehr Harmonie einkehrt. Es entsteht Vertrauen zwischen den einzelnen Menschen, die sich zunehmend mit der Gruppe identifizieren können und somit an die Leistungsfähigkeit dieser glauben. Führungspersönlichkeiten mit einem hohen EQ besitzen zudem die Fähigkeit, Ihr Team zu inspirieren und zu motivieren, was sowohl die Produktivität der zu erledigenden Aufgaben erhöht als auch die Qualität dieser steigert – so wird Erfolg generiert.

Übung: Das Emotionstagebuch

Ihre Emotionen können einen großen Einfluss auf Ihre Teamkollegen sowie Ihre berufliche Leistung haben, aber natürlich auch auf Ihre Freundschaften und Ihre Familie, weshalb es sich immer lohnt, diese zu analysieren. Diese Übung ist ein nützliches Werkzeug zu mehr Selbsterkenntnis, mit dem Sie gezielt Ihre emotionalen Muster aufdecken und die Arbeit an Ihren emotionalen Reaktionen beginnen können.

- Sammeln Sie für einige Wochen lang jeden Tag Informationen über Ihre Emotionen, während Sie sich am Arbeitsplatz befinden. Nehmen Sie dafür nach Ihrem Feierabend jeden Tag Ihr Emotionstagebuch hervor und notieren Sie die Geschehnisse des Tages. Reflektieren Sie dabei auch die Hintergründe hinter Ihren Emotionen und emotionalen Reaktionen.
- Beginnen Sie zunächst damit, die Situation zu benennen, in der Sie starke Emotionen in sich spürten. Zunächst ist es zweitrangig, ob Sie diese offen zum Ausdruck brachten oder nicht.

In welchen Situationen haben Sie heute Emotionen verspürt?

____

____

____

Was ist genau geschehen, worauf Sie emotional reagierten?

____

____

____

Welche Personen waren beteiligt und um welches Thema ging es?

____

____

____

- Widmen Sie sich nun konkret Ihren Emotionen.

Was genau haben Sie gefühlt?

____

____

____

Wie und an welcher Stelle Ihres Körpers haben Sie die Emotionen wahrgenommen?

____

____

____

Auf einer Skala von 1 bis 10: Wie heftig schätzen Sie Ihre Emotionen ein?

1	2	3	4	5	6	7	8	9	10

• Nun schauen Sie auf Ihre Reaktionen, die durch Ihre Empfindungen ausgelöst wurden.
Wie genau haben Sie Ihre Emotionen in der Situation zum Ausdruck gebracht?

___
___
___

Auf einer Skala von 1 bis 10: Wie heftig schätzen Sie Ihre Reaktionen ein?

1	2	3	4	5	6	7	8	9	10

• Betrachten Sie anschließend die Konsequenzen Ihrer emotionalen Reaktion.
Welche Folgen hatten Ihre Emotionen und Ihre Reaktionen?

___
___
___

Konnten Sie durch den Ausdruck Ihrer Emotionen Ihrem Ziel näher kommen oder es erreichen?

___
___
___

• Zu guter Letzt erkennen Sie durch Reflexion das Muster hinter Ihren Verhaltensweisen.
Was hat Ihre Emotionen und folglich Ihre Reaktionen hervorgerufen?

___
___
___
___
___
___

- Indem Sie Ihre emotionalen Muster aufdecken, können Sie diese auch durchbrechen. Überlegen Sie nun, wie genau Sie beim nächsten Mal vorgehen könnten, sollte eine ähnliche Situation wie heute auftreten.

Beispiel:
Durch diese Übung wird Ihnen deutlich, dass Sie immer dann sehr wütend werden, wenn Ihr Chef Ihnen die Arbeit überträgt, die eigentlich von Ihren Kollegen hätte erledigt werden müssen. Sie bemerken, dass Sie dann gegenüber Ihren Teamkollegen grantig und abweisend reagieren, wodurch sich das Arbeitsklima verschlechtert hat. Sie vermuten, dass Sie unbewusst dazu beigetragen haben, dass Ihr Team immer weniger effizient und qualitativ hochwertig arbeitet. Da Sie vermuten, dass sich hinter Ihren Gefühlsausbrüchen Überförderung verbirgt, nehmen Sie sich vor, beim nächsten Teammeeting genau dieses Thema anzusprechen. Sie erzählen Ihren Kollegen von Ihrer Überlastung durch die extra Aufgaben und bitten sie um Unterstützung.

Übung: Den Ursprung von Emotionen erkennen durch das A-B-C-Modell

Ihnen wird bereits möglicherweise klar sein, dass Ihr alltägliches Denken nicht frei von logischen Fehlern oder Widersprüchen ist. Zudem ist es wichtig, dass Sie sich deutlich machen, dass Ihre Gedanken eine große Kraft entfalten können, im positiven und auch im negativen Sinne. Das kognitive Modell, auch als A-B-C-Modell beschrieben, wobei die drei Phasen einer emotionalen Verhaltensreaktion mit diesen drei Buchstaben gekennzeichnet werden, soll Ihnen aufzeigen, worin, oft unbewusst, der Ursprung Ihrer Emotionen begründet liegt. So können Sie sich selbst noch bewusster reflektieren sowie regulieren. A-B-C steht hierbei für Folgendes:

- A beschreibt dabei einen Vorfall oder die Handlung eines anderen;
- B steht für die eigenen Gedanken und Emotionen und
- C beschreibt die Reaktion.

A: Vorfall oder Handlung eines anderen

Nehmen wir ein simples Beispiel. Sie treffen eine Bekannte beim Spazierengehen auf einer Einkaufsstraße. Die Bekannte begrüßt Sie mit den Worten: „Oh, du siehst heute aber gut aus.“ Dieser Satz wäre im kognitiven Modell also A – die Bekannte handelt, indem sie Ihnen gegenüber anspricht, dass Sie heute aber sehr gut aussehen.

B: Eigene Emotionen und Gedanken dazu

Im Anschluss beginnen Sie, zu überlegen, warum die Bekannte Ihnen das sagt: „Was meint sie mit heute und dem aber? Sehe ich sonst wohl nicht gut aus? Sonst sehe ich wohl immer sch* aus, oder was? ...“ All diese Gedankengänge fallen unter Punkt B: Sie überlegen für sich und beginnen, sich tiefere Gedanken zu machen. Dabei kommen Sie um eine Interpretation nicht herum, es sei denn, Sie fragen die Bekannte gezielt, was sie mit der Aussage meint.

C: Verhaltensreaktion

Erst jetzt folgt Schritt C: die *Verhaltensreaktion*. Sie sind einerseits verärgert und sauer auf Ihre Bekannte, weil diese Sie in Ihren Augen beleidigt hat. Auf der anderen Seite fühlen Sie sich verunsichert. Sie überlegen, ob Sie wirklich sonst nicht gut aussehen, unattraktiv wirken etc.

Alternativszenario
Zurück zu B: Eigene Emotionen und Gedanken dazu

Im Anschluss beginnen Sie, zu überlegen, warum die Bekannte Ihnen das sagt: „Das ist aber nett, dass ihr aufgefallen ist, dass ich heute besonders gut ausschaue!“

Alternatives C: Verhaltensreaktion

Sie freuen sich über das Kompliment und fühlen sich heute besonders attraktiv.

Sie sehen: Sie sind für Ihre eigenen Gedanken und auch Gefühle verantwortlich, nicht Ihre Mitmenschen.

Tool 5: Menschen lesen und Verbindung herstellen

KÖRPERSPRACHE VERSTEHEN

Das fünfte Tool der Psychologie befasst sich mit dem Kontakt zu unseren Mitmenschen. Als soziale Wesen spielt die Kommunikation untereinander eine wesentliche Rolle im Alltag. Ohne sie würde die grundlegende Fähigkeit fehlen, sich mit anderen Menschen zu verbinden. Die Kommunikation kann in nonverbal, paraverbal und verbal unterschieden werden. Die **verbale** Verständigung drückt sich über die Worte aus – damit befassen wir uns im nächsten Unterkapitel. Im Gegensatz dazu stellt die Körpersprache eine Art der **nonverbalen** Kommunikation dar. Über diese läuft der Großteil der menschlichen Verständigung ab, weshalb wir uns dieser als Erstes widmen wollen. P**araverbal** bezieht sich auf die Art und Weise, wie gesprochene Sprache übermittelt wird, einschließlich Tonfall, Lautstärke, Betonung, Tempo und andere stimmliche Eigenschaften, die nicht die tatsächlichen Worte betreffen. Paraverbale Elemente tragen oft zur Bedeutung und Interpretation von gesprochener Sprache bei, indem sie Emotionen, Haltungen und Absichten vermitteln. Paraverbale Signale können die verbale Kommunikation unterstützen, ergänzen oder manchmal sogar die verbale Botschaft kontrastieren. Daher ist es wichtig, nicht nur auf die Wörter selbst zu achten, sondern auch auf die Art und Weise, wie sie ausgedrückt werden, um eine vollständige Interpretation der Kommunikation zu erhalten.

Die Signale der Körpersprache

Die nonverbale Kommunikation verzichtet komplett auf die Verwendung von Wörtern und stützt sich lediglich auf die Signale des Körpers, die von den Mitmenschen bezüglich Gedanken, Gefühlen und Stimmungen interpretiert werden. Die Körpersprache hilft uns dabei, bei einem Gespräch das Gegenüber einschätzen zu können. Während es leicht ist, Unwahrheiten zu erzählen, ist es für den Körper äußerst schwer, Lügen zu erzählen. Über die nonverbale Sprache können wir erkennen, welche Absichten ein anderer beispielsweise hegt oder ob er Sympathien für uns empfindet oder nicht.

Der Großteil der Kommunikation des Menschen erfolgt tatsächlich auf der nonverbalen Ebene – also vollkommen wortlos. Selbst dann, wenn Sie kein einziges Wort über die Lippen bringen, spricht Ihr Körper Bände, ganz nach dem Zitat des Kommunikationstheoretikers Paul Watzlawick:

„Man kann nicht nicht kommunizieren."

Mimik

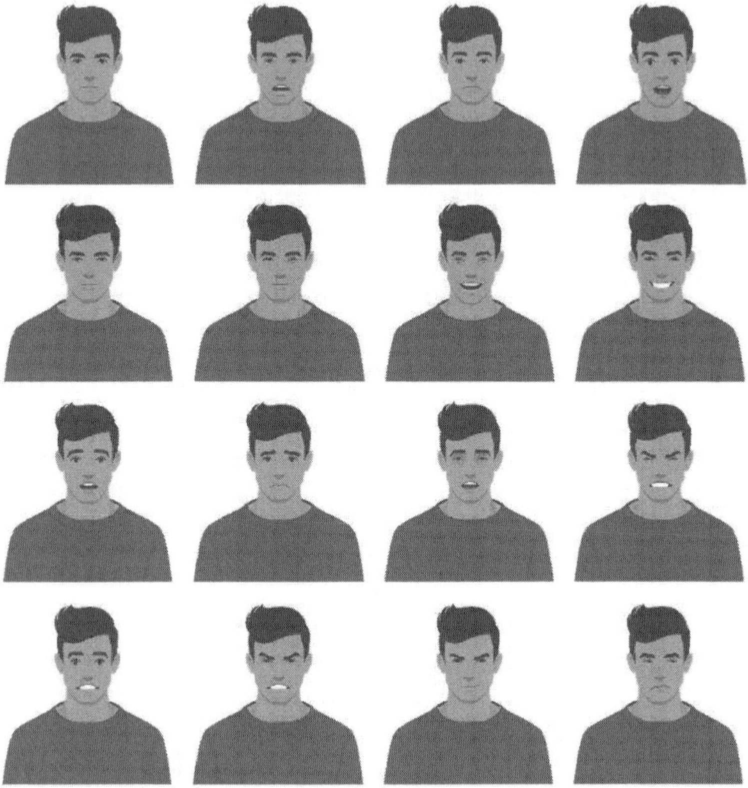

Die Mimik umfasst sämtliche Gesichtsausdrücke einer Person, die zum Ausdruck persönlicher Emotionen dienen, wozu Muskelbewegungen wie Lächeln oder Stirnrunzeln zählen. Laut dem Psychologen Paul Ekman gibt es 7 Grundemotionen, die jeder Mensch anhand der Mimik zuordnen kann – ganz egal, von welchem Teil der Erde er kommt.

- **Freude**: Freut sich ein Mensch, ist die Stirn faltenfrei und entspannt, die Mundwinkel ziehen sich nach oben, wodurch sich die Wangen anheben und Lachfältchen bilden – auch um die dabei strahlenden Augen herum –, und die Nasenflügel gehen leicht auseinander.
- **Wut**: Wut kennzeichnet sich durch heruntergezogene Augenbrauen bei gleichzeitig zusammengekniffenen Augen, geweiteten Nasenflügeln und aufeinandergepressten Lippen.
- **Angst**: Sind die Augenbrauen angehoben und die Augen weit geöffnet, ist die Nase leicht hochgezogen und werden die Mundwinkel zu den Seiten gezogen, deutet die Mimik auf Angst hin.

• **Ekel**: Ein Mensch, der sich ekelt, schiebt automatisch die Oberlippe nach oben und die Unterlippe nach vorn, außerdem zieht er die Nase nach oben, sodass sich sichtbare Falten zwischen den Mundwinkeln und den Nasenflügeln abzeichnen.

• **Trauer/Traurigkeit**: Traurigkeit zeichnet sich durch einen starren Blick bei schlaffen Wangen und herunterhängenden Mundwinkeln und Oberlidern aus.

• **Überraschung**: Bei dieser Emotion werden die Augen weit geöffnet, wobei sich der Mund etwas öffnet und die Wangen sich anspannen.

• **Verachtung**: Verachtung kann durch das einseitige Hochziehen der Mundwinkel, hängende Oberlider, leicht nach oben gezogene Wangen und einen starren Blick erkannt werden.

Bei der Mimik spielen insbesondere die Augen- und Mundbewegungen eine Rolle. Es gibt typische Gesichtszüge, die auf konkrete Emotionen hinweisen können:

Augenbewegungen		**Mundbewegungen**	
Typische Mimik	Interpretation	Typische Mimik	Interpretation
zusammengekniffene Augen	Unsicherheit oder Skepsis	Lächeln	Zustimmung, Freundlichkeit oder Freude
mit den Augen rollen	Missbilligung, Ironie oder mangelndes Interesse	Knirschen mit den Zähnen	Wut, Anspannung oder Stress
mit den Augen blinzeln	Unbehagen oder Nervosität	geschürzte Lippen	Verärgerung, Unzufriedenheit oder Missbilligung
starrer Blick	Interesse oder Aufforderung	aufeinandergepresste Lippen	Ablehnung oder Unterdrückung von Gefühlen
weit geöffnete Augen	Erstaunen oder Überraschung	bebende Lippen	Angst oder Trauer
tränende Augen	Rührung oder Trauer	Befeuchten der Lippen	Zuneigung oder Unbehagen und Verlegenheit

Auf einen Blick:

Emotion	Ausdruck / Körpersprache
Aufmerksamkeit	Blick zur Quelle gerichtet, Notizen schreiben zwischendurch, Oberkörper leicht nach vorn gebeugt
Ekel	Nasenwurzel kräuselt sich, Augenbrauen zusammengezogen und Augen schmal, würgen, Mundwinkel zeigen nach unten, Zunge zeigt sich, Blick wird abgewandt
Erschöpfung / Müdigkeit	langes Seufzen, Augen sind geschlossen, Körper in entspannter Haltung / sucht sich eine bequemere, halb aufrechte Position, Gähnen, Blick abgewandt, „starrt"
Furcht / Angst	Augen weit geöffnet, Atem geht schneller, Schultern angespannt, Kiefer zittert / bebt, Blick „zuckt suchend"
Freude / Heiterkeit	breites Lächeln erreicht die Augen, Klatschen in die Hände beim Lachen, Körper „geht mit", Tränen in den Augen vor Lachen
Langeweile	Sinken in den Stuhl, verschränkte Arme vor der Brust oder Kopf liegt in der Hand, Oberkörper lehnt halb, Blick abgewandt, man versucht, „Hände zu beschäftigen"
Missfallen	Lächeln erreicht die Augen nicht, Körper bleibt auf Distanz, Brauen gehen kurz und schnell nach oben, Kopf neigt dabei auf eine Seite
Missachtung / Verachtung	Gesichtsausdruck „versteinert sich", Lippen werden schmal, Blick geht abwertend von oben nach unten, Stirn furcht, Mundwinkel zeigen nach unten, Kinn schiebt sich vor
Staunen / Überraschung	Brauen gehen nach oben, Mund öffnet sich weit, evtl. schlägt die Hand vor den Mund
Verlegenheit / Schüchternheit	Blick gesenkt, kleines Lächeln, Hand an der Seite des Halses oder im Nacken, evtl. „wippen" die Füße
Verwirrung	zusammengezogene Brauen, fragender Blick, Kopf bewegt sich langsam, kurzes Blinzeln
Vorfreude	breites Grinsen, kleiner „Freudentanz" (meist in den Schultern), Augen kurz zusammengekniffen, evtl. sich über die Lippen lecken
Verzweiflung	langes Ausatmen, Kopf in den Händen, Gesicht und/oder Mund verdecken
Wut	Lippen in einer blassen Linie, Kiefer fest, Kinn leicht nach vorn geschoben, Gesicht wird vom Hals aufwärts rot

Blickkontakt

Man kann viel an den Augen eines Menschen ablesen, nicht umsonst spricht man hier vom „Tor zur Seele“. Der **Blickkontakt** ist neben den anderen Punkten ein weiteres wichtiges Signal der nonverbalen Kommunikation, das verrät, ob das Gegenüber einen guten oder schlechten ersten Eindruck hinterlässt. Es kommt auf die Dauer des Augenkontaktes an, genauso darauf, ob er gehalten wird oder sich mit Wegschauen abwechselt. Ein positiver Blickkontakt ohne Starren bringt Sympathiepunkte mit sich, weil er Selbstbewusstsein, Aufgeschlossenheit, Interesse und Vertrauen signalisiert. Dauert er jedoch länger als 3 Sekunden, so kann sich das Bild wandeln, denn das Starren wirkt plötzlich bedrohlich. Wer hingegen gar nicht in die Augen schauen kann, macht sich verdächtig und dessen Worte werden weniger ernst genommen. Ein gelungener Blickkontakt beim Kennenlernen eines neuen Menschen hält nicht länger als 3 Sekunden. Dabei wechselt man zwischen den beiden Augen des Gegenübers hin und her. Er wird durch ein Lächeln begleitet und bei Erwiderung des Blickes signalisieren kurz angehobene Augenbrauen Freude und Interesse. Sollten Sie Probleme mit dem Blickkontakt haben, hilft Ihnen möglicherweise dieser Tipp: Blicken Sie stattdessen zu Beginn zwischen die Augen auf den Nasenrücken – aber Achtung, das kann im Laufe der Zeit auffallen.

Übung: Der Blickkontakt

Ist die Unsicherheit oder Schüchternheit zu groß, kann es schwierig sein, anderen Menschen tief und selbstbewusst in die Augen zu schauen. Bei dieser Übung müssen Sie sich Ihrer Unsicherheit stellen – doch auch Menschen, die normalerweise kein Problem mit Blickkontakt haben, werden hier gefordert.

- Bitten Sie einen Freund oder einen Bekannten darum, mit Ihnen gemeinsam diese Übung durchzuführen.
- Setzen Sie sich gegenüber in einem normalen Gesprächsabstand und halten Sie nun ununterbrochenen Blickkontakt. Stellen Sie einen Handywecker auf 5 Minuten ein und hören Sie nicht auf, ehe Sie das Klingeln vernehmen.
- Nehmen Sie während der Übung genau wahr, was in Ihnen mental und körperlich vorgeht.

- Verspannen Sie sich?
- Müssen Sie lachen, weil es Ihnen peinlich ist?
- Lässt das unangenehme Gefühl nach einigen Minuten nach?

- Tauschen Sie sich nach den 5 Minuten mit Ihrem Übungspartner über Ihre Erfahrungen aus. Diese Übung soll Sie dazu überreden, die Hemmschwelle des Augenkontaktes einmal bewusst zu durchbrechen, indem Sie sich mit der Zeit daran gewöhnen. Dadurch verringert sich die Unsicherheit und Sie werden zunehmend ruhiger.

Falls Sie keinen Partner zur Hand haben, der mit Ihnen die Übung durchführen kann, stellen Sie sich vor einen Spiegel und betrachten Sie Ihr eigenes Spiegelbild. Üben Sie, für einige Minuten direkt in Ihre eigenen Augen zu schauen, ohne den Blick abzuwenden. Dies hilft Ihnen, sich mit dem Gefühl vertraut zu machen, Augenkontakt zu halten.

Gestik

Alle Bewegungen des Körpers, vornehmlich jene, die mit dem Kopf, den Händen oder Armen ausgeführt werden, werden zur Gestik gezählt. Die Gestik gibt ebenfalls Auskünfte über die Gefühlslage des jeweiligen Menschen und unterstreicht gewisse Aussagen. Die Körperhaltung ist ein Signal der nonverbalen Kommunikation, bei dem die Ausrichtung des Sprechers betrachtet wird. Ob er aufrecht und offen vor Ihnen steht oder gekrümmt und verschlossen wirkt, erlaubt Rückschlüsse auf das Selbstbewusstsein des Sprechers in Bezug auf sich selbst, das Gesprächsthema, den Gesprächspartner oder die Gesamtsituation.

Dies sind einige typische Beispiele für Gesten inklusive deren Bedeutung:

Gestik	Interpretation
die Arme werden eng am Körper verschränkt	Angst, Unsicherheit, Abwehr, Ablehnung und sich schützen wollen
mit einem Finger auf jemanden zeigen	Anklage oder Drohung
geschmeidige und freie Armbewegungen	Entspannung und Lockerheit
Schulterzucken	Unwissenheit oder Unsicherheit
mit dem Kopf nicken	Zustimmung oder Verstehen
am Kopf kratzen	Ratlosigkeit
den Kopf auf die Hände stützen	Langeweile oder Müdigkeit
in die Hände klatschen	Beifall oder Begeisterung
Hände in die Hüften stemmen	Autorität oder Selbstbewusstsein
Umhergehen	Unruhe oder Unbehagen
mit den Fingern trommeln	Ungeduld oder Nervosität

EXKURS: Gesten und ihre Bedeutungen: International

Ja: Kopfbewegung nach links und rechts (Indien) oder Kopf zurückwerfen (Äthiopien)

Nein: Kopf zurückwerfen (Griechenland, Süditalien, arabische Länder, Türkei), „Scheibenwischer"-Bewegung mit der Hand (Japan)

Ich: Zeigefinger auf die Brust (Deutschland), flache Hand auf die Brust/Herzgegend (USA), Zeige- und Mittelfinger auf die Nase (Japan)

„Etwas stimmt hier nicht": Zeige- und Mittelfinger klopfen leicht an den rechten Nasenflügel (Italien)

Essen: unsichtbare Gabel an den Mund führen (Deutschland), fünf Finger wiederholt zusammen zum Mund führen (Südeuropa, Südamerika), unsichtbare Suppenschüssel in einer Hand und angedeutete Essstäbchen mit den Fingern (Japan)

vulgäre Gesten: Daumen nach oben (Nigeria, Australien), „Peace"-Zeichen, aber mit Handrücken nach vorn (Großbritannien, Australien), „O" mit Zeigefinger und Daumen (Südeuropa, Südamerika, Russland, Naher Osten)

nutzlos / „null": „O" mit Zeigefinger und Daumen formen (Belgien, Frankreich)

„Viel Glück!": gekreuzter Zeige- und Mittelfinger (Kanada, Brasilien); in China steht diese Geste für die Zahl zehn

Gesten, bei denen die Handinnenflächen sichtbar nach oben gerichtet sind, deuten auf einen ehrlichen und offenen Geist hin. Bewegungen, die vom Körper wegführen, signalisieren Interesse am Gesprächspartner und zeugen von menschlicher Wärme. Selbstbewusstsein und Sicherheit können durch Bewegungen der Arme über der Taille zum Ausdruck gebracht werden.

Gesten wie

- geballte Fäuste,
- trommelnde Finger,
- hinter dem Kopf verschränkte Hände,
- ein erhobener Zeigefinger,
- längeres Reiben der Hände oder
- ein auf den Händen abgestützter Kopf

signalisieren hingegen eher Aggression, Langeweile, Überheblichkeit, Selbstzufriedenheit und Belehrung, was negative Signale an andere Menschen aussendet.

Der bereits erwähnte Amerikaner Paul Ekman unterteilt mit seinem Kollegen Wallace Friesen Gesten in verschiedene Kategorien:

- **Embleme**: Embleme sind Gesten, die allgemein verständlich sind und die Menschen bewusst durchführen. Jemanden den Vogel zu zeigen, indem er mit dem Zeigefinger an seine Stirn tippt, und der ausgestreckte Mittelfinger als Beleidigung sind typische Beispiele dieser Kategorie. Auch der Handschlag zur Begrüßung als Signal des Vertrauens wird häufig gebraucht.

- **Illustratoren**: Dies sind Gesten, die das Ausgesprochene unterstützen. In der Regel geschehen Illustratoren unbewusst. Das Ausbreiten der Arme zu den Seiten unterstreicht zum Beispiel bedeutungsvolle Dinge, über die gesprochen wird.

- **Affektive Gestik**: Diese Kategorie von Gesten kann nicht willentlich gesteuert werden, sondern entspricht unmittelbar den Emotionen, die gerade empfunden werden. So werden zum Beispiel die Arme bei Abneigung oder Schutzbedürfnis verschränkt oder die Hände werden bei einem Schock über dem Kopf zusammengeschlagen.

- **Regulatoren**: Regulatoren dienen der Rückmeldung und signalisieren Verständnis oder Unverständnis, wie zum Beispiel bei einem Kopfnicken oder Kopfschütteln. Dadurch kann der Gesprächsverlauf indirekt beeinflusst werden.

- **Adaptoren**: Diese Gesten umfassen Bewegungen, die in erster Linie nicht für den Gesprächspartner, sondern für sich selbst gedacht sind. Sie werden eingesetzt, um eigene Emotionen besser regulieren zu können, zum Beispiel wie beim Trommeln mit den Fingern gegen innere Unruhe.

Übung: Die Haltung des Gewinners

Gestik drückt aus, was der Mensch in bestimmten Situationen fühlt. Doch sie kann auch genutzt werden, um die Gefühle des Menschen zu beeinflussen. Mit dieser Übung können Sie Ihr Selbstbewusstsein durch die Einnahme einer bestimmten Körperhaltung stärken, die auch Powerpose genannt wird.

- Stellen Sie sich vor, Sie hätten gerade einen bedeutenden sportlichen Wettkampf gewonnen und Tausende von Menschen jubeln Ihnen im Stadion zu. Welche Körperhaltung würden Sie einnehmen? Vermutlich die Siegerpose:

Stellen Sie sich in einem aufrechten und sicheren Stand etwa hüftbreit hin und strecken Sie Ihre Arme nach oben. Ballen Sie die Hände zu Fäusten. Machen Sie sich so groß, wie Sie können, denn ein Sieger steht von der Kopfkrone bis zu den Zehen unter positiver Anspannung, während sich ein Verlierer ganz klein macht und den Kopf hängen lässt, wobei sein Körper schlaff wirkt, was auf ein niedriges Selbstvertrauen hindeutet.

Durch die Einnahme der Haltung des Gewinners regen Sie Ihren Hormonhaushalt zur kurzzeitig vermehrten Ausschüttung von Testosteron an, was Sie selbstbewusster und dominanter macht.

- Üben Sie sie jeden Morgen für einen optimal positiven Start in den Tag oder direkt vor einer wichtigen Präsentation oder einem Gespräch, bei dem Sie sich mehr Selbstbewusstsein wünschen. Halten Sie die Powerpose für mindestens eine Minute.

Übung: Die Marionette

Neben der Powerpose gibt es eine Reihe von Lockerungsübungen, die Ihrem Körper dabei helfen können, unterschwellige Anspannung loszuwerden. Sie sind ganz einfach und bedürfen lediglich Ihres Körpers, also sind keine zusätzlichen Geräte notwendig. Eine dieser Übungen besteht darin, Ihre Schultern hochzuziehen. Ziehen Sie sie bis an Ihre Ohren heran und halten Sie sie für etwa 5 Sekunden oben. Zählen Sie dabei langsam bis fünf. Lassen Sie sich dabei ruhig Zeit. Dann können Sie Ihre Schultern fallen lassen wie eine heiße

Kartoffel. Okay, also nicht zu heftig, denn diese Übung soll Sie entspannen und nicht dafür sorgen, dass Sie sich womöglich etwas zerren. Stellen Sie sich vor, wie Fäden Ihre Schultern in die Höhe ziehen und sie dort halten. Nach 5 langen Sekunden kappt jemand die Fäden und Ihre Schultern fallen. Machen Sie diese Übung mindestens 3-mal, bevor Sie sich der nächsten widmen.

Übung: Wo ist Ihr Schlüssel?

Diese Übung ist auch als Ausklopfen oder Aufwecken bekannt, aber sie erinnert durchaus an die Geste, die Sie machen, wenn Sie Ihren Schlüssel oder Ihr Handy suchen. Auch hier fangen Sie bei Ihren Schultern an und klopfen leicht mit Ihren Händen darauf. Die Handinnenfläche Ihrer rechten Hand wandert danach Ihren linken Arm hinab, weiterhin in sanften, klopfenden Bewegungen. Auch die innere Seite Ihres Arms und Ihre Achseln dürfen Sie dabei nicht vergessen. Dasselbe machen Sie dann mit Ihrer linken Hand und Ihrem rechten Arm (Es muss ja alles gerecht verteilt sein, nicht?). Sobald Ihre beiden Hände wieder gemeinsam einsatzfähig sind, klopfen Sie sich über den Oberkörper, bis Sie bei Ihren Beinen angekommen sind und auch diese vorne und hinten abklopfen – ungefähr so, wie die Sicherheitsleute am Flughafen es machen, bevor sie Sie darum bitten, die Schuhe doch noch auszuziehen. Das müssen Sie für diese Übung nicht tun, es sei denn, Sie möchten auch gern Ihre Füße ausschütteln. Zum Schluss schütteln Sie Ihre Hände und Füße aus. Stellen Sie sich vor, Ihr Schlüssel könnte aus den Ärmeln oder aus den Hosenbeinen doch noch seinen Weg ans Tageslicht finden. Wenn Sie die Übung abgeschlossen haben, wiederholen Sie die Abläufe noch einmal und gehen Sie danach zum Korken über.

Übung: Der Korken

Jetzt geht es Ihnen an den Kragen, besser gesagt: an den Kiefer. Wenn Sie gerade keinen Korken zur Hand haben sollten, ist Ihr Daumen für diese Übung genauso gut. Öffnen Sie Ihren Mund leicht und legen Sie Ihren Daumen zwischen Ihre Kiefer. Beißen Sie nicht darauf, bleiben Sie so entspannt, wie es geht. Mit Ihrem Daumen im Mund stellen Sie sich jetzt vor. Sie sagen so deutlich wie möglich Ihren Namen und begrüßen unsichtbare Zuhörer. Heißen Sie sie freundlich zu Ihrer Präsentation / Ihrem Vortrag willkommen. Was bemerken Sie? Oder besser gefragt: Wie fest beißen Sie sich beim Sprechen auf den Daumen? Da sagt mal einer, Sie bräuchten solche Entspannungsübungen vor einem Vortrag nicht. Vergleichen Sie Ihre Stimme und Ihren Ausdruck anschließend einmal ohne Daumen im Mund. Merken Sie etwas?

Berührungen

Die körperliche Nähe zu anderen Menschen, die durch Berührungen hergestellt wird, gibt ebenso nonverbale Hinweise. Berührungen sind eine sehr emotionale Art der Kommunikation, da Sie Ihre Gefühle körperlich zum Ausdruck bringen. So kann man einen Menschen trösten, indem man ihn umarmt, oder man verpasst jemandem eine Ohrfeige aus Missbilligung oder Wut. Berührungen stehen also häufig mit intensiven Gefühlen in Verbindung.

Gleichzeitig können auch Berührungen eine verbale Botschaft verstärken, zum Beispiel beim Klopfen auf die Schulter als Lob oder Zeichen der Anerkennung. Außerdem sind sie ein bewährtes Mittel, um tiefere Verbindungen mit Mitmenschen eingehen zu können. Körperliche Nähe schafft physische Intimität und trägt zum Wohlbefinden beider Parteien bei, insofern beide einverstanden sind und die Berührung angemessen ist. Gestreichelt und umarmt zu werden, senkt nicht nur den Puls und das Stresslevel, sondern stärkt sogar das Immunsystem durch die Ausschüttung der Hormone Oxytocin und Serotonin. Ersteres wird auch das Bindungshormon genannt und zweiteres hebt das Gemüt an. Lesen Sie mehr zu Berührungen in Bezug auf die Liebessprache am Ende des Kapitels.

Habitus

Der Habitus beschreibt, wie Menschen durch ihre Umgebung, Erfahrungen und individuellen Eigenschaften geprägt sind und wie sich dies in ihrem Verhalten, ihrer Erscheinung oder ihrem Denken zeigt. Kleidung und Accessoires bringen beispielsweise zum Ausdruck, wie sich jemand gerade fühlt und selbst sieht. Wie Sie sich kleiden, kann unter anderem Ihre Zugehörigkeit zu einer bestimmten Gruppe erkennen lassen, zum Beispiel durch Uniformen, Kopftücher, Krawatten oder Ähnliches. Gewisse Symbole deuten auch auf den Status hin und drücken Macht oder Rang aus. So nutzen wir tagtäglich unser äußeres Erscheinungsbild, um unserem sozialen Umfeld bewusst oder unbewusst nonverbale Informationen über uns zu vermitteln.

Wenn Sie sich selbst auf Erfolg trimmen wollen, können Sie Ihr Erscheinungsbild dafür nutzen. Kleiden Sie sich so, wie Sie es tun würden, wenn Sie bereits Ihr Ziel erreicht hätten, beziehungsweise wie es jemand tun würde, der erfolgreich in dem Bereich ist, in dem auch Sie nach Erfolg streben. Wenn Sie beispielsweise ein bedeutsames Unternehmen aufbauen möchten, kleiden Sie sich dementsprechend: Ein ansprechender Anzug mit einer passenden Krawatte und einem gepflegten Äußeren werden Ihnen die Professionalität und Aufmerksamkeit bescheren, die Sie zum Beispiel bei einem wichtigen Meeting oder einer Verhandlung benötigen. Gebrauchen Sie Ihren Habitus so, dass er Sie bei Ihren Vorhaben bestmöglich unterstützt und unterstreicht, was Sie wollen.

Distanz

Wie nah oder entfernt wir uns von unserem Gesprächspartner bewegen, kann einen Außenstehenden erkennen lassen, in welcher Beziehung wir uns zum anderen befinden. Zwar hegt jeder Mensch etwas andere Präferenzen bezüglich seiner Distanzzonen, dennoch lassen sich einige Abstände generalisiert darstellen:

- **Intime Zone**: Diese Zone beschreibt einen Abstand von bis zu etwa einer Armlänge, der nur für die enge Familie und den Partner bestimmt ist.
- **Persönliche Zone**: Dieser Bereich beschreibt etwa eine bis zwei Armlängen Abstand und ist Bekannten und Freunden vorbehalten.
- **Soziale Zone**: In die Zone von 2 bis 6 Armlängen Abstand dürfen Kollegen, Verkäufer und andere Menschen des alltäglichen Lebens eindringen.
- **Öffentliche Zone**: Ab 6 Armlängen Abstand wird von der öffentlichen Zone gesprochen, die Fremden und Publikum einzuhalten haben.

Stimme

Die Stimme dient der akustischen Wahrnehmung innerhalb der Kommunikation, wobei nicht die Worte an sich zählen, sondern die Art und Weise, wie diese rübergebracht werden. Gemeint ist hier die *paraverbale* Kommunikation. Sie bezeichnet alles zwischen nonverbaler und verbaler Kommunikation, wie etwa Pausen beim Sprechen oder Räuspern und Husten und all das, was nicht in die Kategorien Worte oder Körpersprache gehört. Die Lautstärke, die Betonung, die Sprachmelodie, das Tempo und die Stimmlage zeugen von der Vielfältigkeit der Stimme und zeigen auf, wie divers Menschen sich ausdrücken können, ohne die Worte zu verändern, die sie benutzen.

Die Stimme bringt unsere Emotionen zum Vorschein, so sprechen wir zum Beispiel eher leise und zitternd, wenn wir trauern. Oder unser Sprechtempo ist schnell und wir sind eher lauter, wenn wir aufgeregt sind. Zudem ist die Stimme insbesondere bei Sarkasmus und Ironie ausschlaggebend, denn ohne die Betonung kann Ironie nicht existieren.

Übung: Hören

Hören Sie nur die Audio einer Rede und achten Sie dabei nur auf die paraverbalen Details. Illustrieren Sie sie. Nehmen Sie sich Ihre Lieblingsfarbe oder eine andere, die Ihnen für die Stimme des Redners passend erscheint, und „verfolgen" Sie die Stimme damit. Legen Sie vorher in Symbolen fest, wie Pausen, Räuspern, Höhen und Tiefen in der Rede aussehen, und malen oder zeichnen Sie sie so auf Papier. Wie sieht dieser „Graph" oder die Illustration am Ende der Rede aus? Nehmen Sie für die Rede in einer anderen Sprache eine andere „Stimmfarbe" und malen Sie auch diese Rede auf, vielleicht sogar auf dasselbe Papier wie die erste Rede. Wie sieht Ihr Bild am Ende aus? Wie können Sie die Reden, basierend auf Ihrem Bild, visualisieren und welche Unterschiede bemerken Sie?

Einige Vorschläge:
- Ansprachen von Barack Obama vs. Ansprachen von Donald Trump
- Die Neujahrsansprache 2021 der ehemaligen Bundeskanzlerin Angela Merkel vs. die Neujahrsansprache 2022 von Bundeskanzler Olaf Scholz

Falls Sie wegen der englischsprachigen Reden ein wenig unsicher sind: Bei dieser Übung geht es weniger darum, wie viel von der Rede Sie verstehen, sondern vielmehr um die Art und Weise, wie die Person spricht und wann sie pausiert. Gegebenenfalls findet sich aber in der großen, weiten Welt des Internets bestimmt auch eine Fassung mit Untertiteln oder Audiodeskription.

Übung: Sprechen

Das Haus der Geschichte in Bonn hat einige Reden von Politikern und Vizepräsidenten des HdG auf seiner Website. Lesen Sie diese Ansprachen einmal ohne Audio im Stillen und halten Sie diese Reden dann. Nehmen Sie sie auf und hören Sie sie sich mit Ihrer Stimme an. Was fällt Ihnen auf? Wie steht es um Ihre paraverbale Kommunikation und wie wirkt sie auf Sie selbst? Würden Sie sich selbst zuhören können als Gast bei einer solchen Rede? Vergessen Sie dabei nicht, dass diese Reden an solchen Tagen nicht das erste Mal vorgebracht werden. Es steckt eine Menge Übung dahinter und selbst, die gedruckte Rede beim Sprechen in den Händen zu halten, sorgt nur dafür, dass die Hände etwas zu tun haben.

Übrigens ist dies auch interessant zu beobachten: Was machen die wichtigen Menschen in unserer Gesellschaft mit den Händen, während sie wichtige Reden halten? Wie bereits gesagt, ist „die Raute" das Go-to für unsere Altkanzlerin. Andere Politiker halten sich am Pult fest, nehmen einen Stift oder sind geübt darin, ihre Hände beim Sprechen betonend einzusetzen. Was machen Sie mit Ihren Händen, während Sie sprechen? Sind Sie der Stift-Typ? Der Pult-Typ?

Fragen über Fragen zu Dingen, über die man sich eigentlich wenig Gedanken macht – es sei denn, jemand zeigt mit dem Finger genau darauf. Rhetorik kann ein ziemlich fieses kleines Ding sein, eben weil Gesten und Körpersprache so persönlich sind und man genau deswegen eigentlich gar nicht so genau darauf achtet. Sie müssen erst durch viel Übung und Geduld einen Blick dafür entwickeln, bevor Sie diese Dinge aktiv steuern können. Dabei bleibt die Frage nach dem Grund dafür – Ihrer Motivation – stets präsent, bis zu dem Moment, an dem Sie selbst zufrieden mit Ihrer Arbeit sein können. Andererseits: Wie heißt es so schön? Der Künstler ist niemals zufrieden mit seinem Werk. Das bedeutet nicht, dass Sie sich mit solchen Übungen zu einer Endlosschleife verdammt haben. Nein, es betont nur das, was Sie am Anfang dieses Buches bereits gelesen haben. Sie wollen nicht besser werden als jemand anderes. Sie wollen nur besser werden als die Vorgängerversion von Ihnen. Dieses Ziel erreichen Sie nun mal nur dann, wenn Sie regelmäßig üben.

Das Geheimnis des authentischen Auftretens

Authentisches Auftreten entsteht in erster Linie durch eine Übereinstimmung von dem Gesagten und dem, was der Zuhörer an nonverbaler Kommunikation wahrnimmt. Wenn zum Beispiel ein Redner von dem überzeugt ist, was er sagt, werden auch seine Körperhaltung, seine Stimme, seine Mimik, seine Gestik und weitere Signale Selbstbewusstsein ausdrücken. So steht er vermutlich mit einer aufrechten Haltung sowie mit offenen Armen, mit den Handflächen nach oben zeigend, da und spricht ruhig, aber anregend, ohne zu vergessen, hin und wieder den Blickkontakt seiner Zuhörer zu suchen. Würde derselbe Redner hingegen gebeugt dastehen und mit zitternder Stimme, gesenktem Blick und mit vor seiner Brust verschränkten Armen über etwas erzählen, würden Sie merken, dass etwas faul ist. Sie würden seinen Worten kein Vertrauen schenken können und alles, was er sagt, in Frage stellen, selbst wenn er die schlüssigsten Argumente vorträgt. Sie würden ihn nicht als authentisch beschreiben.

Authentizität bedeutet nicht, perfekt sein zu müssen. Es heißt nur, echt zu sein. Auch ein weinender oder vor Wut schäumender Mensch kann authentisch wirken, insofern sich für das Gegenüber das Gesamtbild stimmig anfühlt. Authentizität ist die Echtheit einer Persönlichkeit, die sich mit all ihren Facetten zum Ausdruck bringt und sich nicht verstellt. Das zeigt sich durch ungekünsteltes und offenes Verhalten, das dem eigenen Denken, Fühlen, Handeln und den Worten entspricht.

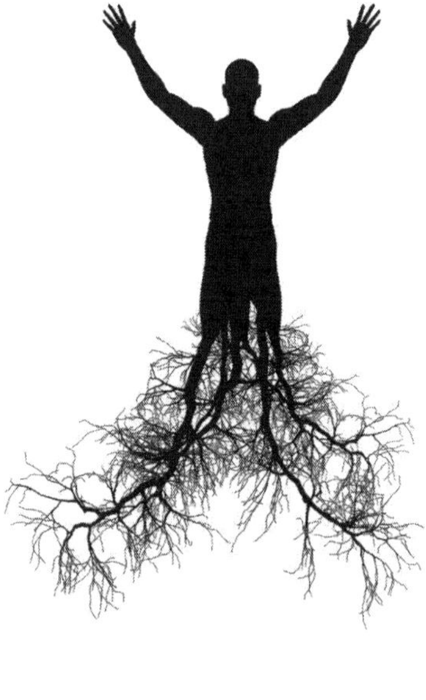

Kommunikationstechniken für erfolgreiche Beziehungen

Kommunikation ist der Schlüssel schlechthin für erfolgreiche Beziehungen, denn sie stellt Verbundenheit zwischen Menschen her und baut Vertrauen zueinander auf. Gleichzeitig werden durch eine gute Verständigung nicht nur Konflikte vermieden, sondern auch gelöst, sollten sie unvermeidbar sein. Eine gute Kommunikation ist konstruktiv, wohlwollend und basiert auf Wertschätzung sowie Akzeptanz des Gesprächspartners – die Grundlage einer erfolgreichen Beziehung.

Aktives Zuhören

In einer vorherigen Übung wurde das aktive Zuhören bereits angesprochen, doch da es eine bedeutende Rolle für erfolgreiche Beziehungen spielt, muss es an dieser Stelle noch einmal aufgegriffen werden.

Aktiv zuzuhören bedeutet, voll und ganz präsent zu sein. Sie widmen Ihre gesamte Aufmerksamkeit Ihrem Gesprächspartner und schenken ihm damit einen Raum, während er spricht. Dafür müssen Sie bereit sein, ihn wirklich verstehen zu wollen, denn nur so kann Ihr Gespräch Tiefgang bekommen. Sie geben den Worten Ihres Gegenübers eine echte Chance und bewerten diese nicht anhand bestimmter Vorurteile oder eigener Meinungen. Ebenso wenig nehmen Sie seine Aussagen persönlich und riskieren damit, sich bedroht zu fühlen und in die Verteidigung zu gehen. Auch Unterbrechungen sind nicht erwünscht, insofern diese nicht dem Nachfragen dienen. Aktives Zuhören basiert demnach auf echtem Interesse an Ihrem Gegenüber, auf Respekt, Verständnis und Annahme. Das bedeutet jedoch nicht, dass Sie gar nichts sagen dürfen. Nachdem Sie aktiv zugehört haben und der andere alles aussprechen konnte, was er kommunizieren wollte, ist der richtige Zeitpunkt gekommen, um Ihre eigenen Gedanken, Gefühle und Bedürfnisse mitzuteilen.

Ein aktiver Zuhörer wendet sich seinem Gegenüber direkt zu, hält angenehmen Augenkontakt und kann somit auch die Ebene der nonverbalen Kommunikation vollumfänglich wahrnehmen. Er stellt offene Fragen, um mehr über den anderen zu erfahren. Er paraphrasiert gegebenenfalls die Aussagen des Gegenübers und holt sich somit die Bestätigung ein, dass er ihn auch wirklich richtig verstanden hat. Während der andere spricht, vermeidet der aktive Zuhörer, dass seine eigenen Ansichten und Standpunkte das Gesagte überlagern, denn er konzentriert sich vollständig auf die Botschaften des Gesprächspartners. Das erfordert von ihm geduldiges Zuhören und dass er nicht zwischendrin in seine eigenen Gedanken abdriftet. Ebenso wie diese mentalen Ablenkungen vermeidet er auch physische, wie zum Beispiel durch das Ausschalten des Smartphones. Aktives Zuhören verbessert selbstverständlich die Kommunikation, indem Missverständnisse und Konflikte vermieden beziehungsweise leichter gelöst werden können. Es hilft demnach bei der Zusammenarbeit zwischen mehreren Persönlichkeiten und ermöglicht die

Entstehung eines gegenseitigen Vertrauens und Verhältnisses zueinander. Aktives Zuhören ist ein Ausdruck der Empathie und kann damit eine Verbindung zwischen den einzelnen Parteien herstellen.

Übung: Aktives Zuhören trainieren

Das aktive Zuhören wird Ihre Kommunikation mit Ihren Mitmenschen auf ein neues Level anheben. Dafür werden Sie dazu angeregt, die Körpersprache, die Stimmlage, die Worte des Gegenübers und den Kontext sowie die Energie und die Umgebung zu beachten, in der Sie sich während des Gespräches befinden. Dadurch erfahren Sie, was Ihre Mitmenschen Ihnen zwischen den Zeilen zu vermitteln versuchen.

- Schenken Sie Ihrem Gesprächspartner Ihre volle und ungeteilte Aufmerksamkeit. Zeigen Sie aufrechtes Interesse an ihm, ohne eigennützige Motive.
- Begegnen Sie Ihrem Gegenüber so, wie ein Schüler einem Lehrer begegnen würde. Gehen Sie auf ihn zu, als würden Sie etwas von ihm lernen wollen, denn so öffnen Sie sich für die kleinen Hinweise und Details, die Ihnen möglicherweise ansonsten entgangen wären.
- Bleiben Sie auf Augenhöhe mit dem anderen und betrachten Sie seine Meinungen und Aussagen weder als weniger noch als mehr wert als Ihre eigenen Sichtweisen.
- Stellen Sie Fragen aus purem Interesse heraus, doch achten Sie darauf, sich dabei nicht selbst zu positionieren, wodurch Sie Ihren Gesprächspartner unbewusst zu einer bestimmten Meinung lenken könnten.
- Vertiefen Sie die Aussagen Ihres Gegenübers durch weitere Fragen, die wertfrei formuliert werden. Nehmen Sie die Sichtweisen und Meinungen des anderen an. Vermeiden Sie das Mitteilen Ihrer eigenen Gedanken als Reaktion auf das Gesagte, denn damit wären Sie nicht mehr in der Lage, wertfrei zuzuhören.
- Sollten Sie doch einmal den Impuls dazu haben, sich in eine Diskussion hineinzubegeben, in der Sie das Gegenüber von Ihrer Meinung zu überzeugen versuchen, erinnern Sie sich daran, dass dieser kurzfristige und vermeintliche „Erfolg“ Sie auf lange Sicht nicht weiterbringen wird. Beim aktiven Zuhören steht das große Ziel der zwischenmenschlichen Verbindung, der Empathie und des Aufbaus einer Beziehung im Vordergrund, das es nicht zu vergessen gilt.

Fragetechniken im Überblick

Fragetechniken dienen der Beschaffung von Informationen, indem Fragen effektiv gestellt werden. Sie erleichtern den Dialog, verbessern das Verständnis untereinander, ermöglichen einen Perspektivwechsel, decken Probleme auf, lösen diese, fördern das kreative Denken und helfen dabei, die gewünschten Informationen zu sammeln. Jede Technik besitzt dabei bestimmte Vorteile und Ziele, weshalb sie je nach Kontext und Situation angewendet werden können. Dementsprechend gibt es auf die Frage, welche Technik nun die richtige sei, keine Antwort.

- **Offene Fragen**: Offene Fragen erlauben eine Vielzahl von Antwortmöglichkeiten, wodurch Sie von Ihrem Gegenüber einen deutlich größeren Umfang an Informationen erhalten können als zum Beispiel bei geschlossenen Fragen. Offene Fragen beginnen in der Regel mit den bekannten W-Wörtern, also wie, was, wozu, warum usw. Dadurch können Sie tiefer in das Gespräch eintauchen, da sie das Gegenüber motivieren, detaillierter zu antworten. Dadurch könnten Dialoge und Diskussionen entstehen, die die unterschiedlichen Perspektiven aufdecken und für Vielfältigkeit im Gespräch sorgen. Außerdem fördern offene Fragen das kreative Denken, wodurch neue Ideen entstehen können und Probleme eine Lösung finden.

> **Beispiel:**
> Wie denken Sie über die derzeitige politische Lage?
> Welchen Herausforderungen sehen Sie sich gerade gegenübergestellt?
> Welche Faktoren haben das Problem Ihrer Meinung nach begünstigt?
> Warum sollten Sie in diesem Bereich eine Änderung vornehmen?

- **Geschlossene Fragen**: Geschlossene Fragen ermöglichen zwar keine Vielzahl an Antworten, doch dafür sind sie besonders effektiv zur Beschaffung schneller und präziser Aussagen. Hier ist nur die Zustimmung oder Ablehnung in Form von Ja oder Nein möglich. Geschlossene Fragen sind die beste Option, wenn Sie Informationen ohne lange Diskussion benötigen. Für jene, die jedoch mehr über das Gegenüber erfahren möchten, sind Ja-Nein-Fragen eher weniger geeignet.

> **Beispiel:**
> Befinden Sie sich im Zeitplan?
> Haben Sie meine E-Mail erhalten?
> Brauchen Sie noch Unterstützung von mir bei Ihrem Projekt?

- **Zirkuläre Fragen**: Zirkuläre Fragen dienen dem Perspektivwechsel, indem eine neue Meinung mit ins Gespräch gebracht wird. Diese kann sowohl von einer realen als auch von einer fiktiven Person stammen. Durch diese Fragetechnik wird der Zuhörer animiert, neue Gedankenwege zu gehen und die gewohnten Denkmuster einmal außen vor zu lassen.

Beispiel:
Was glauben Sie, denkt Ihre Familie über Sie?
Was würde Ihre Freundin in der Situation tun?
Was würde es für einen Eindruck auf Ihren Vorgesetzten machen, wenn Sie dies tun würden?

- **Hypothetische Fragen**: „Was wäre, wenn ...?“-Fragen sind hypothetische Fragen, die ebenso zu neuen Gedankengängen anregen sollen, indem alternative Szenarien mental durchdacht werden. Dadurch können mehrere Möglichkeiten bei Entscheidungen durchgespielt werden, wobei sich deren Konsequenzen abzeichnen, was wiederum bei der Entscheidungsfindung dienlich ist.

Beispiel:
Was würden Sie tun, wenn Ihnen unbegrenzte finanzielle Mittel zur Verfügung ständen?
Wie würden Sie reagieren, wenn Sie einen Anruf von Ihrem Expartner erhalten würden?
Wie würden Sie es finden, wenn Ihre Kinder ein neues Hobby beginnen würden?

- **Vergleichsfragen**: Vergleichsfragen setzen eine bestimmte Situation in einen neuen Kontext, um so neu beurteilt werden zu können. Hierfür wird ein Vergleich angestellt, um sich das wahre Ausmaß bewusst machen zu können, was ansonsten nicht immer möglich ist.

Beispiel:
Wie geht es Ihnen heute im Vergleich zur letzten Woche?
Würden Sie dasselbe noch einmal tun, wenn Sie es mit einer anderen Meinung vergleichen würden?
Sehen Sie die Situation immer noch als Problem an, wenn Sie sie mit der von gestern vergleichen?

- **Skalierungsfragen**: Bei dieser Fragetechnik liegt die Antwort von Ihrem Gegenüber auf einer Skala von zum Beispiel 1 bis 10. Das ermöglicht eine schnelle Informationsbeschaffung in Bezug auf eine konkrete Situation, die ein Gespräch bereichern kann.

> **Beispiel:**
> Auf einer Skala von 1 bis 10: Wie zufrieden sind Sie mit der Mahlzeit, die ich zubereitet habe?
> Auf einer Skala von 1 bis 10: Wie würden Sie Ihre Freundschaft bewerten? Was bräuchte es, damit aus Ihrer 4 eine 8 wird?

- **Fokussierungs- und Priorisierungsfragen**: Diese Fragetechnik besitzt Ähnlichkeiten mit den offenen Fragen, da auch diese Fragen meist mit einem der W-Worte beginnen (wie, wozu, warum etc.), sie sind jedoch nicht so konkret formuliert und regen damit den Zuhörer zu detaillierteren Auskünften an. Fokussierungs- und Priorisierungsfragen dienen der Anwendung allgemeiner Informationen auf einen bestimmten Kontext. Sie finden zum Beispiel dann Anwendung, wenn Ihr Gesprächspartner oberflächlich kommuniziert, Sie aber in die Tiefe gehen wollen.

> **Beispiel:**
> Wie genau würde Ihre Idee zu einer Verbesserung der Lage führen?
> Wie könnte Ihre Freundin Ihnen konkret dabei helfen, besser zu kommunizieren?
> Warum ist Ihre Sichtweise ausgerechnet bezogen auf dieses Projekt die richtige?

Übung: Fragen stellen im Gespräch

Nehmen Sie sich vor, bei Ihren nächsten Gesprächen ein wenig mit den hier vorgestellten Fragetechniken herumzuexperimentieren. Nur, wenn Sie das Wissen in Anwendung bringen, können Sie wirklich etwas dazulernen.

• Wenn Sie das nächste Mal ein Gespräch führen, bleiben Sie ganz bewusst. Achten Sie darauf, zu welchen Fragetechniken Sie grundsätzlich neigen und welche Sie nur äußerst selten bis gar nicht verwenden.

• Verwenden Sie nun bewusst offene Fragen und beobachten Sie, was Sie damit erreichen. Wann immer Sie eine geschlossene Frage stellen würden, formulieren Sie diese zunächst in eine offene um.

> **Beispiel:**
> Hatten Sie heute einen schönen Tag? → Was haben Sie heute Schönes erlebt?

• Setzen Sie auch andere Fragetechniken ein, um mehr Informationen zu einem Thema zu erhalten. Welche eignen sich Ihrer Erfahrung nach am besten dafür? Welche bevorzugen Sie und auf welche würden Sie höchstens gelegentlich zurückgreifen?

• Achten Sie während des Gespräches jedoch darauf, dass Sie sich nicht zu sehr an dieser Übung festhalten und Ihren Gegenüber nicht mit Fragen bombardieren. Behalten Sie einen natürlichen Gesprächsfluss bei.

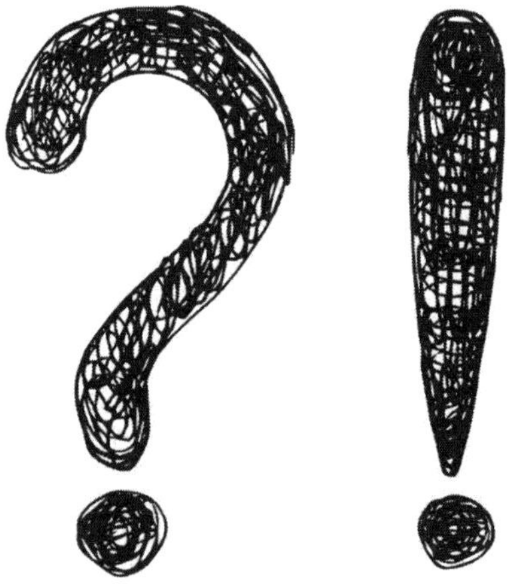

Ich-Botschaften versus Du-Botschaften

Du-Botschaften sind Aussagen, die sich auf den Gesprächspartner statt auf die eigene Person beziehen. „Du bist ja schon wieder unpünktlich“, „Warum musst du nur immer so unordentlich sein?“ oder „Du vergisst immer die wichtigsten Sachen“ sind nur einige Beispiele aus dem Alltag. Wie Sie sehen können, klingen Du-Botschaften schnell wie eine Anklage oder eine Schuldzuweisung – kein guter Start in ein Gespräch, oder? Für eine gute Kommunikation, die erfolgreiche Beziehungen hervorbringt, sind deshalb Ich-Botschaften eine bessere Wahl, um innerhalb von Gesprächen die eigenen Gefühle, Motive und Wünsche zu äußern. Um die eigene Unzufriedenheit in Bezug auf einen anderen Menschen anzusprechen, müssen Sie also nicht zwangsläufig „du, du, du“ sagen, sondern können die Botschaft auf sich selbst beziehen. Es muss nicht zwangsläufig der Inhalt von Gesprächen sein, der Konflikte entstehen lässt, denn in erster Linie entscheidet die Formulierung darüber, ob Ihre Kommunikation erfolgreich ist oder nicht. Statt das Verhalten des Gesprächspartners zu verurteilen, mit Schuldzuweisungen um sich zu werfen und ihn dies hören zu lassen, fokussieren Sie sich auf Ihre eigenen Wahrnehmungen und geben einen konstruktiven Inhalt wider. Durch das Weglassen des Herausstellens von Unzulänglichkeiten des anderen wird eine persönliche Nähe geschaffen, die lösungsorientiert dazu einlädt, den Konflikt zu klären. Demnach gelten Ich-Botschaften als deeskalierend, insofern sie richtig formuliert werden. Ich-Botschaften sind nämlich nicht automatisch echte Ich-Botschaften, nur weil ein „Ich“ im Satz vorkommt.

Beispiel:
Statt zu sagen „Du bist immer so unordentlich“, könnten Sie auch sagen: „Ich habe es nicht gern, wenn du immer so unordentlich bist.“

Dies ist jedoch keine echte Ich-Botschaft, denn sie klingt immer noch wie eine Anklage. Außerdem liegt hier der Fokus weiterhin auf dem Verhalten des anderen und nicht auf den eigenen Empfindungen. Deshalb ist diese Formulierung besser:

„Ich habe diese Woche auf der Arbeit sehr viel zu tun und schaffe es nicht, noch einmal aufzuräumen, bevor unsere Freunde am Freitag zu Besuch kommen. Deshalb fühle ich mich gestresst, wenn ich Klamotten auf dem Badezimmerboden herumliegen sehe, die ich noch wegräumen muss, aber nicht weiß, wann ich das noch tun soll.“

Eine Ich-Botschaft ist also eine echte **Selbstoffenbarung**. Sie schafft eine ganz neue Grundlage für eine Kommunikation, bei der sich dadurch auch das Gegenüber eingeladen fühlt, sich emotional zu öffnen – eine gute Voraussetzung für erfolgreiche Beziehungen.

Übung: Ich-Botschaften

Trainieren Sie Ihre Fähigkeit, Ich-Botschaften zu formulieren, um Konflikte zu entladen und mittels emotionaler Intelligenz zu lösen. Du-Botschaften werden in der Praxis häufig als Vorwürfe und Schuldzuweisungen aufgenommen, wodurch schnell interpersonelle Probleme entstehen können. Bei den Ich-Botschaften hingegen legen Sie den Fokus auf Ihre Emotionen und Gefühle, wodurch Sie Ihre Liebsten oder andere Menschen weniger stark in die Defensive drängen.

- „Du lässt immer deine Socken im Bad rumliegen!" → „Ich fühle mich überfordert, wenn ich nach einem langen Arbeitstag auch noch das Bad aufräumen muss. Könntest du die Socken bitte in den Wäschetuff legen? Damit würdest du mir einen großen Gefallen tun."
- „Gib nicht immer so viel Geld aus!" → „Ich mache mir Sorgen um unsere finanzielle Lage und habe Angst davor, dass wir unser Budget überspannen. Könnten wir bei der nächsten größeren Ausgabe diese vorher noch einmal gemeinsam besprechen? Das würde mir ein gutes Gefühl geben."
- „Du bist morgens nie rechtzeitig fertig, wenn ich dich zur Schule bringen will!" → „Ich stehe morgens immer so unter Zeitdruck und würde mich freuen, wenn du pünktlich bereitstehst, damit wir rechtzeitig loskommen. Damit würdest du mich sehr unterstützen."

Zwischenmenschliche Beziehungen im privaten Umfeld

Die Kommunikation innerhalb der Familie

Ein harmonisches Miteinander innerhalb der Familie gibt allen Mitgliedern Rückhalt und Kraft für die Herausforderungen des Lebens. Sie stärkt ungemein die Resilienz, da Austausch zusammenschweißt. Gleichzeitig beschreibt die Art und Weise, wie die Familienmitglieder miteinander sprechen, interagieren und umgehen, die Identität der Familie. Auch in Bezug auf die Kinder ist Kommunikation sehr bedeutsam für deren Erziehung und Entwicklung. Eine gute Kommunikation innerhalb der Familie muss nicht kompliziert sein, wie die folgenden Tipps beweisen:

- **Hören Sie zu**: Reden ist wichtig, doch Zuhören besitzt mindestens eine genauso große Bedeutung. Was bringt es schließlich, wenn Sie Probleme ansprechen, wenn nicht einmal jemand geistig anwesend ist? Praktizieren Sie deshalb regelmäßig aktives Zuhören, was in der Regel insbesondere von Kindern sehr gut aufgenommen wird. Es trägt maßgeblich zu ihrer persönlichen Entwicklung bei, wenn sie sich in ihren Sorgen und Problemen gehört fühlen.

- **Der Ton macht die Musik**: Achten Sie darauf, dass Ihre kommunizierten Worte stets von Respekt zeugen. Wie der Abschnitt über die Ich- und Du-Botschaften aufzeigte, kann es schnell zu Abwehr und Ablehnung kommen, wenn die falsche Formulierung verwendet wird. Darauf kann kein konstruktives und gutes Gespräch aufbauen. Bleiben Sie deshalb stets fair und wohlwollend Ihren Liebsten gegenüber.

- **Verurteilen Sie nicht**: Jeder Mensch hat andere Meinungen und Sichtweisen auf die Dinge, die es wertzuschätzen gilt, selbst wenn sie nicht der eigenen Meinung entsprechen. Können Sie Ihrer Familie das Gefühl vermitteln, dass Sie sie ernst nehmen, egal, welche Ansichten sie hat, werden Vertrauen und gegenseitige Empathie entstehen.

- **Über den richtigen Zeitpunkt**: Nicht zu jeder Zeit kann ein Gespräch erfolgreich verlaufen. Manchmal entscheidet der Zeitpunkt sogar darüber, welches Ergebnis dabei herauskommt. Ablenkungen, Müdigkeit, starke Emotionen und Stress sind keine gute Basis für ein wichtiges Gespräch, weshalb es in diesem Fall tatsächlich besser ist, es auf einen anderen Zeitpunkt zu verschieben.

- **Lassen Sie Ihr Gegenüber selbst Lösungen finden**: Besonders für Eltern ist es nicht immer leicht, ihren Kindern keine vorgefertigten Ratschläge zu geben. Wenn Sie aktives Zuhören praktizieren und dem Kind das Gefühl geben, dass Sie voll präsent sind sowie seine Ansichten respektieren, wird es sich Ihnen öffnen können. Lassen Sie sich das Gespräch von allein entwickeln und versuchen Sie nicht, es „vorzuspulen", indem Sie die Lösung vorgeben. Damit würden Sie Ihrem Kind die Erkenntnisse hinter dem Prozess der Lösungsfindung verwehren und es sogar möglicherweise in die Defensive drängen. Lassen Sie es stattdessen vollständig ausreden und selbst Ideen entwickeln. Dasselbe gilt übrigens auch für alle anderen Familienmitglieder.

- **Übernehmen Sie Verantwortung für Ihre Empfindungen**: Machen Sie nicht Ihre Liebsten für Ihr Glück und Ihr Wohlbefinden verantwortlich, was Aussagen wie „Wenn du nicht sofort dein Zimmer aufräumst, wird Mami sehr traurig sein" aufzeigen. Die Worte und das Verhalten anderer sind nicht für Ihre Gefühle zuständig, denn Sie selbst haben es in der Hand, wie Sie über bestimmte Dinge denken und was Sie dementsprechend diesbezüglich empfinden. Wenn Ihr Kind das Zimmer nicht aufräumt und Sie unglücklich darüber sind, ist in erster Linie nicht die Unordnung des Kindes der Grund für Ihre Traurigkeit, sondern Ihre eigenen Gedanken, die beinhalten, dass Sie nur zufrieden sein können, wenn Ihr Kind dies und jenes tut oder Ihr Haus so und so aussieht. Hierfür ist die Formulierung von Ich-Botschaften äußerst hilfreich und wichtig, denn damit beziehen Sie Ihre Worte stets auf sich selbst.

- **Führen Sie einen Familienrat ein**: Regelmäßige Gesprächsrunden innerhalb der Familie können Themen an die Oberfläche transportieren, bevor diese sich zu einem Problem entwickeln könnten, und Konflikte auflösen, die schon seit langer Zeit bestehen. Eine Familienrunde zum Beispiel einmal die Woche gibt allen Beteiligten die Chance, sich auszusprechen. Gleichzeitig können sich alle gemeinsam über anstehende Entscheidungen beraten, wodurch die Gemeinschaft noch verbundener wird. Da alle Mitglieder anwesend sein sollten, schenken Familienräte jedem, selbst den Kleinsten, das Gefühl von Bedeutung für den Kreis. Jeder kann sich so ernst genommen und gehört fühlen, weshalb die Gesprächsrunde innerhalb der Familie eine wunderbare Möglichkeit für eine verbesserte Kommunikation ist.

Freundschaften kommunikativ pflegen

Eine gute Kommunikation schafft Nähe, so auch innerhalb einer Freundschaft. Die Punkte aus dem letzten Abschnitt zum Thema Familie können auch hier angewendet werden und die zwischenmenschliche Verbindung stärken. Zudem bereichert auch die sogenannte **positive Kommunikation** eine Freundschaft, welche von den Psychologen Margaret J. Pitts und Thomas Socha in ihrem Buch „Positive communication in health and wellness“ aufgegriffen wird und folgende Punkte beinhaltet:

- **Positive Emotionen**: Achten Sie darauf, dass Sie sich, wenn Sie mit Ihren Freunden sprechen, offen und zuversichtlich sowie verbindlich und optimistisch zeigen. Das stärkt enorm die Beziehung und lädt den anderen zu einer ebenso positiven Haltung ein.
- **Verständnis und Respekt**: Gesunde Freundschaften werden von einer respektvollen Kommunikation geprägt. Sowohl die Wahl der Worte als auch die nonverbale Kommunikation drücken Interesse, Verständnis und Wertschätzung aus, wodurch tiefe und emotional verbindende Gespräche entstehen können.
- **Kommunikative Authentizität**: Ihre Worte und Ihr Verhalten sollten stets kohärent sein, damit Sie ein authentisches, integres und vertrauenerweckendes Auftreten haben können. Dies ist essenziell für eine gute Kommunikation unter Freunden (und auch innerhalb aller anderen Beziehungen). Damit werden Zweifel beziehungsweise Mehrdeutigkeiten ausgeschlossen, da die Körpersprache dieselben Botschaften wie das Gesprochene vermittelt.

Eine positive Freundschaft will gepflegt werden, damit sie lange bestehen bleibt und Ihnen auch in schwierigen Zeiten Halt schenkt. Zu schnell neigen wir dazu, andere Menschen, die wir gern haben, als selbstverständlich zu nehmen, was jedoch keinesfalls zutrifft. Eine gute Kommunikation trägt dazu bei, dass die Freundschaft bestehen bleibt und gefördert wird. Dafür sind gegenseitige Wertschätzung und Dankbarkeit wichtig, die immer wieder kommuniziert werden sollten.

Kommunikation in der Liebesbeziehung verstehen und einsetzen

Eine gute Kommunikation zwischen zwei Liebenden ist entscheidend für deren Beziehungsqualität. Echte Gefühle füreinander entstehen und bleiben bestehen – insbesondere dann, wenn die Beziehung durch Vertrauen, Respekt, Ehrlichkeit, Empathie und Unterstützung an Tiefgang gewinnt. Nicht umsonst ist die Kommunikation in der Liebe der Schlüsselfaktor für jede Beziehung.

Die bereits vorangegangenen Punkte in diesem Unterkapitel können ebenso auf diesen Bereich des Privatlebens angewendet werden. Des Weiteren müssen beide Parteien bereit sein, sich konstruktiv miteinander zu unterhalten. Wenn Entscheidungen gemeinsam getroffen werden müssen, aber jeder eine andere Meinung dazu hat, ist es wichtig, nicht in Vorwürfe und Diskussionen abzudriften, die nicht weiterhelfen. Bei der Lösung eines Problems geht es schließlich nicht darum, wer von beiden gewinnt, sondern dass beide zufrieden mit der gefundenen Lösung sind. Dabei muss man sich auch einmal entschuldigen können, wenn man etwas getan oder gesagt hat, das einem leidtut. Dies bildet nach einem Streit die Chance, sich wieder anzunähern und das Vertrauen zueinander zurückzugewinnen. Selbstreflexion und Verantwortung sind hier wesentliche Bestandteile.

Eine gute Kommunikation innerhalb einer Liebesbeziehung deckt die Verletzlichkeit der beiden Parteien auf. Sie ist kein Anzeichen von Schwäche, ganz und gar nicht, denn durch sie wird echte Nähe möglich. Lassen Sie es zu, sich verletzlich zu zeigen, womit Sie sich nicht nur selbst näherkommen, sondern gleichzeitig ehrlicher kommunizieren und Ihrem Partner mehr von sich offenbaren – was wiederum Nähe schafft. Sie machen ihm ein wahres Geschenk, wenn Sie ihm einen Einblick in Ihre innere Welt geben, was von echtem Vertrauen und von Intimität zeugt.

Der amerikanische Paartherapeut Gary Chapman definierte **die fünf Sprachen der Liebe**, mit denen wir unsere Liebe zu unserem Partner kommunizieren können.

Die 5 Sprachen der Liebe – auch als *love language* bekannt – beschreiben die verschiedenen Arten, wie Menschen Liebe empfangen und ausdrücken. Es ist wichtig, zu beachten, dass jeder Mensch eine einzigartige Kombination dieser Liebessprachen hat, und oft haben Menschen eine primäre und sekundäre Liebessprache, die ihnen am wichtigsten ist. Das Verständnis der Liebessprachen kann helfen, die Bedürfnisse des Partners besser zu erkennen und die Art und Weise zu verbessern, wie Liebe ausgedrückt und empfangen wird. Paare können beispielsweise voneinander lernen, welche Liebessprachen für sie am bedeutsamsten sind, und bewusst danach streben, die Bedürfnisse des Partners in seiner bevorzugten Liebessprache zu erfüllen. Dies kann zu einer tieferen emotionalen Verbindung und einer erfüllteren Beziehung führen.

1. Lob und Anerkennung: Die erste Sprache der Liebe kann zum Beispiel durch echtes Zuhören, Ermutigen, Anerkennen und Bestärken des Partners kommuniziert werden. Dankbarkeit für den anderen und das Besondere, das man miteinander teilt, kann durch viele kleine und große Gesten gezeigt werden.

Beispiel:
Hinterlassen Sie Ihrem Partner eine kleine liebevolle und unerwartete Notiz, wenn Sie morgens zur Arbeit fahren.
„Du siehst heute fantastisch aus!"
„Ich bin so stolz auf dich für deine harte Arbeit."

2. Zweisamkeit: Diese Sprache zeigt sich durch gemeinsame Zeit und tiefe Gespräche, bei denen einander der ungestörte Fokus gilt.

Beispiel:
Unternehmen Sie etwas gemeinsam mit Ihrem Partner, woran Sie beide Freude finden.
„Lass uns heute Abend gemeinsam kochen und einen Film anschauen."
„Ich freue mich schon auf unser Wochenende am See, nur du und ich."
„Ich habe morgen einen freien Tag genommen, damit wir Zeit miteinander verbringen können."

3. Zärtlichkeit: Zärtlichkeiten können sowohl verbal als auch nonverbal durch eine zugewandte Körpersprache ausgedrückt werden. Umarmungen, Küsse und Kuscheln sind deshalb wichtige Bestandteile der Liebesbeziehung.

Beispiel:
Nehmen Sie sich jeden Tag Zeit für mindestens eine tiefe und herzliche Umarmung.
„Ich vermisse deine Umarmungen, wenn du nicht hier bist."
„Kann ich deine Hand halten, während wir spazieren gehen?"
„Ein Kuss zum Abschied macht meinen Tag gleich viel besser."

4. Geschenke: Die 4. Sprache der Liebe wird mittels kleinerer oder größerer Aufmerksamkeiten vermittelt, die allein für den Partner gedacht und persönlicher Natur sind. Auch die Dankbarkeit des Beschenkten gehört zu diesem Punkt.

Beispiel:
Machen Sie Ihrem Liebsten ein persönliches Geschenk zu einem Datum, das Sie beide miteinander verbindet, zum Beispiel der Tag, an dem Sie sich kennengelernt haben.
„Ich habe diesen Schal gekauft, weil ich sofort an dich gedacht habe."
„Hier ist ein Buch, das ich gefunden habe und von dem ich glaube, dass es dir gefallen könnte."
„Ich habe diese Blumen für dich mitgebracht, einfach so, weil ich dich liebe."

5. Hilfsbereitschaft: Hilfe anzubieten, den anderen zu entlasten und durch Unterschiedliches in seinem Leben zu unterstützen, beschreibt die 5. Sprache, durch die Liebe und Verbundenheit vermittelt wird.

Beispiel:
Bieten Sie Ihrem Partner an, eine häusliche Pflicht zu übernehmen, wenn dieser zum Beispiel besonders gestresst oder müde ist.
„Ich habe das Geschirr gewaschen, während du geduscht hast."
„Lass mich heute Abend das Abendessen kochen, damit du dich ausruhen kannst."
„Ich habe deinen Wagen für die Inspektion in die Werkstatt gebracht."

Tool 6: Neuro-Linguistisches Programmieren (NLP) im Alltag

Die Grundlagen des NLP

NLP steht für Neuro-Linguistisches Programmieren und versteht sich als eine Art Werkzeugkasten, der mit Einstellungen und Techniken gefüllt ist, die Ihnen die Kommunikation mit Ihnen selbst und Ihren Mitmenschen erleichtern. Die Methoden des NLP können eingesetzt werden, wenn Sie ungewünschte Verhaltensmuster an sich ändern möchten, begrenzende innere Einstellungen durch eine nützliche Haltung ersetzen oder Ihre Kommunikationsfähigkeit mit Ihnen selbst und mit den Menschen in Ihrem Umfeld verbessern wollen. Deshalb ist dieser „Werkzeugkasten" des NLP unter anderem so beliebt bei Verkäufern, Trainern, Therapeuten, Beratern und Lehrern. Bis zum heutigen Tag ist NLP ein offenes Modell und wird demnach stets weiterentwickelt und um neue effektive Methoden erweitert.

Der Begriff NLP setzt sich aus drei Komponenten zusammen, die darauf hinweisen, dass die Vorgänge im Gehirn („Neuro") mithilfe der Sprache („Linguistisches") auf der Grundlage konkreter Anweisungen zur Handlung veränderbar sind („Programmieren"). NLP stellt also ein Kommunikationsmodell dar, das auf konkreten Grundannahmen basiert, die Sie sich im nächsten Abschnitt anschauen können. Diese orientieren sich an den Zielen und Ressourcen eines Menschen und sollen mit Neugierde und Lernbereitschaft eine konstruktive Sichtweise auf die Welt hervorrufen. Des Weiteren ist NLP eine Methode für das Modellieren von Fähigkeiten und zeigt eine Fülle von Strategien auf, die der gezielten Veränderung der Persönlichkeit dienen. Dabei kann der Einzelne Techniken wählen, die ihm je nach Situation den Alltag erleichtern – eben wie ein Werkzeugkasten. Es geht darum, sich das Werkzeug herauszunehmen, das am schnellsten und effektivsten nachhaltige Veränderungen schafft. Dieses Werkzeug kann überall dort verwendet werden, wo kommuniziert wird. Durch die menschlichen und konstruktiven Einstellungen des NLP, welchen Sie sich gleich widmen werden, hilft das Modell dabei, Probleme zu lösen, Ressourcen zu aktivieren und somit eigene Ziele zu erreichen. NLP verbindet sich hervorragend mit der Persönlichkeitsentwicklung, indem es einzigartige Potentiale aufdeckt und bei deren Entfaltung behilflich ist. Der Anwender lernt sich selbst kennen und macht Gebrauch von Mitteln, die ihm ein erfülltes sowie erfolgreiches Dasein ermöglichen. Und zuletzt profitieren auch zwischenmenschliche Beziehungen im privaten und beruflichen Kontext davon.

Die Grundannahmen im NLP

NLP geht von bestimmten Grundannahmen aus, die auch als Axiome bezeichnet werden. Sie dienen der Orientierung für eine Lebenseinstellung, die auf Respekt und Wertschätzung basiert. Demnach könnte man sie auch als positive Glaubenssätze beschreiben. Diese Annahmen sind innere Überzeugungen, die den Prozess der persönlichen Entwicklung des Menschen gemäß dem NLP unterstützen sollen. Zudem sollen Sie sich durch die Axiome angeregt fühlen, sie in Ihrem Leben zu integrieren. Gelingt Ihnen dies, verändern Sie damit gleichzeitig Ihre innere Haltung, Ihr Auftreten und Ihr Verhalten. Betrachten Sie die Grundannahmen einfach als „Spielregeln".

Diese Liste stellt einige wichtige Grundannahmen des NLP dar, die es zu verstehen gilt, da sie allen Techniken und Methoden des Kommunikationsmodells zugrunde liegen:

- Menschen können sich verändern und weiterentwickeln.
- Was einer erreichen kann, können auch andere erreichen.
- Versagen ist nie möglich, es gibt nur Feedback.
- Der Mensch kann die Realität nicht vollumfänglich wahrnehmen, er kann sich nur Abbilder davon machen.
- Jeder Mensch hat seine eigene Sichtweise auf die Welt, die berechtigt ist.
- Das Verhalten der Menschen basiert auf der Orientierung an ihren inneren Abbildern der Welt, nicht an der Realität selbst.
- Es existieren keine schlechten Menschen, es existieren nur schlechte Zustände.
- Körper und Geist bilden zusammen mit dem Umfeld ein System.
- Es ist besser, viele Wahlmöglichkeiten in einer bestimmten Situation zu haben als nur eine einzige.
- Symptome stellen Informationen dar, die auf notwendige Aktionen hinweisen.
- Soll ein anderer Mensch etwas tun, so muss ein Kontext geschaffen werden, in dem das gewünschte Verhalten von selbst geschieht.

Die „offiziellen" Vorannahmen gemäß dem DVNLP (Deutscher Verband für Neuro-Linguistisches Programmieren) werden im Folgenden präsentiert und einmal genauer betrachtet.

1. **Man kann unmöglich nicht kommunizieren**. Menschen stehen in einem steten Austausch mit ihrem Umfeld, wobei nicht immer nur Worte, sondern auch nonverbale Kommunikation, wie Mimik, Gestik und Blicke, verwendet werden. Selbst dann, wenn wir schweigen, kommunizieren wir trotzdem, denn auch Gedanken und Motive können andere Menschen am Klang der Stimme, an der Körperhaltung oder an den Bewegungen der Augen ablesen. Demnach ist es nicht möglich, keinerlei Informationen an seine Umwelt zu übermitteln.

Beispiel:
Sie werden zum Kaffee bei einer guten Freundin eingeladen, die ein neues Kuchenrezept ausprobiert hat und nun „Verkoster" braucht. Sie bittet Sie um eine Meinung zu ihrer Kreation. Da Ihnen der Kuchen überhaupt nicht schmeckt, sagen Sie nicht viel, doch Ihr Mienenspiel sagt mehr als tausend Worte.

2. Menschen reagieren auf ihren einzigartigen und subjektiven Blickwinkel auf die Welt und nicht auf eine allgemein gültige Realität. Im Laufe ihres Lebens macht eine Persönlichkeit vielfältige Erfahrungen und integriert Wertvorstellungen, die ihr Bild und ihre Vorstellungen von der Welt prägen. Es gibt keinen anderen Menschen, der exakt diese Sichtweise teilt.

Beispiel:
Sie finden gemeinsame Unternehmungen mit Ihrer Familie klasse. Sie lieben es, Aktivitäten mit Ihren Liebsten zu unternehmen, und haben dabei immer viel Freude, weil Sie von klein auf mit dieser Form der gemeinsamen Zeit aufgewachsen sind und damit etwas ausgesprochen Positives verbinden. Ihr Kumpel hingegen kennt gemeinsame Aktivitäten mit der Familie nicht aus seiner Kindheit und kann damit nicht viel anfangen. Wenn er doch einmal etwas mit seinen Liebsten unternimmt, kann er es nicht einmal richtig genießen, weil er die Arbeit oder andere Dinge im Kopf hat. Er legt keinen Wert auf diese Form des Zeitvertreibs, weil er damit nichts Positives verbindet und somit keinen Sinn darin sieht.

Sie hingegen sind überrascht über die Sichtweise Ihres Kumpels und können sich nicht vorstellen, wie man keinen Spaß dabei haben kann.

3. Die Bedeutung der Kommunikation liegt in der Reaktion, die sie hervorruft. Wenn wir kommunizieren, ruft dies eine bestimmte Reaktion hervor. Nicht immer ist die Absicht des Senders mit der Botschaft, die der Empfänger wahrnimmt, abgestimmt. Dieser hört die Worte durch seine persönlichen Wahrnehmungsfilter, weshalb unser Gegenüber nicht immer das hört, was wir eigentlich herüberbringen wollten. Unerwartete Reaktionen zeugen davon, dass die gesendete Botschaft anders vom Empfänger aufgefasst wurde, als es geplant war. Jede Persönlichkeit trägt selbst die Verantwortung für den Erfolg ihrer Kommunikation. Mithilfe von NLP kann sie ihre Verständigung so individuell anpassen, dass sie auf unterschiedliche Menschen flexibel eingehen kann.

Beispiel:
Ihre Frau beschwert sich bei Ihnen in einem Streit darüber, dass Sie kaum Zeit für die Familie haben und die Arbeit priorisieren. Als Sie kurze Zeit später nach einem harten und langen Arbeitstag zu Ihrer Mutter gehen, freut diese sich ganz offensichtlich herzlich über Ihren Besuch und sagt: „Schön, dass du mich endlich mal wieder besuchen kommst!" Sie werden daraufhin wütend und entgegnen unbeherrscht: „Jetzt willst du auch noch, dass ich mehr Zeit mit dir verbringe. Und wer soll dann das Geld nach Hause bringen?" In diesem Fall sendete Ihre Mutter Freude aus, doch die Botschaft kam bei Ihnen, dem Empfänger, aufgrund Ihres subjektiven Wahrnehmungsfilters als Kritik an.

4. Jedem Verhalten geht eine positive Absicht voraus. Jedes Verhalten ist oder war in irgendeinem Kontext sinnvoll und resultiert aus einem positiven Motiv. Menschen tun Dinge nicht einfach „nur so". Es liegt immer eine Absicht zugrunde, die auf der tiefsten Ebene stets der Erfüllung der Grundbedürfnisse von Schutz und Zugehörigkeit dient. Dementsprechend initiiert auch dann ein positives Motiv eine Handlung, wenn diese negative Folgen hat.

Beispiel:
Als Teenager wurden Sie beim Diebstahl erwischt und mussten eine Strafe ableisten. Sie haben nie zuvor kriminelle Aktivitäten begangen, doch den Wunsch, Ihrer Mutter ein Geschenk zum Geburtstag zu machen, konnten Sie aus Ihrer damaligen Sicht nur durch Diebstahl erfüllen, weil Sie kein Geld hatten. Das Verhalten war keineswegs in Ordnung, doch Ihre Absicht war damals durchaus positiv.

5. Jeder trägt alle benötigten Ressourcen bereits in sich, um als Schöpfer seines Lebens gewisse Ergebnisse zu erzielen oder gewünschte Veränderungen vorzunehmen. NLP ist davon überzeugt, dass alle Menschen bereits die Lösung ihrer Probleme in sich tragen, ob in Form von Erfahrungen, Wissen oder Ideen. Da wir nicht immer einen Zugang zu diesen Ressourcen finden können, hilft NLP dabei, sie verfügbar zu machen.

Beispiel:
Ihr Selbstbewusstsein hat in letzter Zeit stark gelitten aufgrund von Kritik durch Ihren Chef, der Trennung von Ihrem Partner und einiger gehässiger Kommentare Ihrer Kollegen. Es fällt Ihnen schwer, zur Arbeit zu gehen, weil Sie befürchten, noch mehr von diesen „Angriffen" nicht aushalten zu können. Ein Freund von Ihnen, der vor kurzem eine NLP-Ausbildung absolviert hat, fragt Sie nach drei konkreten Situationen in Ihrem Leben, in denen Sie sich ganz besonders selbstbewusst gefühlt haben. Sie erinnern sich an den sportlichen Wettbewerb vor kurzem, den Sie aufgrund Ihrer hervorragenden Leistungen gewinnen konnten. Des Weiteren denken Sie an die attraktive Frau vor ein paar Wochen, die Sie erfolgreich umworben haben, was Ihnen ein gutes Gefühl gegeben hat. Außerdem traten Sie bei einem beruflichen Vortrag über ein Thema, das Sie besonders begeistert, so souverän vor Ihren Kunden auf, dass diese Sie mit Lob und Anerkennung überschütteten. Diese Erinnerungen stellen Ihre inneren Ressourcen dar, die Sie nun auf Ihre derzeitige Arbeitssituation übertragen. Mit dem neu entfachten Selbstbewusstsein treten Sie nun um einiges selbstbewusster auf der Arbeit auf, wodurch sich bereits nach einigen Wochen die „Angriffe" des Chefs und der Kollegen verflüchtigen.

6. Der Mensch an sich ist nicht mit seinem Verhalten zu verwechseln: Während die Taten einer Persönlichkeit angezweifelt werden können, bleibt sein Wert stets unverändert. Diese Grundannahme besagt, dass zwar das Verhalten eines Menschen als unangemessen bewertet werden kann, dass dieser jedoch in seiner Identität unverändert respektiert bleibt. Egal, was wir also tun oder lassen, wir sind und bleiben in unserem Wert unantastbar.

Beispiel:
Ihr Partner hat einen Fehler gemacht und Sie damit sehr verletzt. Auch wenn Sie jetzt wütend auf ihn sind, weil Sie sein Verhalten als nicht akzeptabel bewerten, beziehen Sie Ihre Gefühle stets auf die Taten Ihres Partners und nicht auf ihn als Person. Was er getan hat, war falsch, das bedeutet aber nicht, dass er falsch ist.

7. Menschen treffen zu jedem Zeitpunkt die in dem entsprechenden Moment aus deren Perspektive beste Wahl. Im Laufe des Lebens erlernt der Mensch Verhaltensweisen, die seine Bedürfnisse erfüllen. Welche genau das sind, ist abhängig von der Art der Erfahrungen, die er gemacht hat und die sein Weltbild prägen.

Beispiel:
Sie kritisieren Ihren Vater immer noch dafür, dass dieser, als Sie noch ein Kind waren, so wenig Zeit für Sie hatte. Sie bezeichnen ihn als einen „schlechten" Vater, weil Sie der Meinung sind, dass ein „guter" Vater so etwas nie getan hätte. Unter Berücksichtigung dieses Axioms im NLP überdenken Sie Ihre Einstellung noch einmal neu und erkennen, dass Ihr Vater zum damaligen Zeitpunkt das getan hat, was er für richtig hielt. Er selbst ist nämlich ohne einen emotional anwesenden Vater aufgewachsen und glaubte, dass es das Beste für ein Kind sei, genauso aufzuwachsen, um später im Leben besser klarzukommen. Unabhängig davon, welche Erziehung nun „richtig" oder „falsch" ist, hat Ihr Vater damals die beste Wahl aus seiner Sicht getroffen.

8. Wenn ein bestimmtes Verhalten nicht zur Lösung führt, muss etwas anderes getan werden. Es gibt immer mehr als nur eine Möglichkeit, um ein Problem zu lösen. Mit einer Situation kann auf verschiedene Arten umgegangen werden, wobei einige sinnvoller als andere sind.

Beispiel:
Sie haben kürzlich Ihren Job verloren und sind völlig am Ende. Frustriert, gedemütigt und hoffnungslos können Sie sich zu nichts mehr aufraffen. Dieses Verhalten wird Ihnen jedoch keinen neuen Job beschaffen und Sie nicht aus Ihrer Lage befreien. Nachdem Sie dieses Axiom des NLP kennengelernt haben, beschließen Sie, die Dinge nun anders anzugehen: Sie gestehen sich ein, dass Sie Ihren alten Job ohnehin immer gehasst haben, und beschließen, die Situation nun als Chance nutzen, um etwas Besseres für sich zu finden. Plötzlich sind Sie sogar dankbar für die Kündigung. Nach kurzer Zeit finden Sie dann eine neue Stelle, die Ihnen zusagt.

9. Jeder Mensch ist einzigartig und erlebt die Welt auf der Grundlage seiner individuellen und subjektiven Erfahrungen. Menschen konstruieren sich die Welt um sie herum aus der Summe ihrer Wertvorstellungen und Erfahrungen, wodurch sich eine „innere Landkarte" ergibt. Diese Landkarte ist jedoch nicht das Gebiet, das heißt, dass der Mensch mittels seiner Sinne immer nur einen kleinen Ausschnitt des Umfeldes wahrnehmen und damit interpretieren kann.

Im NLP werden Sie immer wieder auf den Begriff der Landkarte stoßen. Hierbei handelt es sich um das ganz individuell konstruierte Abbild der Realität, das von Mensch zu Mensch variiert. Da jeder unterschiedliche Vorstellungen und Erkenntnisse, Erwartungen und Abneigungen besitzt, nimmt jeder die Wirklichkeit auf eine andere Art und Weise wahr. Das ist die Subjektivität, mit der jede Persönlichkeit die Welt betrachtet. Sie dürfen also nicht davon ausgehen, dass Ihre Mitmenschen die Dinge genauso wie Sie betrachten und bewerten. Es existiert also eine Differenz zwischen der Realität (= das Gebiet) und den eigenen Vorstellungen (= die innere Landkarte). Die Landkarte ist demnach nur ein Ausschnitt eines Gebiets – übersetzt bedeutet dies: Ihre Wahrnehmungen der Welt sind nur ein Teil der Realität. So wie Sie auf einer Landkarte immer nur einen Ausschnitt eines Gebietes sehen können, können Sie mit Ihrer eigenen Wahrnehmung immer nur einen Ausschnitt der gesamten Realität betrachten.

Beispiel:
Normalerweise „lösen" Sie einen Konflikt, indem Sie passiv aggressiv schweigen oder sich aus der angespannten Situation einfach entfernen. Dieses Verhalten haben Sie von Ihren Eltern in der Kindheit übernommen, wodurch es sich in Ihrer „geistigen Landkarte" als die wirksamste Methode zur „Lösung" von Konflikten etabliert hat. Auch wenn es möglicherweise nicht die beste Strategie für diese Zwecke ist, so zeugt sie jedoch von Ihrer Einzigartigkeit und Ihren subjektiven Erfahrungen im Leben. Mit dem Wissen um NLP könnten Sie zum Beispiel andere Methoden, wie eine positive Kommunikation, zu Ihrer inneren Landkarte hinzufügen und sich damit für die Zukunft selbst mehr Wahlmöglichkeiten zur Verfügung stellen.

10. Jedes Verhalten war oder ist in irgendeinem Kontext sinnvoll. Jedes Verhalten hatte irgendwann einmal einen Nutzen für die Persönlichkeit – sonst hätte sie es schließlich nicht erworben. Was dem Menschen jedoch häufig nicht bewusst ist, ist, dass dieses Verhalten nicht generalisiert werden kann. Was einmal sinnvoll war, muss es in einer anderen Situation nicht wieder sein. Dort kann es sogar eher Schaden anrichten. Diese Grundannahme ist insbesondere bei Verhaltensänderungen zu berücksichtigen, damit Änderungen auch gelingen können.

Beispiel:
Sie haben bereits Ihr gesamtes Leben mit diversen Krankheiten zu kämpfen. Bei jeder psychischen Belastung bekommen Sie gleich eine Grippe. Irgendwann fällt Ihnen auf, dass Sie auch nach einem Streit mit dem Partner immerzu krank werden. Nach einer Zeit der Selbstreflexion fällt es Ihnen dann wie Schuppen von den Augen: Als Kind hat es Ihnen an Liebe und Aufmerksamkeit von Ihren arbeitswütigen Eltern gefehlt, doch Sie haben schnell gelernt, dass Ihnen Ihre Bedürfnisse immer besonders dann vermehrt erfüllt wurden, wenn es Ihnen nicht gut ging. Ihre Eltern umsorgten Sie liebevoll, wenn Sie krank waren, was sie nicht taten, wenn Sie vollkommen gesund waren. Streitigkeiten wurden ganz schnell vergessen und Fehler wurden verziehen – schließlich ging es Ihnen ja nicht so gut und Sie mussten sich schonen. Krank zu werden hat sich also unbewusst bei Ihnen zu einem Verhaltensmuster entwickelt, um mehr Aufmerksamkeit und Liebe zu erhalten. Noch heute ziehen Sie Vorteile aus dieser unbewussten Strategie, was Ihnen erst jetzt auffällt.

Die Macht der Visualisierung

VAKOG: Der Mensch erfährt die Welt über seine fünf Sinne

Der Mensch ist mit 5 Sinnen gesegnet worden, über die er sein Leben wahrnimmt. Mit den Augen sehen Sie, mit den Ohren hören Sie, mit der Zunge schmecken Sie, mit der Nase riechen Sie und mit Ihrer Haut fühlen Sie. All Ihre Erfahrungen setzen sich aus den Sinneseindrücken zusammen, die Sie in dem jeweiligen Moment erfahren haben. Die sich daraus ergebenen Informationen werden auf dieselbe Weise abgespeichert, wie sie wahrgenommen wurden. Ein kleines Beispiel zur besseren Verständlichkeit: Erinnern Sie sich an Ihren Lieblingssong und Sie werden ihn in Form von Tönen in Ihrem Geist „hören". Auch, wenn Sie sich die Erinnerung an ein leckeres Essen hervorrufen, werden Sie es förmlich noch schmecken können. So „sehen" Sie innere Bilder vor Ihrem geistigen Auge, erleben vergangene Gefühle, als wären sie noch aktuell, und spüren Berührungen in Ihrer Erinnerung, die längst vorüber sind.

Im NLP werden die fünf Sinneskanäle mit der Abkürzung „VAKOG" beschrieben, die hierfür steht:

- **V** wie visuell: das Sehen von Bildern mit den Augen
- **A** wie auditiv: das Hören von Tönen und Geräuschen mit den Ohren
- **K** wie kinästhetisch: das Fühlen durch Berührungen und Ertasten mit der Haut, ebenso wie das Fühlen inneren Empfindens
- **O** wie olfaktorisch: das Riechen von Gerüchen und Düften mit der Nase
- **G** wie gustatorisch: das Schmecken von süß, salzig, sauer, fettig und bitter mit der Zunge

Die menschlichen Erinnerungen hängen stark von den Sinnen ab, die jeder am liebsten gebraucht. So sehen viele Menschen in erster Linie Bilder vor ihrem inneren Auge, wenn sie sich zum Beispiel zurück an ihre Kindheit erinnern. Andere wiederum müssen plötzlich an ein bestimmtes Geräusch oder einen Geruch denken oder empfinden auf einmal dieses bekannte „Gefühl". Erinnerungen stellen demnach eine Wiederherstellung von damals empfundenen Sinneseindrücken dar, die erneut durchlebt werden. NLP spricht übrigens bei den Sinneskanälen von den sogenannten Repräsentationssystemen. Durch diese werden Informationen und Eindrücke der Sinne verarbeitet. Außerdem stellen sie die Brücke zwischen Erinnerungen und Zukunftsvorstellungen dar, da jede Erfahrung, jeder Gedanke und jede Empfindung mittels der fünf körperlichen Sinne abgespeichert werden. Sie werden also „repräsentiert". Die Repräsentationssysteme weisen demnach den Weg in die Gefühlswelt. Denken Sie nur einmal zurück an die gute alte Zeit, als Sie von Ihrer Großmutter bekocht wurden. Bemerken Sie, wie Ihnen sogleich der spezielle Geruch Ihrer Lieblingsspeise in die Nase steigt, die Ihnen Ihre Oma liebend gern zubereitete? Oder erklingt in Ihren Ohren plötzlich dieses eine Lied, das Ihre Großmutter immerzu beim Kochen vor sich hin summte? Dieses Beispiel veranschaulicht, wie unsere Erinnerungen mit den Repräsentationssystemen, also den Sinnen, verbunden sind.

Ist Ihnen schon einmal aufgefallen, dass sich Ihre Augen in bestimmten vorhersehbaren Mustern bewegen, wenn Sie sich an etwas erinnern? Das ist kein Scherz, denn je nachdem, was sich in Ihrem Geist gerade abspielt, blicken Sie in verschiedene Richtungen. Die Bewegung der Augen erlaubt demnach Rückschlüsse darauf, wie sich der Einzelne erinnert. Die Richtung, in die Sie schauen, sagt aus, über welchen Sinn Sie gerade auf Ihre Erinnerung zugreifen. Die folgende Liste veranschaulicht dies:

• **Oben links**: Blicken Sie nach oben links, befinden Sie sich gerade in einer Erinnerung von etwas, das Sie tatsächlich gesehen haben. Im NLP vergibt man hierfür die Abkürzung „Ver".

• **Oben rechts**: Schauen Sie nach oben rechts, konstruieren Sie gerade ein Bild in Ihrem Geist, das Sie zuvor noch nicht in der Realität gesehen haben, wie zum Beispiel einen rosa Elefanten oder ein Einhorn. NLP nennt dies visuell konstruiert und benutzt deshalb das Symbol „Vk".

• **Mitte links**: Stehen Ihre Augen in der Mitte links, bezieht sich Ihre Erinnerung auf tatsächlich erlebte Töne und Geräusche. Im NLP spricht man von einer auditiven Erinnerung, die mit „Aer" abgekürzt wird.

• **Mitte rechts**: Blicken Sie mittig nach rechts, kann man ablesen, dass Sie an Töne und Geräusche denken, die Sie bisher noch nicht gehört haben. NLP spricht hierbei von einem auditiven Konstruieren und kürzt es mit „Ak" ab.

• **Unten links**: Sollten Sie nach links unten schauen, deutet das darauf hin, dass Sie einen inneren Dialog mit sich selbst führen. Die Abkürzung im NLP lautet „Ad" und steht für auditiv digital.

• **Unten rechts**: Zeigen Ihre Augen hingegen nach unten rechts, fokussieren Sie sich auf Ihre Gefühle, zum Beispiel, wenn Sie sich fragen, wie es sich wohl anfühlen mag, wenn Sie einen Baum umarmen. Im NLP wird das Symbol „K" verwendet, das für kinästhetisch steht.

Hinweis: Die Angaben „links" und „rechts" beziehen sich immer auf den Blickwinkel der Person selbst, deren Augen betrachtet werden.

Übung: Erinnerungen steuern durch Augenbewegungen

Mit diesem Wissen um die Bedeutung der Augenbewegungen können Sie bewusst Ihr Erinnerungsvermögen verbessern beziehungsweise intensivieren. Probieren Sie es einmal mit dieser Übung aus:

- Denken Sie zurück an eine schöne Reise, die Sie erlebt haben. Rufen Sie sich diese Erinnerung bewusst in den Geist und nutzen Sie dafür Ihre Sinne.
- Welche inneren Bilder zeigen sich Ihnen? Blicken Sie für diese Erinnerung ganz bewusst nach oben links.
- An welche Geräusche können Sie sich erinnern? Schauen Sie nun mittig nach links.
- Was haben Sie damals empfunden? Lassen Sie Ihre Augen nach unten rechts gleiten.

Die Vorstellungskraft als Werkzeug

NLP ist sich der Macht der Visualisierung bewusst und bietet demnach wertvolle Techniken an, die sich der Vorstellungskraft als Werkzeug bedienen. Um im Geist Bilder, Geräusche oder Empfindungen zu erleben beziehungsweise wiederzuerwecken, müssen Sie VAKOG einsetzen, denn die mentale Vorstellungskraft umfasst all Ihre Sinne. Die Visualisierung ist eine großartige Methode, um sich selbst auf Produktivität und Erfolg zu trimmen. Indem Sie ein eindeutiges geistiges Bild von Ihren Wünschen und Zielen erschaffen, ebnen Sie damit den Weg für deren Umsetzung. Damit nutzen Sie also gezielte mentale Vorstellungen, um Ihr Potential zu erschließen und hilfreiche Kompetenzen freizusetzen. Sie programmieren Ihr Unterbewusstsein damit auf Ihren gewünschten Erfolg, wodurch sich Ihre Motivation sowie Ihre Konzentration steigern. Ihre Art des Denkens wird sich den inneren Bildern nach und nach anpassen, wonach sich auch Ihre Gefühle und Ihr Verhalten richten werden.

Durch die Visualisierung von Zielen erstellen Sie gleichzeitig einen mentalen „Fahrplan", der Sie dorthin führt, wohin Sie möchten. Ihre Motive werden geklärt und Sie können sich schrittweise in die Richtung Ihres Ziels vorarbeiten. Gleichzeitig werden Sie bezüglich potentiell auftretender Hindernisse resilienter und können diese leichter überwinden, indem Sie sich mittels Ihrer Vorstellungskraft in Situationen hineindenken, in denen Sie die jeweiligen Herausforderungen bereits erfolgreich gemeistert haben. Das nimmt selbstverständlich auch einen Einfluss auf Ihre innere Haltung, denn damit generieren Sie eine positive Einstellung sowie optimistisches Denken. Ihr Gehirn setzt Neurotransmitter und Hormone frei, die angenehme Empfindungen und Motivation hervorrufen. Somit steigt Ihre Stimmung und auch Ihre Energie, denn mit Vertrauen und Antrieb arbeiten Sie noch produktiver und noch konzentrierter an der Umsetzung Ihrer Ziele. Treten die besagten Schwierigkeiten dann tatsächlich auf, werden Sie in der Lage sein, gelassener, zuversichtlicher und entschlossener mit diesen umzugehen, wodurch die Wahrscheinlichkeit ansteigt, dass Sie kreativ Lösungen aufdecken.

Visualisierung: Eine Anleitung

Schnellstartanleitung für Anfänger: Ziele visualisieren in 6 Schritten

Schritt 1: Formulieren Sie Ihr Ziel und notieren Sie es in maximal 3 Worten. Durch das Zusammenfassen und Reduzieren Ihres Vorhabens stellen Sie sicher, dass Sie sich auf das Wesentliche konzentrieren und Dinge, die nur unnötig Ihre Kraft, Aufmerksamkeit und Energie in Anspruch nehmen würden, ohne zum Ziel zu führen, ausklammern.

Schritt 2: Verknüpfen Sie Ihr Ziel mit konkreten emotionalen Symbolen. Das könnte ganz Beliebiges sein, wie ein Tier, ein Gegenstand oder eine Figur, aber auch eine Farbe, eine Form oder ein Geruch sind denkbar. Möchten Sie Ihren Körper trainieren, könnten Sie zum Beispiel dafür das Symbol des Löwen finden, weil Sie dieses Tier mit Power und Kraft in Verbindung bringen. Möchten Sie hingegen Ihren Traumpartner finden, könnten Sie zum Beispiel den Geruch Ihres Lieblingsparfums damit verknüpfen, weil es Sie an Ihre Schönheit und Attraktivität erinnert. Das Symbol muss nicht für andere ersichtlich sein, wichtig ist nur, dass Sie es mit Ihrem Ziel in Verbindung bringen.

Schritt 3: Bringen Sie nun Ihre gefundenen Symbole in eine Ordnung, die Ihren Weg zum Ziel repräsentiert. Dadurch soll Ihnen ersichtlich werden, welche einzelnen Schritte zur Erfüllung Ihres Vorhabens notwendig sind. Wenn Sie beispielsweise Ihre Ernährung gesünder gestalten möchten, könnten Sie Ihre Symbole folgendermaßen anordnen: An erster Stelle steht das Symbol eines Mülleimers, den Sie mit dem Ausmisten von ungesunden Nahrungsmitteln verbinden. Dann folgt das Symbol eines Salatkopfes, das Ihnen den Hinweis liefert, Ihre Vorräte mit gesunden Lebensmitteln aufzustocken. Dann folgt das Symbol eines Kochtopfes, das Sie mit dem Zubereiten leckerer und gleichzeitig gesunder Mahlzeiten statt mit der Tiefkühlpizza oder Fast Food verknüpfen.

Schritt 4: Nun malen Sie das entstandene Bild, bestehend aus Ihren Symbolen mit Ihrer persönlichen Bedeutung, selbst nach. Dadurch veranschaulichen Sie sich den Weg, den Sie gehen müssen, um Ihr Ziel zu erreichen. Die Symbole stehen dafür für die Wegweiser, die Ihnen die richtige Richtung anzeigen. So entsteht eine konkrete Vision.

Schritt 5: Verinnerlichen Sie die positiven Gefühle, die Sie mit Ihrer Vision verknüpfen. Nehmen Sie sich die Zeit und spüren Sie die Empfindungen, die Sie hätten, wenn Sie hier und jetzt Ihr Ziel bereits erreicht hätten. Lassen Sie das Glück und die Erfüllung zu. Tauchen Sie in die Zufriedenheit und den Stolz, es geschafft zu haben, ein. Behalten Sie diese Gefühle in Erinnerung und fühlen Sie diese immer dann, wenn Sie an Ihre Vision denken.

Schritt 6: Nun geht es an die konkrete Planung Ihrer nächsten Schritte. Visualisieren Sie, was Sie nun tun müssen, um Ihrem Ziel näher zu kommen. Denken Sie daran: Sie können sich Ihre Wünsche nur dann erfüllen, wenn Sie auch zur Tat schreiten.

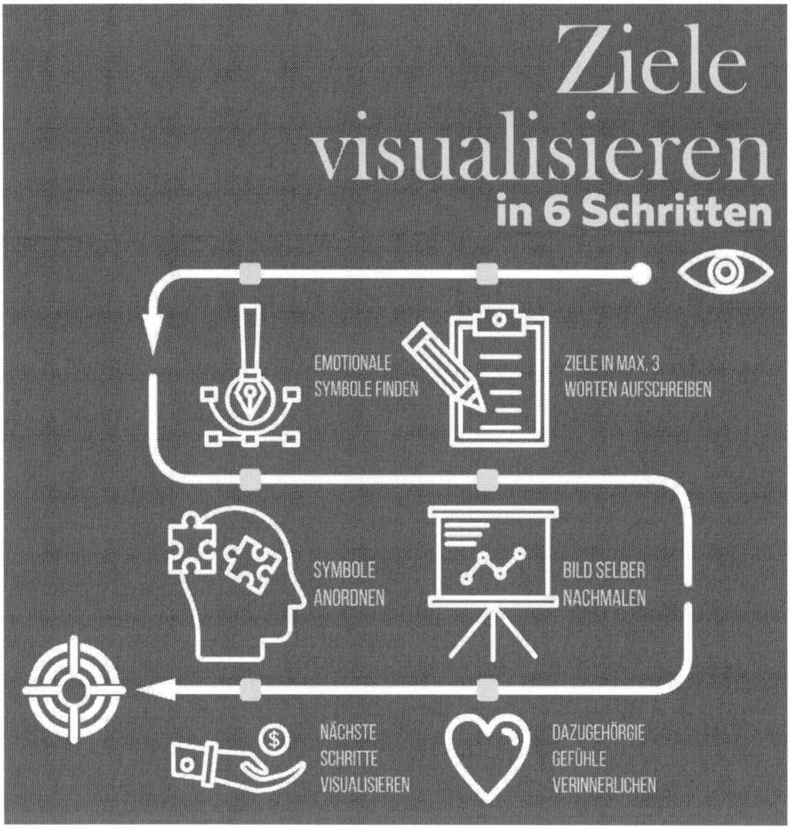

Wie Sie sehen können, birgt die Visualisierung Ihrer Wünsche tatsächlich eine großartige Macht in sich, die Sie für sich einsetzen können. Damit diese Technik vollumfänglich für Sie arbeiten kann, beachten Sie die folgenden Punkte:

- Suchen Sie einen ruhigen Ort auf, an dem Sie sich für eine Zeit lang entspannen können und nicht gestört werden. Das könnte zum Beispiel ein Zimmer im Zuhause sein oder ein Fleckchen in der Natur.
- Setzen oder legen Sie sich bequem hin und schließen Sie Ihre Augen. Atmen Sie ein paar Male hintereinander tief ein und aus. Lassen Sie sich vollkommen auf diese Technik ein.
- Lassen Sie nun innere Bilder in Ihrem Geist entstehen. Stellen Sie sich vor, wie Sie Ihren Traum leben, als hätte er sich bereits erfüllt. Wie fühlt es sich an, Ihre Ziele erreicht zu haben? Welche Empfindungen würden Sie in dieser Situation wahrnehmen? Was würden Sie denken oder hören? Durchleben Sie vor Ihrem geistigen Auge all jene Eindrücke, die Sie mit Erfolg in der konkreten Situation verbinden. Sehen Sie die Farben kräftig und klar, riechen Sie den

Duft um Sie herum, schmecken Sie. Lassen Sie die Gefühle der Freude und Aufregung, der Dankbarkeit und Erfüllung zu, die sich einstellen, wenn sich Ihr langersehntes Ziel endlich erfüllt (Tipp: Nutzen Sie hierfür die bewusste Bewegung Ihrer Augen wie zuvor beschrieben).

• Achten Sie darauf, dass Ihre Vision kein utopisches Wunschdenken ist. Wir sprechen hier von einem echten „Fahrplan", der an ein reales Ziel führen soll.

• Rufen Sie sich jeden Tag diese Visualisierung in Ihr Gedächtnis, zum Beispiel jeden Morgen vor dem Aufstehen oder abends vor dem Einschlafen. Ein paar bewusste Minuten reichen schon aus.

• Je öfter Sie die Visualisierung vornehmen, desto klarer wird sie und desto mehr Details können Sie hinzufügen. So fügen sich immer wieder neue Aspekte des Erfolges hinzu, die Ihr Bild komplettieren. Die vielen Details geben Ihnen das Gefühl, als wäre Ihr Erfolg bereits Realität.

• Nehmen Sie die Veränderungen in Ihrem Denken, Fühlen und Handeln wahr, die mit der Praxis der Visualisierung einkehren werden. Mit der Fokussierung Ihres Geistes auf Ihre Ziele wird es für Sie ganz natürlich sein, einen Schritt nach dem anderen auf Ihren Erfolg – Ihre Vision – zuzugehen. Denn die Visualisierung ohne die dadurch folgenden Taten bleibt nun einmal nur ein geistiges Bild, wenn Sie sich nicht an die Umsetzung machen.

Die Fallstricke der Visualisierung

Mit dem letzten Punkt wurde bereits ein Fallstrick bei der Arbeit mit der Vorstellungskraft angesprochen, der nicht vernachlässigt werden darf. Verharren Sie in Ihren inneren Bildern, ohne die notwendigen Maßnahmen zu ergreifen, wird sich Ihr Wunsch nicht erfüllen. Ohne Taten kein Erfolg.

Zudem könnte es vorkommen, dass Sie sich möglicherweise frustriert fühlen, weil Ihr Vorankommen auf dem Weg zum Ziel stagniert. An dieser Stelle sollten Sie sich noch einmal fragen, inwiefern Ihre Vision sinnvoll ist. Stimmen Ihre Wertvorstellungen und Bestrebungen mit Ihren Zielen und Wünschen überein? Wenn nein, könnte eine Anpassung Ihrer Vision notwendig sein, wodurch sich nicht nur das Ergebnis, sondern auch die erforderlichen Schritte dorthin verändern.

Die praktische Anwendung von NLP im Alltag

NLP im Beruf

Die Emotionskontrolle und -regulation ist ein wertvolles Instrument, das im beruflichen Alltag in vielen Situationen Anwendung finden kann. Ob es die Auseinandersetzung mit dem Kollegen ist oder der Chef, der Zeitdruck aufbaut: Können Sie mithilfe von effektiven Methoden Stress abbauen, wird sich auch Ihr berufliches Umfeld sowie Ihre Leistungsfähigkeit positiv verändern.

Übung: Ankern – Gelassenheit auf Knopfdruck

Im Beruf werden Sie immer wieder mit Situationen konfrontiert, bei denen mehr Gelassenheit wünschenswert wäre. Diese Übung ist genau für diese Momente gemacht. Indem Sie sich mithilfe einer bestimmten positiven Erinnerung „ankern", können Sie sich selbst, wann immer Sie es brauchen, in einen entspannteren Zustand versetzen. Auch wenn sie speziell auf die Förderung von Gelassenheit eingeht, kann sie auch für mehr Konzentration, Selbstbewusstsein oder andere günstige Empfindungen angepasst und eingesetzt werden.

- Nehmen Sie sich ein paar Minuten Zeit und schließen Sie Ihre Augen. Erinnern Sie sich an einen schönen, entspannten und gelassenen Moment in Ihrem Leben. Wie wäre es mit einem besonderen Wochenende, das Sie mit Ihrem geliebten Partner letztes Jahr verbringen durften? Oder das Spiel mit Ihren Kindern, als Sie sich völlig frei und gelassen den Fantasien und der Begeisterung Ihrer Schützlinge hingeben konnten? Oder Sie denken zurück an Ihren Urlaub, als Sie sonnenverwöhnt am Strand lagen und den Wellen lauschten. Begeben Sie sich voll und ganz mit all Ihren Sinnen in diese Erinnerung, als würden Sie sie noch einmal erleben.
- Konzentrieren Sie sich auf das Gefühl der Gelassenheit in Ihrem Körper. Entsteht es durch die Geräusche oder Gerüche in Ihrer Erinnerung? Oder durch die Bilder oder Berührungen?
- Lassen Sie die Gelassenheit von damals sich erneut wie eine wohlig warme Decke über Sie legen.
- Öffnen Sie langsam wieder Ihre Augen und nehmen Sie dieses Gefühl mit zurück an Ihren Arbeitsplatz.

NLP in zwischenmenschlichen Beziehungen

Die meisten Konflikte in zwischenmenschlichen Beziehungen entstehen dann, wenn man sich auf die Probleme des Gegenübers fokussiert, anstatt sich in den anderen einzufühlen. Dabei kann jeder selbst etwas zur Lösung beitragen und muss nicht darauf hoffen und warten, bis sich die anderen Menschen verändern, die für einen Konflikt verantwortlich gemacht werden. Deshalb ist es so wichtig, sich die Zeit zu nehmen, in andere Perspektiven zu schlüpfen und die Gedanken, Motive und Taten des anderen nachvollziehen zu wollen. Gemäß den Grundannahmen von NLP tut jeder das in dem entsprechenden Moment Bestmögliche und handelt stets aus einer positiven Absicht heraus. Besinnen wir uns wieder darauf, erkennen wir, dass nicht endlose Diskussionen, sondern Empathie füreinander zur Lösung zwischenmenschlicher Konflikte führen. Das erfordert die Bereitschaft und die Fähigkeit, sich auf das Gegenüber wirklich einzulassen, seine Bedürfnisse hinter seinen Worten und Taten zu erkennen, ohne diese jedoch zu verurteilen.

NLP zur persönlichen Weiterentwicklung

Die Persönlichkeitsentwicklung basiert auf dem Verständnis, dass der eigene Charakter nie fix ist, sondern sich stets anpasst. Individuelle Eigenschaften können verändert werden, Stärken können herausgearbeitet werden und Schwächen können verbessert werden. Jeder kann einen Einfluss auf seine persönliche Weiterentwicklung nehmen und sich selbst zu dem Menschen transformieren, der er gern sein möchte. Hier kann NLP eine große Unterstützung sein, denn der „Werkzeugkoffer" hält allerlei Techniken zum Kennenlernen des eigenen Selbst, der Absichten, Stärken sowie Schwächen bereit. Wer weiß, was er braucht, um glücklich zu sein, wer weiß, was er will, und wer weiß, welche Menschen und Dinge ihm wichtig im Leben sind, kann mithilfe dieses Wissens dafür sorgen, dass sich Gewünschtes in sein Leben zieht.

Übung: ISK-Modell – Sich mit schwierigen Persönlichkeiten arrangieren

Immer wieder treffen Sie im Leben, ob im Privaten oder im Beruflichen, auf Menschen, mit denen sich eine Zusammenarbeit aus verschiedenen Gründen schwierig gestaltet. Häufig haben Sie diesbezüglich jedoch keine Wahl und müssen zusehen, dass Sie sich mit ihnen arrangieren. Diese Übung vermag Ihnen dabei zu helfen, indem sie Sie daran erinnert, welche positiven Aspekte die Interaktion hat und welche Erkenntnisse sowie Lernerfahrungen Sie daraus ziehen können.

- Rufen Sie sich die Persönlichkeit, um die es geht, ins Gedächtnis. Denken Sie an die Situation, in der sie etwas tat, was Sie nicht mochten.
- Verlagern Sie Ihren Blickwinkel auf diesen Menschen, indem Sie sich in ihn hineinversetzen. Was könnte die positive Absicht sein, die hinter dem aus Ihrer Sicht unerwünschten Verhalten des anderen steht? Wie würden Sie sich selbst sehen, wenn Sie durch die Augen der anderen Persönlichkeit sehen würden?
- Welche Erkenntnisse können Sie aus den zwei unterschiedlichen Perspektiven gewinnen?
- Welche positive Absicht könnte der andere Mensch Ihnen gegenüber haben?
- Welche positive Lernerfahrung können Sie für sich aus der Interaktion mit der Persönlichkeit ziehen?
- Haben Sie vielleicht ähnliche Verhaltensweisen wie die Person, deren Verhalten Sie als negativ bewertet haben?
- Nun geht es daran, Ihre Wünsche bezüglich Ihrer Mitmenschen mithilfe des ISK-Modells zu kommunizieren. Dadurch können Sie einem roten Faden folgen, der es leichter für Sie macht, jenes auf eine konstruktive Weise zu vermitteln, das in Ihnen vorgeht. Durch den vorangegangenen Perspektivwechsel können Sie nun anderen weniger emotional und mehr sachlich begegnen. So steigt die Wahrscheinlichkeit, dass Sie in Ihrem Wünschen vom Gegenüber gehört und wahrgenommen werden.

Innerhalb des ISK-Modells konzentrieren Sie sich hier zunächst auf das „I" in der Abkürzung, das für den Ist-Zustand steht. Beschreiben Sie Ihrem Gegenüber die derzeitige Lage. Was genau mochten Sie nicht an der Situation, die sich mit diesem Menschen ereignet hat?

- Gehen Sie nun weiter zum „S", das für den Soll-Zustand steht. Was würden Sie sich von Ihrem Gegenüber wünschen?
- Zum Abschluss widmen Sie sich dem „K", das wiederum für Konsequenz steht. Hier erläutern Sie, wie man vom Ist- zum Soll-Zustand gelangen könnte und was das Resultat daraus wäre. Das K beschreibt also die Schlussfolgerung.

Der Werkzeugkoffer des NLP auf einen Blick

• **Ankern**: Ankern ist eine Technik des NLP, bei der ein bestimmter Zustand oder eine bestimmte Emotion mit einem spezifischen Auslöser verknüpft wird, sodass der Zustand durch den Auslöser wieder abgerufen werden kann.

• **Kalibrierung**: Kalibrierung bezeichnet die Fähigkeit, nonverbale Signale wie Körpersprache, Tonfall und Augenbewegungen zu beobachten und zu interpretieren, um die Reaktionen einer Person besser zu verstehen.

• **Meta-Modell**: Das Meta-Modell ist ein Werkzeug im NLP, das verwendet wird, um ungenaue oder vage Sprachmuster zu identifizieren und zu klären, indem gezielte Fragen gestellt werden, um mehr Informationen zu erhalten.

• **Augenbewegungen**: Die Beobachtung der Augenbewegungen wird im NLP genutzt, um auf mögliche Denkmuster und bevorzugte Repräsentationssysteme (visuell, auditiv, kinästhetisch usw.) einer Person zu schließen.

• **Rapport**: Rapport bezeichnet einen Zustand harmonischer Beziehung und Verbindung zwischen zwei oder mehreren Personen, der durch gegenseitiges Vertrauen und Verständnis gekennzeichnet ist.

• **ISK-Modell**: Das ISK-Modell steht für „Input, State, Output" und beschreibt, wie äußere Reize (Input) den inneren Zustand einer Person beeinflussen können und wie dieser Zustand das Verhalten (Output) beeinflusst.

• **Analoges Markieren**: Analoges Markieren ist eine Technik, bei der der Kommunikator bestimmte Wörter oder Ausdrücke betont, um wichtige Informationen hervorzuheben und die Aufmerksamkeit des Zuhörers zu lenken.

• **B.A.G.E.L.**: B.A.G.E.L. steht für „Belief, Action, Generalization, Evaluation, Learning" und ist ein Modell, das die Struktur von Überzeugungen und Glaubenssätzen untersucht.

• **Pacing and Leading**: Pacing bezeichnet das Eingehen auf die Realität und die Erfahrungen einer Person, während Leading den Prozess beschreibt, in dem eine Person subtil beeinflusst wird, um neue Perspektiven oder Verhaltensweisen anzunehmen.

• **Storytelling**: Storytelling ist eine Technik, bei der Geschichten verwendet werden, um Botschaften zu vermitteln, Emotionen zu wecken und Veränderungen im Denken und Verhalten zu bewirken.

• **Swish-Technik**: Die Swish-Technik ist eine NLP-Technik, die darauf abzielt, unerwünschte Verhaltensweisen oder Gedanken durch die bewusste Vorstellung positiver Alternativen zu ersetzen.

• **AIDA-Modell**: Das AIDA-Modell ist ein Marketingkonzept, das die Phasen der Aufmerksamkeit (Attention), des Interesses (Interest), des Verlangens (Desire) und der Handlung (Action) beschreibt, die ein Kunde durchläuft.

• **Verbal Packaging**: Verbal Packaging bezieht sich auf die Art und Weise, wie Informationen präsentiert werden, um sie für den Empfänger attraktiver und überzeugender zu machen.

• **Reframing**: Reframing ist eine Technik, bei der die Bedeutung einer Situation verändert wird, indem sie aus einer anderen Perspektive betrachtet wird, um neue Lösungen oder Verhaltensweisen zu ermöglichen.

• **Sleight of Mouth**: Sleight of Mouth ist eine Sammlung von Sprachmustern und Argumentationstechniken, die verwendet werden, um Überzeugungen und Denkmuster zu beeinflussen und zu verändern.

• **5-Satz**: Die 5-Satz-Technik ist eine Methode, um im Gespräch schnell Vertrauen aufzubauen, indem man in fünf Sätzen Informationen über sich selbst teilt.

• **Milton-Modell**: Das Milton-Modell ist eine Sammlung von Sprachmustern, die von dem Hypnosetherapeuten Milton H. Erickson entwickelt wurden und zur hypnotischen Kommunikation und Veränderungsarbeit verwendet werden.

• **VAKOG**: VAKOG steht für „Visual, Auditory, Kinesthetic, Olfactory, Gustatory" und bezieht sich auf die verschiedenen Sinnesmodalitäten, über die Menschen Informationen aufnehmen und verarbeiten.

• **Neurologische Ebenen**: Die neurologischen Ebenen sind ein Modell, das verschiedene Ebenen der menschlichen Erfahrung und Veränderung beschreibt, angefangen bei Umwelt und Verhalten bis hin zu Identität und Spiritualität.

• **Timeline**: Die Timeline ist eine metaphorische Darstellung der Zeit, die im NLP zur Erforschung und Veränderung von Erinnerungen, Glaubenssätzen und Zukunftsvisionen verwendet wird.

SMART-Methode: SMART ist ein Akronym für „Spezifisch, Messbar, Erreichbar, Relevant, Zeitgebunden". Diese Methode wird zur Formulierung von klar definierten Zielen verwendet.

Übung: Reframing – Die magischen Brillengläser

Der persönlichen Weiterentwicklung geht Selbsterkenntnis voraus, die auf einem möglichst realistischen Selbstbild basiert. Mit dieser Übung werden Sie sich einmal durch eine andere Brille sehen können und dadurch eventuell sogar Seiten an sich entdecken, die Ihnen zuvor verborgen geblieben sind. Auf diese Art deuten Sie den Kontext um, was im NLP als Reframing bezeichnet wird.

- Setzen Sie sich geistig eine magische Brille auf, durch die Sie alles und jeden, was und den Ihre Augen sehen, mit Liebe, Verständnis, Toleranz, Güte und Geduld betrachten.

- Treten Sie nun in Ihrem Geist vor einen Spiegel und blicken Sie sich selbst an. Was sehen Sie nun durch die magischen Brillengläser?

- Welche Seiten können Sie durch die Brille an Ihnen entdecken, die Sie zuvor nicht gekannt haben? Wie verändert ein liebevoller und verständnisvoller Blickwinkel auf sich Ihre Wahrnehmung? Welche Charakterstärken und Potentiale können Sie erkennen? Welche positiven Worte möchten Sie sich selbst entgegenbringen?

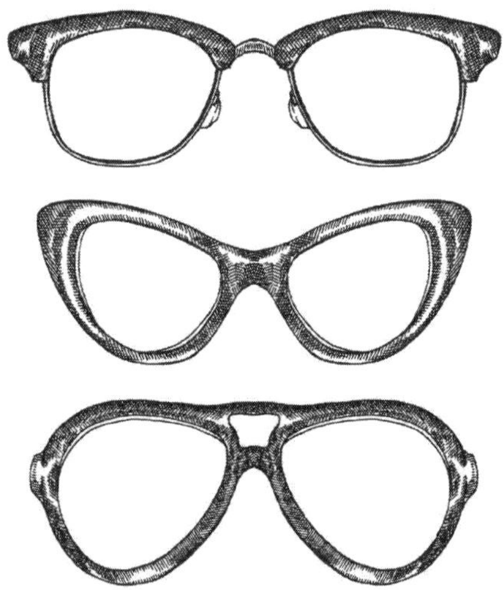

Übung: Verbal Package und Meta-Modell – Missverständnisse vermeiden

Das Verbal Packaging hilft Ihnen dabei, Missverständnissen aus dem Weg zu gehen, die durch eine Fehlinterpretation von Informationen auftreten können. So können Sie herausfinden, ob Sie die Aussagen des Gegenübers auch wirklich richtig verstanden haben.

• **Schritt 1 – Intention verkünden**: Zunächst bereiten Sie Ihren Mitmenschen darauf vor, dass Sie ihm gleich Fragen stellen werden, die möglicherweise etwas ungewöhnlich klingen könnten.

> **Beispiel:**
> „Ist es in Ordnung für Sie, wenn ich Ihnen ein paar Fragen stelle, damit ich genau weiß, was Sie mit Ihrer Aussage gemeint haben?"
> „Dürfte ich dir ein paar Fragen zum besseren Verständnis stellen?"

• **Schritt 2 – Meta-Modell**: Das Meta-Modell dient dazu, mithilfe bestimmter Methoden Teile von Gedanken zu verkürzen, zusammenzufassen oder gegebenenfalls wegzulassen, sodass es der jeweiligen Situation angemessen ist. So können Sie ganz gezielt ungenaue und vage Aussagen vermeiden.

Stellen Sie dafür ganz direkte Fragen, die sich auf die Fakten beziehen: die beteiligten Personen (Wer tat was?) und Objekte (Wem oder was wurde etwas angetan?), der Raum (Wo geschah es?), die Zeit (Wann geschah es?), die Methode (Wie wurde es getan?), die Möglichkeiten (Welche Optionen gab es?) und die Anzahl (Wie oft geschah es? Wie viel?).

> **Beispiel:**
> „Ich musste lachen" → „Worüber haben Sie gelacht?"
> „Das hat mir Probleme bereitet" → „Was hat Ihnen ein Problem mit was bereitet?"
> „Offensichtlich ist das ein Konflikt" → „Für wen ist dieser Konflikt offensichtlich?"

Achten Sie zudem darauf, Generalisierungen zu vermeiden. Stellen Sie immer einen Bezug zur jeweiligen Situation her und vermeiden Sie Worte wie „nie" oder „immer".

> **Beispiel:**
> „Männer sind gefühlskalt" → „Sind alle Männer gefühlskalt?"
> „Niemand hört auf das, was ich zu sagen habe" → „Wer genau achtet nicht auf das, was Sie gesagt haben?"

Des Weiteren sollten Sie Verzerrungen vermeiden, zum Beispiel durch Vorannahmen oder „Gedankenlesen". Verdrehen Sie die Fakten nicht und dichten Sie nichts hinzu, sondern bleiben Sie bei der Wahrheit.

Beispiel:
„Wenn Sie wieder so schlechte Arbeit leisten, gebe ich Ihnen keinen neuen Auftrag mehr" → „Was genau definieren Sie an meiner Arbeit als „schlecht"?
„Wenn du mich lieben würdest, würdest du auch tun, was ich von dir erwarte" → „Warum gehst du davon aus, dass ich weiß, was du von mir erwartest, und was bringt dich dazu, zu glauben, dass ich dich nicht mehr liebe?"

- **Schritt 3 – Paraphrasieren**: Schließlich geben Sie das Gesagte sinngemäß mit Ihren eigenen Worten wieder, um sicherzugehen, dass Sie es richtig verstanden haben, insofern das Gegenüber dies bestätigt. Außerdem bringen Sie damit die Kerninformationen auf einen Punkt.

Beispiel:
„Zusammenfassend lässt sich also sagen, dass ... Habe ich das so richtig verstanden?"

Tool 7: Dunkle Psychologie verstehen und Manipulation abwehren

Die Grundlagen der dunklen Psychologie

Jeder Mensch hat sie und niemand kann es leugnen: Diese mystische dunkle Seite der Persönlichkeit, die andere Menschen für eigene Zwecke manipuliert. Manche von uns versuchen, diesen Teil der Psyche zu verstecken, andere verdrängen ihn oder probieren, ihn zumindest zu kontrollieren. Und dann gibt es noch jene, die ihn unbewusst oder bewusst ausleben.

Die Psychologie von Macht und Kontrolle

Die dunkle Psychologie befasst sich mit dieser dunklen Seite der Psyche des Menschen. Während sich die klassische Psychologie auf menschliche Gedanken, Gefühle, Handlungen und Verhaltensweisen fokussiert, richtet die dunkle Psychologie, die jedoch kein anerkannter Zweig der Psychologie ist, ihre Konzentration auf Techniken und Strategien, die der Motivation, Überredung, Manipulation oder des Zwangs dienen, die ein Individuum anwendet, um das zu erreichen, was es sich wünscht.

Die Kunst dieser Strategien liegt darin, dass der Gegenüber meist nicht einmal weiß, dass er mit seinen Gedanken oder Handlungen kontrolliert wird. Er wird mit einer Art und Weise vom Täter ausgenutzt, damit dieser das bekommt, wonach er sich sehnt, ob es nun ein Gegenstand, ein bestimmtes Verhalten, Aufmerksamkeit, Sicherheit oder andere Dinge sind. Dabei kommt es nicht selten vor, dass das Opfer der Manipulation unter der Anwendung der dunklen Psychologie zu leiden hat, indem zum Beispiel seine Unabhängigkeit eingeschränkt wird.

Die 6 Grundsätze der dunklen Psychologie nach Michael Nuccitelli

1. Die Natur des Menschen: Die dunkle Psychologie steckt in jedem einzelnen Menschen, egal, welcher Religion, Rasse, Kultur oder welchem Geschlecht er angehört. Unabhängig davon, wie gut dieser dunkle Aspekt der Psyche auch versteckt sein mag – jeder, wirklich jeder besitzt das Potential in sich. Was jene Menschen, die wir als selbstlos, empathisch und gütig beschreiben, von manipulativen Persönlichkeiten unterscheidet, ist, dass diese sich bewusst gegen zerstörerische Impulse und gewalttätige Gedankengänge entscheiden.

2. Die menschliche Psyche besser verstehen lernen: Die dunkle Psychologie weist auf die Unmenschlichkeit und die dunkle Seite der menschlichen Psyche hin, die losgelöst von den manipulativen und schädlichen Aspekten sind, die ein Individuum denken, sagen und tun kann. So können zwei Mörder, die beide sehr stark ausgeprägte Aspekte der dunklen Psychologie aufweisen, unterschiedliche Beweggründe haben: Der eine könnte aus dem verzweifelten Bedürfnis nach Liebe heraus gehandelt haben, während der andere einfach nur aus Bosheit und Psychopathie agierte.

3. Zielgerichtete und ziellose Antriebe: In der dunklen Psychologie wird davon ausgegangen, dass der Mensch auch ohne ein klares Ziel seine Opfer ausbeuterisch beeinflussen kann. Je mehr es an einer eindeutigen Motivation oder Absicht mangelt, desto bösartiger zeigt sich das Verhalten des Täters.

4. Von einem dunklen Gedanken bis hin zu mörderischem Verhalten: Wenn man sich mit der dunklen Psychologie beschäftigt, könnte man schnell dazu neigen, sich darunter Narzissten und perverse Psychopathen vorzustellen, die von schrecklichen und bösartigen Impulsen getrieben werden. Das beschreibt jedoch nur einen Teil des Spektrums der dunklen Psychologie, die nämlich in ihrer Intensität stark variieren kann. Bereits ein dunkler Gedanke oder eine „unschuldige" Beeinflussung ist eine mögliche Erscheinung der dunklen Seite der Psyche.

5. Das Übel steckt in jedem von uns: Was zeigt uns die dunkle Psychologie? Jeder ist zu großer Unmenschlichkeit fähig. Das Potential dafür steckt in uns und wird von internen und externen Anreizen beeinflusst. Doch was ebenso jeder Mensch aufweist, ist, sich gegen diese dunklen Triebe zu entscheiden und sie zu kontrollieren. Unsere Spezies ist übrigens die einzige, die dazu fähig ist, denn kein anderes Lebewesen auf unserem Planeten reagiert grundlos und ziellos mit Gewalt.

6. Eine gesündere Gesellschaft durch dunkle Psychologie: Wenn wir verstehen lernen, was sich hinter der dunklen Seite unserer Psyche verbirgt, welche Auslöser ihr zugrunde liegen und welche Ursachen sich dahinter verbergen, kann uns dieses Wissen dabei helfen, die menschliche Gesellschaft zu verbessern. Durch die Identifizierung und Analyse dunkler Manipulationstechniken kann deren Einsatz verringert werden. Das gilt im Kleinen wie im Großen – sowohl auf der Ebene des einzelnen Menschen im Alltag als auch innerhalb der gesamten Menschheit.

Die Gefahr der dunklen Seite der menschlichen Psyche

Die dunkle Psychologie birgt die große Gefahr des schadhaften und räuberischen Verhaltens aufgrund bestimmter Gedanken und Gefühle. Der Psychologe Michael Nuccitelli spricht davon, dass dies in den meisten Fällen mit zielgerichteter und zweckorientierter Absicht wie Macht, Kontrolle, Geld, Sex oder Rache geschieht. Michael Nuccitelli schreibt der dunklen Psychologie zudem 3 Aspekte zu:

- **Das dunkle Kontinuum**: In der Psychologie wird davon ausgegangen, dass grundsätzlich jeder Mensch dazu in der Lage ist, anderen durch zerstörerische Motive, Grausamkeit und Bösartigkeit zu schaden. Bei einigen Persönlichkeiten zeigt sich dies lediglich durch flüchtige Gedanken, bei anderen hingegen kann sich das dunkle Kontinuum in konkreten psychopathischen Verhaltensweisen zeigen.
- **Die dunkle Singularität**: Einige Psychologen sprechen von einem Teil der menschlichen Natur, der andere dazu motivieren möchte, zu schikanieren und brutale Dinge zu tun, was als dunkle Singularität bezeichnet wird.
- **Der dunkle Faktor**: Dunkle Faktoren beschreiben Dinge, die die Anwendungen von Techniken der dunklen Psychologie beschleunigen oder als Lockmittel dienen. Der dunkle Faktor umfasst unter anderem Narzissmus, Machiavellismus und Psychopathie, denen wir uns weiter unten widmen werden.

Jeder Mensch besitzt diesen dunklen Aspekt in sich, die Frage ist nur, wie stark dieser ausgeprägt ist. Grundsätzlich ist jede Persönlichkeit dazu in der Lage, Mitmenschen zu verletzen und zu manipulieren, doch in der Regel kontrollieren die meisten von uns den inneren Impuls, diesen Dingen nachzugehen. Personen, die hingegen Taktiken der dunklen Psychologie anwenden, lassen sich oft durch kriminelle, psychopathische oder andere Motive leiten.

Die dunkle Psychologie als Teil der menschlichen Psyche, die Mitmenschen ausnutzt, kann in jeder alltäglichen Situation aufgedeckt werden. Sie kommt zum Beispiel im Geschäftsleben vor, wo mithilfe bewusster und unbewusster Verhaltensweisen Macht und Kontrolle über Kollegen, Vorgesetzte, Mitarbeiter, Kunden oder Konkurrenten ausgeübt wird. Auch wenn es erschreckend und vielleicht unerwartet ist, finden sich diese Techniken nicht nur im Bereich der beruflichen Tätigkeit, sondern in jeder sozialen Beziehung – davon sind leider auch Liebesbeziehungen nicht ausgenommen.

- **Manipulation im Geschäftsleben**: Das tägliche Bemühen um ein Einkommen zur Existenzsicherung holt aus vielen Menschen die schlimmsten Seiten heraus. Um den Profit zu steigern, die Umsätze zu erhöhen, die Kosten zu senken, Konkurrenten auszuschalten oder die Mitarbeiter dazu zu bewegen, schneller und besser zu arbeiten, wird sich gängigen Strategien bedient, die persönliche Zwecke erfüllen. Es ist also nicht verwunderlich, dass Unternehmen Führungskräfte bevorzugen, die aufgrund ihres Charakters Techniken der dunklen Psychologie auf einfache und natürliche Weise zum Einsatz bringen können. Dabei werden zum Beispiel bestimmte Begriffe oder Phrasen genutzt, die dem Mitarbeiter ein Gefühl von „Familie" oder „Wir sitzen alle im selben Boot" geben. Das soll ihn dazu motivieren, seine eigenen Interessen zum Wohle des Unternehmens zurückzustellen und mehr zu tun, als er für seine Mühen eigentlich am Ende des Monats ausgezahlt bekommt. Auch bei Kunden kommen Phrasen wie „Der Kunde ist König" oder „Wir sind hier, um Ihnen zu dienen" ausgesprochen gut an. Dadurch bekommen sie das Gefühl, noch mehr für das Geld zu bekommen, das sie für ein bestimmtes Produkt oder eine Dienstleistung gezahlt haben.
- **Manipulation in zwischenmenschlichen Beziehungen**: Es muss nicht immer einen beruflichen Hintergrund haben, warum Menschen andere Menschen manipulieren. Die dunkle Psychologie kann in jeder sozialen Verbindung auftreten, wobei sie sich durch Überredungskunst, Überzeugung oder Beeinflussung zum persönlichen Vorteil des Täters zeigt. An dieser Stelle muss nicht betont werden, wie destruktiv sich dieses Verhalten auf das Opfer und die zwischenmenschliche Beziehung der Beteiligten auswirkt. Manipulation beginnt bereits bei dem Ausspielen der sogenannten Opferkarte, bei der eine Person einer anderen ein schlechtes Gewissen einredet, um Aufmerksamkeit und Sympathie zu erhaschen. Auch das Übertreiben bei Erzählungen darüber, wie jemand anderen geholfen hat, kann ihm seinen Wunsch nach der Steigerung von sozialem Ansehen erfüllen.
- **Manipulation in Liebesbeziehungen**: Besonders in romantischen Verbindungen hegt der Mensch diverse emotionale und sexuelle Bedürfnisse, die erfüllt werden wollen. Nicht immer wird dies durch das Kommunizieren von persönlichen Grenzen oder Wünschen erreicht. Kleinere oder größere Lügen, Täuschungen, Versprechungen oder andere Formen des Betrugs dienen einzig und allein der dunklen Seite des Partners. Auch hier werden Macht und Kontrolle über den Menschen ausgeübt, den man eigentlich am meisten lieben sollte. Männer und Frauen nehmen sich hier übrigens nicht viel. Männer könnten zum Beispiel mit Versprechungen bezüglich einer gemeinsamen attraktiven Zukunft die Frau in eine Beziehung locken, in der sie ihre einst gemachten Versprechen nicht einhalten und jegliche Bindung verneinen. Doch auch Frauen neigen dazu, Intimität und Sex zu benutzen, um den Mann zu kontrollieren oder gar zu bestrafen.

Welche Persönlichkeiten machen Gebrauch von der dunklen Psychologie?

Die Gesellschaft und soziale Normen haben uns bereits seit Kindesbeinen darauf getrimmt, zerstörerische Antriebe der dunklen Psychologie zu verdrängen und stattdessen positive Aspekte der Persönlichkeit wie Mitgefühl und Empathie in uns zum Vorschein zu bringen. Deshalb haben viele Menschen gar kein Interesse daran, in ihrem Alltag Mitmenschen durch Manipulation zu schaden, und wählen lieber andere, sozial verträglichere Wege, um zu erreichen, was sie erreichen wollen. Trotzdem wandeln zahlreiche Persönlichkeitstypen unter uns, die sich der dunklen Psychologie bedienen. Laut dem Psychologen Dr. Jason Jones weisen diese 3 bestimmte Charaktermerkmale auf, die als die Triade der dunklen Psychologie bezeichnet werden:

- **Narzissmus**: Menschen, die sich besonders stark nach Anerkennung, Aufmerksamkeit und Bewunderung sehnen, ausgeprägte egoistische Züge aufweisen, sich in Selbstherrlichkeit verlieren und gleichzeitig keine Fähigkeit der Einfühlung besitzen, können an einer narzisstischen Persönlichkeitsstörung leiden. Narzissten neigen zur Ausbeutung und Ausnutzung, um ihren Willen zu bekommen, und sind deshalb nicht in der Lage, echte Bindungen einzugehen und gesunde Beziehungen zu pflegen.
- **Machiavellismus**: Der kompliziert anmutende Begriff aus der Psychologie beschreibt ein Charaktermerkmal, dem es an Moral und Ethik mangelt. Menschen, die hiervon betroffen sind, manipulieren gerissen und rücksichtslos. Sie beuten aus, ohne sich für die Folgen, unter denen das Opfer zu leiden hat, zu interessieren.
- **Psychopathie**: Psychopathen weisen eine äußerst niedrige Kontrolle über das eigene Verhalten auf und werden deshalb als impulsiv beschrieben. Was hingegen in diesen besonders ausgeprägt ist, ist der Egoismus. Sie können sich nicht in ihre Mitmenschen hineinversetzen, was sie rücksichtslos, verantwortungslos, unehrlich und unfähig zu Reue macht. Zudem fehlen bei Psychopathen emotionale Reaktionen und sie neigen zu asozialem sowie kriminellem Verhalten.

Selbstverständlich ist nicht jeder Mensch, der einen anderen manipuliert hat, gleich ein Narzisst oder ein Psychopath. Doch er weist möglicherweise Aspekte dieser drei Persönlichkeitsmerkmale auf, die mehr oder weniger stark ausgeprägt sind.

Es ist unvermeidlich, dass jeder von uns früher oder später Techniken der dunklen Psychologie in der Anwendung erlebt. In der heutigen Gesellschaft können wir den bewussten oder unbewussten Beeinflussungen und Techniken der dunklen Psychologie durch andere Menschen so gut wie gar nicht entgehen. Einige von diesen werden Ihnen nun vorgestellt. Kommt Ihnen die eine oder andere vielleicht bekannt vor?

Manipulationstechniken der dunklen Psychologie im Überblick

Manipulation durch Lügen und Täuschungen

Durch das Lügen und Täuschen kann der Täter ein kontrolliertes Narrativ entstehen lassen, das auf sein Opfer angepasst ist. Dabei können Teilwahrheiten bis hin zum Verschweigen von Informationen oder gar Falschaussagen zum Einsatz kommen, um das Opfer in die gewünschte Richtung zu lenken.

Beispiel:
Susi trifft sich mit Peter zu ihrem 3. Date und erzählt ihm, dass sie sich eine feste Partnerschaft mit Kindern wünscht. Peter geht darauf ein und verkündet, ebenso diesen Wunsch zu haben, obwohl dies gar nicht der Fall ist. Er möchte Susi unbedingt ins Bett kriegen und manipuliert sie deshalb durch eine Lüge.

Manipulation durch Liebesbomben

Bei dieser Manipulationstechnik überschüttet der Täter sein Opfer förmlich mit Aufmerksamkeit, Zuneigung, Bewunderungen und Liebesbekundungen. Dadurch gewinnt er zügig das Vertrauen des anderen, weshalb es häufig am Anfang einer Beziehung zum Einsatz kommt. Doch diese Liebesbomben beruhen nicht auf echtem Interesse am Partner, sondern der Manipulator verfolgt ein klares Ziel. Hier kann nicht von wahrhaftiger Liebe gesprochen werden.

Beispiel:
Lisa überrumpelt den reichen Gerd, der völlig verzückt von ihr ist, förmlich mit ihren Liebesbekundungen. Sie macht ihm unzählige Komplimente, ist extrem liebevoll und liest ihm seine Wünsche von den Lippen ab. Nachdem die Beziehung länger anhält, wird deutlich, dass Lisa Gerd nie wirklich mochte. Was sie jedoch sehr mag, ist sein Geld, an das sie durch die Liebesbomben heranzukommen versuchte.

Manipulation durch Wiederholung

Diese Manipulationstechnik kennen wir nur zu gut aus den Medien. Das ständige Wiederholen von Werbung bewirkt, dass der Zuhörer oder Zuschauer beginnt, tatsächlich daran zu glauben. Die Aussagen werden zunehmend selbstverständlicher und glaubwürdiger.

Beispiel:
Die Werbung versucht, Ihnen einzureden, dass das angebotene Produkt das Leben verändert. Je häufiger Sie die Werbespots des Unternehmens ansehen, desto mehr glauben Sie daran, das Produkt wirklich zu brauchen. Schließlich stehen Sie im Laden vor dem Regal und greifen zu, ganz unter dem Motto „Was soll's, ich kann es ja mal ausprobieren." Die Manipulation wirkt.

Manipulation durch Stress und Angst

Stress und Angst sind zwei sehr intensive Emotionen, die unser Leben stark beeinflussen. Diesen Umstand machen sich auch andere zunutze, indem sie das Opfer zwingen, sich augenblicklich zu entscheiden. Das löst Stress aus, wodurch klares Nachdenken nicht mehr möglich ist.

Beispiel:
Sie sehen ein äußerst attraktives Verkaufsangebot und schlagen sofort zu, weil Sie die Aussage „einmalig reduziert – nur noch heute" unbewusst in eine Stresssituation versetzt. Eigentlich brauchen Sie das Produkt gar nicht.

Auch Angst ist ein großartiger Motivator, der gern von Manipulatoren eingesetzt wird. Durch das Auslösen dieser Emotion kann das Opfer zu bestimmten Handlungen bewegt werden.

Beispiel:
Als Raucher werden Sie durch die abschreckenden Bilder auf den Zigarettenschachteln zum Aufhören bewegt. Manipulation muss also nicht immer zwangsläufig negativ sein.

Manipulation durch Wahl

Das Aufzeigen begrenzter Wahlmöglichkeiten kann das Opfer dazu bringen, eine gewünschte Handlung auszuführen. Statt ihm alle nur möglichen Optionen vorzustellen, begrenzt der Täter die Wahlmöglichkeiten.

> **Beispiel:**
> Anneliese will unbedingt mit Frank essen gehen. Ganz bewusst fragt sie ihn nicht „Gehen wir morgen essen?“, weil sie vermeiden will, dass er „Nein“ sagt. Stattdessen fragt sie ihn Folgendes: „Wollen wir morgen chinesisch oder italienisch essen gehen?“

Manipulation durch Kompromisse

Bei dieser Manipulationstechnik vermittelt der Täter dem Opfer das Gefühl, dass es selbst die Wahl hat. Dabei offenbart der Manipulator einen oder mehrere völlig abwegige Kompromissvorschläge, die das Opfer nur ablehnen kann. Dadurch wird es sich „freiwillig“ für die vom Täter gewünschte Option entscheiden und gleichzeitig dabei denken, dass es die einzige Lösung war.

> **Beispiel:**
> Fred möchte mit Marion in den Urlaub fliegen. Marion hat jedoch klar kommuniziert, dass das Flugzeug für sie nicht in Frage kommt, weshalb Fred ihr folgende Vorschläge macht: Entweder sie fahren mit dem Auto 15 Stunden oder mit dem Zug mit 6-mal Umsteigen. Beide Optionen erscheinen Marion so aufwendig, dass sie sich nun doch für den 2-stündigen Flug entscheidet.

Manipulation durch Autorität

Für Menschen, die autoritär und dominant auftreten, ist es meist ein Leichtes, andere zu beeinflussen und einzuschüchtern. Dadurch gewinnen diese an Macht und Kontrolle.

> **Beispiel:**
> In einem Meeting fühlt sich Siegfried von Maik, der mit vielen Titeln, Kompetenzen und Qualifikationen glänzt, eingeschüchtert. Ganz nebenbei, ohne dass es groß auffällt, erwähnt Maik immer wieder, dass er zum Beispiel bei einer renommierten Firma Abteilungsleiter war oder mit einem bekannten erfolgreichen Unternehmer befreundet ist. Siegfried kann sich nur schlecht gegen die Autorität von Maik wehren und stimmt schließlich seinen Vorschlägen zu.

Manipulation durch Gaslighting

Der englische Begriff Gaslighting beschreibt eine Form des Missbrauches auf emotionaler Ebene, bei der der Täter bewusst sein Opfer verunsichert, desorientiert und sein Selbstbewusstsein untergräbt. Mit dieser Manipulationstechnik ist nicht mehr zu spaßen, denn hier liegt eine besonders boshafte Form der Kontrolle vor, die die psychische Gesundheit des Opfers bedroht. Hier stiftet der Täter Zweifel und Verwirrung. Zudem unternimmt er kleine Veränderungen in den Routinen oder in der Umgebung des Opfers, sodass dieses nach und nach immer mehr kontrolliert werden kann. Gefühle werden umgedeutet, es wird gelogen, vergangene Ereignisse und Worte werden bestritten, es wird vorgegeben, sich Sorgen zu machen, die Ansichten des anderen werden abgewertet und er wird von seinem sozialen Umfeld isoliert. Dabei weiß dieses irgendwann nicht mehr, was wirklich geschehen ist und was es sich nur eingebildet hat. Das führt dazu, dass das Opfer seinen eigenen Verstand in Frage stellt.

Beispiel:
Kurt kritisiert seine Freundin Laura ständig, weil diese immer so hysterisch und übersensibel sei. Er gibt vor, sich Sorgen um sie zu machen, weil sie auf ihn so verwirrt reagiert. Auf die Frage von Laura, warum Kurt ihr so häufig sagt, was falsch an ihr sei, antwortet dieser nur entsetzt: „Wie kannst du so etwas behaupten? Ich würde nie solche Dinge zu dir sagen! Ich liebe dich doch!" Aufgrund seiner überzeugenden Argumente beginnt sie, ihm zu glauben, und zweifelt zunehmend an sich selbst. Sie richtet sich nach Kurts Anweisungen, weil dieser ihr vermeintliches Problem ja rechtzeitig erkannt hat und ihr scheinbar helfen kann.

Manipulation durch emotionale Erpressung

Diese Technik wird in unserer Gesellschaft schon fast als normal angesehen, weil sie so häufig auftritt. Menschen gebrauchen die emotionale Erpressung bei Familie und Freunden häufig, ohne darüber nachzudenken. Das macht sie jedoch nicht weniger manipulativ und akzeptabel. In der Regel wird hierbei dem Opfer angedroht, ihm die Anerkennung und Liebe vorzuenthalten, wenn es nicht das gewünschte Verhalten an den Tag legt. Der Täter hat dabei erkannt, wie viel Bedeutung die Liebe für das Opfer hat, und nutzt diesen Umstand für seine Zwecke aus.

Beispiel:
Inge ist Mutter von einer jungen rebellischen Tochter. Als diese mal wieder bei der Familienfeier herumstänkert, droht Inge ihr: „Wenn du nicht sofort artig bist, helfe ich dir heute Abend nicht bei deinen Hausaufgaben!"

Übung: Manipulation in Ihrem Leben aufdecken

Denken Sie einmal an Ihren eigenen Alltag, an Ihre sozialen Kontakte und Ihre berufliche Situation. Welche der vorgestellten Manipulationstechniken kommen Ihnen bekannt vor? Diese Übung dient der Selbstreflexion und dem Bewusstwerden über den Umstand, dass Sie tagtäglich seit Beginn Ihres Lebens durch andere Menschen beeinflusst werden. Es geht nicht darum, andere Menschen dafür zu verurteilen, denn häufig geschieht dies tatsächlich unbewusst, sondern darum, das Wissen der Erkenntnis zu nutzen, um sich vor Manipulation zu schützen. Finden Sie Beispiele für die vorgestellten Manipulationsstrategien. Wann und inwiefern waren Sie selbst Opfer und Täter dieser?

Manipulation durch Lügen und Täuschungen

____

____

Manipulation durch Liebesbombe

____

____

Manipulation durch Wiederholung

____

____

Manipulation durch Stress und Angst

____

____

Manipulation durch Wahl

____

____

Manipulation durch Kompromisse

____

____

Manipulation durch Autorität

____

____

Manipulation durch Gaslighting

____

____

Manipulation durch emotionale Erpressung

____

____

____

Manipulation durch andere Formen der Manipulation, die Ihnen bereits begegnet sind

____

____

____

____

____

____

____

Unerfüllte Bedürfnisse als Quelle der Manipulation: eine neue Betrachtungsweise

Der Begriff Manipulation ruft in den allermeisten Menschen auf Anhieb negative Empfindungen hervor. Wir verbinden ihn mit schäbigem und verurteilungswürdigem Verhalten, das nicht zu verzeihen ist. Doch was wäre, wenn Manipulation auch aus einer neutraleren Position heraus betrachtet werden könnte?

Menschen manipulieren andere nicht einfach aus purer Bosheit heraus. Dieses Verhalten resultiert aus tiefen Bedürfnissen, die nicht erfüllt wurden. Die Beeinflussung der Mitmenschen zum persönlichen Vorteil geschieht immer dann, wenn die jeweilige Persönlichkeit glaubt, ihr inneres Bedürfnis nicht befriedigen zu können, indem sie dem Gegenüber kommuniziert, was genau sie braucht, um sich besser zu fühlen. Dieser Mensch ist also nicht in der Lage, auf eine direkte und empathische Weise das Gegenüber um etwas zu bitten, weshalb er stattdessen den „Umweg“ über die Manipulation wählt. Wenn zum Beispiel eine junge, überforderte Mutter das eigene Kind emotional erpresst, damit es endlich aufhört, zu weinen, und sie einen Moment Ruhe hat, liegt auch hier ein unerfülltes Bedürfnis versteckt. Die Mutter ist verzweifelt und sieht keinen anderen Ausweg aus der Stresssituation, als das Kind mit allen Mitteln zu erpressen. Was sie braucht, ist nicht die Kontrolle über das Kind, sondern Ruhe und Stille, um sich nach einem harten Tag endlich entspannen zu können. Dabei nutzt sie unbewusst die Manipulationstechnik, um sich ihr dringendes Bedürfnis zu erfüllen. Sie möchte dem Kind nicht schaden, doch ihre eigene Not ist in diesem Moment so groß, dass ihr Unterbewusstsein keine andere Lösung als die Manipulation sieht. Mit der Zeit kann sich dieses Verhaltensmuster der emotionalen Erpressung in den Charakter der Mutter einweben, weil ihr Unterbewusstsein realisiert, dass sie so erfolgreich ihre Bedürfnisse erfüllen kann.

Übung: Bedürfnisse hinter der Manipulation aufdecken

Bei dieser Übung sollen Sie Ihr persönliches Verhalten hinterfragen und ergründen, warum Sie andere Mitmenschen manipulieren. Nehmen Sie sich etwas Zeit, einen Stift und einen Zettel und notieren Sie die Antworten auf die folgenden Fragen. Suchen Sie sich eine Situation aus der vorherigen Übung heraus, in der Sie einen anderen Menschen manipuliert haben. Sie können diese Übung im Anschluss auch mit anderen Situationen durchführen, konzentrieren Sie sich zunächst jedoch nur auf eine einzelne.

In welcher Situation haben Sie einen anderen Menschen manipuliert und welche Manipulationstechnik haben Sie dabei verwendet?

____

____

Blicken Sie nun tiefer: Was wollten Sie mit der Manipulation genau bezwecken? Was wollten Sie, das der andere denkt, sagt oder tut?

____

____

Welches Bedürfnis steckt hinter der Manipulation in der beschriebenen Situation?

____

____

Was brauchten Sie von Ihrem Gegenüber, damit Sie sich gut fühlen und Ihr Bedürfnis erfüllt wird?

____

____

War es das Bedürfnis nach ungeteilter Aufmerksamkeit und Liebe, die Sie von Ihrem Partner durch Manipulation erhalten wollten? Oder war es das Bedürfnis nach Anerkennung Ihrer Mitarbeiter, die Sie manipulativ erzwingen wollten?

____

____

Jetzt, da Sie wissen, welches Bedürfnis die Manipulation hervorgerufen hat, welchen anderen Weg hätten Sie wählen können, um das zu bekommen, was Sie in dem Moment brauchten? Wie hätten Sie Ihr Bedürfnis erfüllen können, ohne dabei einem anderen Menschen zu schaden?

____

____

____

____

____

____

Strategien zur Abwehr dunkler Psychologie

Die dunkle Psychologie kann sich im Leben in diversen Farben und Formen zeigen, was es manchmal schwer macht, diese zu erkennen. Zwar hat sie jeder schon einmal verspürt – als Opfer *und* als Täter –, doch irgendwie scheinen viele zu glauben, dass es immer nur die anderen beträfe. Vielleicht würden Sie sich selbst nicht als so naiv und gutgläubig halten, auf die Beeinflussung von Mitmenschen hereinzufallen. Vielleicht sind Sie der Meinung, dass Manipulation Ihnen nicht passieren kann. Die Erfahrung zeigt jedoch, dass jeder häufig unbewusst von verschiedenen Dingen im Alltag beeinflusst wird.

Dunkle Psychologie gehört leider zum tagtäglichen Leben dazu, weshalb es ein so wichtiges Tool der Psychologie und dieses Buches ist. Ob durch Werbung, den Vorgesetzten oder den eigenen Partner, ob gewollt oder ungewollt: Auch Ihr Denken und Ihr Handeln werden durch die Beeinflussung anderer Menschen eingefärbt. Die Werbebotschaften von Unternehmen wurden speziell darauf konzipiert, Ihr Unterbewusstsein zu erreichen, sodass Sie das Gefühl haben, ein Produkt oder eine Dienstleistung wirklich zu wollen. Leider steckt hinter diesem Bedürfnis häufig nur die Absicht des Unternehmens, mehr zu verkaufen, und nicht Ihr persönlicher Wunsch. Auch Ihr Chef bedient sich Techniken zur Beeinflussung seiner Mitarbeiter – ob dies bewusst oder nur ungewollt geschieht, sei einmal dahingestellt. In gewisser Hinsicht ist dies sogar seine Aufgabe, denn er ist verantwortlich dafür, dass seine Mitarbeiter gute und zufriedenstellende Arbeit leisten. Dementsprechend muss er motivieren können, wenn er weiterhin seine Führungsposition beibehalten möchte.

Die dunkle Psychologie macht schließlich auch vor Ihren eigenen vier Wänden keinen Halt. Selbst in der Partnerschaft oder mit den eigenen Kindern werden Sie Manipulation erleben, um einen gewünschten Effekt zu erzielen. Wie Sie sehen können, ist es völlig normal, dass Sie mit dunkler Psychologie in Kontakt kommen. Wir alle manipulieren auf die eine oder andere Weise und werden manipuliert – dieser Umstand zeugt keineswegs von mangelndem Intellekt, Intelligenz oder Naivität.

Selbstschutz: Das Enttarnen der Manipulation

Der Fakt, dass Manipulation Alltag ist, bedeutet nicht, dass Sie sich nicht vor ihr schützen können. Selbstschutzmaßnahmen gegen die Techniken der dunklen Psychologie sollen Thema dieses Unterkapitels sein. Der erste Schritt ist dabei, wie so oft, das Erkennen der Beeinflussung. Jemand, der nicht weiß, dass sein Denken und Verhalten in eine konkrete Richtung gelenkt werden, ist eine leichte Beute. Wurde die Manipulation noch nicht enttarnt, ist sie besonders effektiv, da das Opfer glaubt, mit freiem Willen so zu denken und zu handeln. Die Macht der Beeinflussung kann sich demnach insbesondere dann vollständig entfalten, wenn diese noch unentdeckt ist. Damit dies jedoch nicht zum eigenen Nachteil geschieht, können Sie sich dagegen wehren. Einige Manipulationstechniken sind leichter zu identifizieren, andere wiederum wurden geschickt ausgeklügelt und können nicht so einfach aufgedeckt werden. Dennoch gibt es ein paar hilfreiche Tipps, mit denen auch Sie dunkle Psychologie in der Praxis erkennen und sich dagegen wehren können.

- **Glauben Sie nichts einfach so, sondern beginnen Sie, zu hinterfragen**. Die Beeinflussung eines anderen Menschen ist ein Kinderspiel, wenn dieser die Informationen einfach so annimmt und glaubt, was andere sagen. Eine gesunde Skepsis gegenüber allem, was einem glaubhaft gemacht werden möchte, ist deshalb ein wertvoller Hinweis, um kein Opfer manipulativer Menschen zu werden. Hinterfragen Sie dafür die Aussagen, die Ihr Gegenüber so selbstverständlich und selbstsicher herüberbringen will. Das ist besonders schwer, wenn Sie mit viel Zuneigung und Lob überschüttet werden. Wir müssen uns schließlich alle eingestehen: Wer hört nicht gerne von seiner eigenen Großartigkeit und möchte daran selbst glauben? Akzeptieren Sie nichts, was nicht zuvor durch Ihre Überprüfung gegangen ist. Dadurch können Sie aufdecken, ob möglicherweise eine Beeinflussung vorliegt.

Abwehrstrategie
Achten Sie darauf, dass während eines Gesprächs die Kommunikation mit Ihrem Gegenüber ausgeglichen ist. Präsentiert dieser Ihnen viele Informationen mit fragwürdigen Quellen, hat er es leichter, Sie zu beeinflussen. Sie dürfen genauso viel über den anderen erfahren, wie dieser möglicherweise über Sie wissen will. Sie müssen jedoch nur so viel über sich preisgeben, wie Sie auch bereit sind. Ansonsten kann es geschehen, dass Ihre Informationen gegen Sie verwendet werden. Lassen Sie sich also nicht in die Ecke drängen und zur Preisgabe von Dingen überreden, die Ihr Gegenüber nichts angehen. Bleiben Sie standhaft. Entgegnen Sie ihm mit Fragen und Gegenfragen, wodurch Sie Unwahrheiten aufdecken und die Situation zügig in Ihrem Sinne entschärfen können.

- **Überprüfen Sie Ihre Entscheidungen**. Möglicherweise haben Sie eine Wahl getroffen, die ein anderer genauso gewünscht hat, weil Ihre Gedanken zum Beispiel durch Ratschläge zuvor gelenkt wurden, ohne dass Sie es bemerkt haben. Geben Sie sich deshalb einen kurzen Moment Zeit und fragen Sie sich selbst: „Habe *ich* diese Wahl getroffen oder habe ich mich beeinflussen lassen? Ist diese Entscheidung wirklich in meinem besten Sinne? Was hat mein Gegenüber davon, wenn ich diese Entscheidung treffe?" Hier spielt eine ehrliche Selbstreflexion mit hinein.

Abwehrstrategie
Vertrauen Sie auf Ihr eigenes Urteilsvermögen und machen Sie Ihre Entscheidungen nicht von anderen abhängig. Erlauben Sie nicht, dass andere für Sie entscheiden. Setzen Sie sich konsequent durch, insofern Sie Ihre Wahl für richtig empfinden. Reflektieren Sie stets die Gründe, warum Sie sich für etwas entschieden haben, denn dadurch gewinnen Sie an Durchsetzungsvermögen und Selbstsicherheit.

- **Lassen Sie sich keine Schuld einreden**. Es kann vorkommen, dass Sie sich einem anderen Menschen gegenüber verpflichtet fühlen, etwas Bestimmtes zu tun. Vielleicht fühlen Sie sich ihm gegenüber schuldig oder Sie haben ein schlechtes Gewissen. Dies kann jedoch auch eingeredet sein und muss nicht der Realität entsprechen, weshalb auch hier eine Überprüfung Ihrer Empfindungen angebracht ist. Ist die Schuld, die Sie verspüren, tatsächlich angebracht? Handeln Sie aus freiem Willen oder nach dem Wunsch eines anderen Menschen?

Abwehrstrategie
Lassen Sie sich nicht in die Rolle des Täters drängen, wenn Sie nicht schuldig sind. Bestehen Sie darauf, dass auch Ihre Perspektive anerkannt wird und dass es nicht in Ordnung ist, Sie in eine Schublade zu stecken oder Sie in einem bestimmten Bild darstellen zu lassen. Kommunizieren Sie diese Punkte mit Ihrem Gegenüber und stellen Sie Fragen, die ihn dazu anregen, darüber nachzudenken, warum er Sie als Schuldigen hinstellen möchte.

- **Geben Sie Acht bei Charme und Charisma.** Charismatische Menschen können sehr gefährliche Manipulatoren sein, weil sie bei anderen beliebt sind und gut ankommen. Wann immer Sie auf eine besonders charmante Art angeredet werden, muss sich selbstverständlich kein heimtückischer Manipulator dahinter verbergen. Dennoch können Sie sich selbst vor einer potenziellen Gefahr schützen, indem Sie eine Manipulation in Betracht ziehen.

Abwehrstrategie

Lassen Sie sich nicht von dem Auftreten und den Worten des anderen blenden. Hinterfragen Sie stets die Botschaft hinter dem, was gesagt wird, und überlegen Sie, welche Beweggründe Ihr Gegenüber dazu bringt, sich so überaus charmant zu verhalten. Ist das charismatische Verhalten Ihnen gegenüber an Bedingungen und Voraussetzungen geknüpft, so sollten bei Ihnen die Alarmglocken angehen. Es ist also vollkommen in Ordnung und sogar richtig, wenn Sie „Nein" sagen, insofern Sie dieser Meinung sind – selbst dann, wenn Ihr Gegenüber Sie vor dem Bitten um einen Gefallen mit Komplimenten blenden wollte. Lassen Sie sich und Ihre Güte nicht ausnutzen.

Selbsttest: Werden Sie manipuliert?

Um zu erkennen, ob Sie gerade einer Manipulation unterliegen, können Sie sich jederzeit die folgenden Fragen selbst stellen:

- Habe ich die Entscheidung selbst getroffen?
- Verspüre ich bei meiner Entscheidung Druck von anderen Menschen?
- Berücksichtige ich bei meiner Wahl die Meinung oder Ratschläge eines Menschen ganz besonders? Wenn ja, was hat dieser Mensch persönlich davon, wenn ich seinem Vorschlag folge?
- Habe ich Angst davor, einen anderen mit meiner Wahl zu verletzen oder zu enttäuschen?
- Befürchte ich negative Konsequenzen, wenn ich eine andere Entscheidung treffe?

Wurde die Manipulation aufgedeckt, ist es gar nicht mehr so schwer, sie abzuwehren. Haben Sie erkannt, dass jemand anderes gerade versucht hat, Ihnen seinen Willen aufzuzwingen, können Sie das Problem sogleich beheben, indem Sie darauf achten, was es ist, das Sie selbst wollen. Sie könnten gegebenenfalls den Beeinflussungsversuch offen ansprechen und darauf hinweisen, dass er gescheitert ist. Dies könnte vor erneuten Manipulationsversuchen schützen.

Menschen, denen es an Selbstbewusstsein mangelt, die unhinterfragt glauben, sich selbst nicht kennen und keine eigenen Ziele verfolgen, sind besonders anfällig für die dunkle Psychologie. Diese Persönlichkeiten haben Schwierigkeiten damit, für sich und die eigene Meinung einzustehen. Sie können deshalb Lügen und Täuschungen nur schwer durchschauen und erliegen ihnen deshalb nicht selten, ohne es zu merken. Deshalb ist es so wichtig, dass auch Sie Ihre eigenen, ganz individuellen Ziele verfolgen. Schauen Sie, was Ihre Stärken sind und wie Sie diese zum Einsatz bringen können. Was sind Ihre persönlichen Wünsche und wie können Sie diese verwirklichen? Diesbezüglich konnten Ihnen die vorherigen Kapitel dieses Buches hoffentlich bereits weiterhelfen. Je gefestigter Sie in dem sind, wer Sie sind und was Sie wollen, desto weniger können Sie sich von Ihrem ganz eigenen Weg abbringen lassen. Es ist äußerst schwierig, einen mental starken und selbstbewussten Menschen zu manipulieren, der genau weiß, welche Entscheidungen und Verhaltensweisen ihn seinen Zielen näher bringen. Manipulatoren können diesen nicht einfach so weismachen, was das Beste für sie ist – denn sie wissen es selbst ganz genau.

Übung: Überprüfung des eigenen Lebens auf Selbstbestimmung

Diese Übung regt Sie dazu an, sich sehr wichtige Fragen zu stellen, mit denen Sie überprüfen können, ob Sie sich noch auf Ihrem persönlichen und individuellen Lebensweg befinden oder ob Sie das Leben eines anderen leben. Manipulationen können Sie davon abhalten, das zu tun, was Ihrer Natur entspricht, weshalb der derzeitige Zustand Ihrer Zufriedenheit wertvolle Rückschlüsse darauf erlaubt, ob Sie Ihre Entscheidungen wirklich in Ihrem besten Sinne treffen und nicht im Sinne anderer.

Beantworten Sie sich so ehrlich wie möglich die folgenden Fragen:

Was erwarten Sie von Ihrem Leben?

___

___

___

Wurden und werden Ihre Erwartungen an das Leben erfüllt?

___

___

___

Welche Wünsche, Träume und Ziele haben Sie kurzfristig, mittelfristig und langfristig gesehen?

___

___

___

Befinden Sie sich auf einem guten Weg zur Erfüllung Ihrer Träume und zur Realisierung Ihrer Ziele?

___

___

___

Verlassen Sie sich bei Ihren Entscheidungen immerzu auf andere Menschen und deren Meinungen bzw. Ratschläge?

___

___

___

Vertrauen Sie sich selbst in der Hinsicht, dass Sie Entscheidungen vollkommen selbst treffen und mit den jeweiligen Konsequenzen leben können?

___

___

___

Treffen Sie Ihre Entscheidungen mit Ihren Zielen im Hinterkopf?

Haben Sie schon einmal eine Entscheidung getroffen, die Ihren Zielen im Wege stand?

Hat diese Entscheidung dazu geführt, dass Sie einen Nachteil dadurch hatten?

Was war Ihre Absicht bei dem Treffen dieser Entscheidung?

Waren Sie möglicherweise ein Opfer von Manipulation, während Sie Ihre Entscheidung getroffen haben?

Wenn Sie die Chance hätten, die Zeit zurückzuspulen, was würden Sie anders machen? Welche Entscheidung hätten Sie dann getroffen? Wie hätte sich Ihre Wahl dann auf Ihre Ziele ausgewirkt?

Was können Sie daraus für die Zukunft lernen?

Der richtige Umgang mit Manipulation

Der Umgang mit Beeinflussungsversuchen

Haben Sie einen Manipulationsversuch erst einmal aufgedeckt, ist das richtige Fingerspitzengefühl gefragt, wenn es darum geht, damit umzugehen. Nachdem Sie die Beeinflussung erkannt haben, sollten Sie sich weigern, ein Teil der Manipulation zu sein. Lassen Sie sich nicht ausnutzen und tolerieren Sie nicht, dass ein anderer Ihre Entscheidungen zu seinem Vorteil beeinflusst. Zeigen Sie deshalb, dass Sie das Spielchen des Manipulators nicht mitspielen, auch wenn das manchmal gar nicht so einfach ist.

Beispiel:
Ein Freund kommt zu Ihnen und möchte mit Ihnen unter vier Augen sprechen. Er vertraut Ihnen ein Geheimnis über einen anderen Freund von Ihnen an und bittet Sie darum, es für sich zu behalten. Tun Sie dies, normalisieren und legitimieren Sie dieses manipulative Verhalten. Stattdessen entscheiden Sie sich dafür, Ihrem Gegenüber offen zu zeigen, dass Sie sein Spielchen nicht mitspielen. Sie sprechen ihn darauf an: „Warum erzählst du mir davon? Was soll ich deiner Ansicht nach jetzt tun?"

Kommunikationstechniken zur Abwehr von Manipulation

Skepsis gegenüber zu viel Aufmerksamkeit und Zuneigung ist eine gute Vorsichtsmaßnahme, die so manch einen Beeinflussungsversuch frühzeitig aufdecken kann. Wenn Sie den Manipulator anschließend konfrontieren, kann sich dies schnell in eine unangenehme Situation verwandeln. Manchmal ist das Ansprechen des Problems jedoch die einzige Möglichkeit, um die Beeinflussung zu stoppen. Tatsächlich kommen viele Manipulatoren mit ihrem ausbeuterischen und unfairen Verhalten durch, weil niemand den Mut besaß, sie damit zu konfrontieren. Die offene Kommunikation zeigt dem Täter, dass er sich nicht alles erlauben kann und, wenn er seine Mitmenschen unterschwellig zu beeinflussen versucht, mit Konsequenzen zu rechnen hat. Zudem muss er durch ständiges Feedback auf sein Verhaltensmuster aufmerksam gemacht werden, und zwar so lange, bis er sein Verhalten ändert. Das kann mit viel Frust verbunden sein, ist aber sehr wichtig.

Wichtig ist hier, dass Sie auf eine angemessene Kommunikation achten. Beschuldigungen und Vorwürfe in Form von Du-Botschaften sind weniger angebracht und Zeichen destruktiver Kritik. Damit erreichen Sie keine Veränderung, denn der Manipulator wird sich nur angegriffen fühlen und verteidigen wollen.

Beispiel:
Sie sitzen in einem wichtigen Meeting mit Ihren Arbeitskollegen und sind gerade dabei, Ihre Meinung zum Thema kundzutun. Ein anderer Kollege unterbricht Sie mit einer Handbewegung und einem abfälligen Kommentar, um Sie zu diskreditieren. Statt sein Verhalten zu ignorieren und damit dem Konflikt aus dem Weg zu gehen, sprechen Sie den Manipulator direkt auf sein Verhalten an, mit dem er versuchte, Ihre Meinung vor den anderen Kollegen herabzuwürdigen. Sie fragen ihn Folgendes: „Ich habe bemerkt, dass Sie meinen Ansichten nicht zustimmen. Würden Sie mir bitte erklären, warum das so ist?“ Sie bleiben dabei höflich, aber bestimmt und fordern eine konkrete Antwort. Damit machen Sie auch Ihre Kollegen auf das Verhalten des Manipulators aufmerksam und gehen offensiv auf den Beeinflussungsversuch zu. Meistens ist der Täter in dem Moment so überrascht über die offene Konfrontation, dass er keine überzeugende Antwort herausbekommt. Denn meistens geht es bei beiläufigen herabwürdigenden Kommentaren nicht um Inhalt, der Hand und Fuß hat, sondern um das Verbreiten von Unmut und Unzufriedenheit. Durch das Einfordern einer Antwort nehmen Sie dem Manipulator den Wind aus den Segeln und beweisen, dass es Ihnen darum geht, Konflikte zu lösen, und nicht darum, recht haben zu wollen.

Ein starkes Selbstbewusstsein im Einsatz gegen Beeinflussungsversuche

Wenn es darum geht, Manipulatoren den Wind aus den Segeln zu nehmen und sich nicht selbst zu einem leichten Opfer der Beeinflussung zu machen, spielt das eigene Selbstbewusstsein eine große Rolle. Wenn Sie sich in Ihren persönlichen Entscheidungen nicht von anderen hineinreden, sondern höchstens inspirieren lassen, bieten Sie damit keine Angriffsfläche für manipulative Versuche jeglicher Art. Indem Sie also Ihr Selbstbewusstsein stärken, legen Sie gleichzeitig den Grundstein für ein selbstbestimmtes – nicht fremdbestimmtes – Leben.

Das Selbstbewusstsein deckt viele Bereiche der in diesem Buch vorgestellten Tools ab, die bei dieser Eigenschaft einen gemeinsamen Nenner finden: Selbstsicherheit äußert sich in einer reflektierten und zielorientierten Art (Tool 1), in einer inneren Widerstandsfähigkeit (Tool 2), in einer positiven und motivierenden Kommunikation mit sich selbst (Tool 3), in einem Ausgleich zwischen EQ und IQ (Tool 4), in einem hervorragenden Menschenverständnis und in echten Beziehungen (Tool 5) sowie im Wunsch nach Optimierung des Lebens, zum Beispiel durch NLP (Tool 6).

Selbstbewusstsein beschreibt zusammengefasst die Fähigkeit,

- klar und zielgerichtet zu kommunizieren,
- ehrliches Feedback geben zu können,
- authentisch zu sein,
- Ich-Botschaften zu formulieren, die beim Gegenüber wirklich ankommen,
- durch verbale und nonverbale Kommunikation für die eigenen Ziele einzustehen und den eigenen Worten Nachdruck verleihen zu können,
- einen Ausgleich zwischen Emotionen und Fakten zu schaffen und beides effektiv miteinander zu kombinieren,
- die eigenen Grenzen zu erkennen und dafür einzustehen,
- höflich, aber bestimmt auch einmal „Nein" sagen zu können, wenn eine Forderung eines anderen Menschen nicht mit den eigenen Werten und Zielen übereinstimmt,
- nicht alles persönlich zu nehmen, was andere denken, sagen und tun,
- die eigenen Bedürfnisse wahrzunehmen und zu erfüllen,
- andere Menschen realistisch einschätzen zu können,
- aus eigenen Überzeugungen zu handeln,
- Dinge nicht für andere oder wegen anderen zu tun,
- mit Durchhaltevermögen die eigenen Ziele anzustreben, auch dann, wenn es schwierig wird,
- ernst genommen werden zu können,
- schädliche Glaubenssätze durch innere Haltungen zu ersetzen, die das eigene Vorhaben fördern,
- eigene Vorschläge zu machen und Ideen einzubringen,
- sich selbst zu hinterfragen,
- Entscheidungen mit Vertrauen in sich selbst treffen zu können.

Übung: Starkes Selbstbewusstsein durch das Verlassen der Komfortzone

Die Komfortzone ist der Bereich, in dem sich jeder Mensch am liebsten aufhält, weil sie sicher und bekannt ist. Wenn Sie Dinge tun, die Sie schon oft getan haben und gut können, befinden Sie sich in Ihrer Komfortzone. Die morgendliche Routine, der berufliche Alltag, das abendliche Familienbeisammensein und die Abendroutine beschreiben Tätigkeiten, die sich innerhalb der Komfortzone befinden, weil Sie sie schon so häufig getan haben, dass Sie ihnen in Fleisch und Blut übergegangen sind. Hier brauchen Sie nicht einmal aktiv darüber nachzudenken, was zu tun ist, denn es liegt keinerlei Neues oder Herausforderndes darin.

Die Komfortzone liegt innerhalb der eigenen Grenzen, alles, was darüber hinaus liegt, macht uns Angst oder ruft die Befürchtung hervor, dem nicht gewachsen zu sein. Sie können Ihr Selbstbewusstsein aktiv stärken, indem Sie sich bewusst Dingen aussetzen, die sich außerhalb Ihrer persönlichen Komfortzone befinden. Dabei zwingen Sie sich selbst, Ihre Unsicherheit zu überwinden – mit dem Resultat, dass sich Ihre Grenzen nach und nach ausweiten. Ihr Handlungsspielraum wird immer größer, Ihre persönliche Freiheit wird umfassender und das Vertrauen in das, was Sie alles meistern können, steigert sich – Sie werden selbstbewusster.

Diese Übung ist für viele Menschen eine echte Herausforderung – doch genau das soll sie auch sein. Lassen Sie sich nicht von Ihren völlig natürlichen Ängsten und Befürchtungen abschrecken, denn Sie werden mit mehr Selbstbewusstsein belohnt werden. Das Gefühl, die eigenen Blockaden überwunden zu haben und über sich hinausgewachsen zu sein, ist einfach unbeschreiblich. Ermöglichen auch Sie sich diese Erfahrung.

- Nehmen Sie sich vor, ab sofort jeden Tag mindestens eine herausfordernde Tätigkeit zu tun, die außerhalb Ihrer Komfortzone liegt. Halten Sie Ihre Erfahrungen in einem Tagebuch fest, damit Sie gebührend Ihre Erfolge wertschätzen und feiern können. Anschließend sind einige Challenges aufgelistet, denen Sie sich stellen könnten. Beachten Sie jedoch, dass jeder Mensch unterschiedliche Dinge als herausfordernd betrachtet und Sie demnach Tätigkeiten finden müssen, die für Sie persönlich passend sind.

Challenges:

- Wählen Sie einen anderen Weg zur Arbeit, den Sie normalerweise nicht gehen würden.
- Suchen Sie das Gespräch mit Ihrem Chef.
- Sprechen Sie einen Konflikt an.
- Laden Sie Ihren Schwarm zum Essen ein.
- Probieren Sie eine neue Sportart aus.
- Sprechen Sie bei einer Diskussion Ihre Meinung aus, wenn Sie sonst immer still sind, oder halten Sie bewusst den Mund, wenn Sie sonst immer laut sind.
- Sprechen Sie einen Fremden auf der Straße an.
- Singen Sie laut in der Öffentlichkeit.
- Erzählen Sie einen grottenschlechten Witz.
- Bedanken Sie sich bei der Müllabfuhr, dem Busfahrer oder Verkäufer.
- Gehen Sie allein in einem Restaurant essen.
- Machen Sie einem Fremden ein ernst gemeintes Kompliment.
- Verzichten Sie für einen kompletten Tag auf sämtliche elektrische Geräte.
- Probieren Sie eine neue Ernährungsweise aus.
- Nehmen Sie eine eiskalte Dusche.
- Fragen Sie Ihren Vorgesetzten nach einer schwierigeren Aufgabe.
- Tragen Sie Kleidung, die Sie sonst für zu gewagt gehalten hätten.
- Treffen Sie sich mit einer unbekannten Gruppe, in der Sie niemanden kennen, die einzelnen Mitglieder sich aber sehr gut kennen.
- Lernen Sie eine Fremdsprache.
- Machen Sie einem anderen ein unerwartetes Geschenk.
- Tanzen Sie auf einer leeren Tanzfläche.

Bonus: Programmieren Sie Ihren Weg zum Erfolg!

Workbook mit Techniken & Übungen

Selbstfürsorge als Ihr mächtigstes Tool

Sie selbst sind der wichtigste Mensch in Ihrem Leben. Sie müssen während Ihres gesamten Daseins mit Ihren Gedanken, Worten und Taten auskommen – niemand anderes kann jemals einen so intimen Einblick in Ihr Inneres bekommen. Je glücklicher und zufriedener Sie sind, desto wohlwollender und liebevoller können Sie auch mit Ihren Mitmenschen umgehen. Deshalb ist eine wertschätzende und annehmende Haltung sich selbst gegenüber von so unschätzbarem Wert. Durch Selbstfürsorge stellen Sie sicher, dass sich Ihre Bedürfnisse erfüllen und dass es Ihnen geistig wie körperlich gut geht. Wenn Sie sich nicht um sich selbst kümmern, wer sollte es dann tun?

Übung: Eine Auszeit nur für mich

Gönnen Sie sich regelmäßig eine Auszeit für sich selbst, bei der Sie sich von allen Erwartungen, Anforderungen und Pflichten befreien dürfen, die sonst Ihren Alltag eingrenzen. In diesem Zeitraum geht es ganz allein um Sie und darum, was Sie brauchen, um sich rundum wohl zu fühlen.

- Planen Sie regelmäßig 1 bis 2 Stunden in Ihrem Terminkalender für eine Auszeit ein. Das könnte zum Beispiel einmal die Woche sein oder jeden zweiten Tag – finden Sie hier das richtige Maß für Ihren Lebensstil und Ihre Präferenz.
- Schalten Sie Ihr Telefon aus und lassen Sie sich auch durch andere Störfaktoren nicht davon abhalten, Zeit mit sich zu verbringen.
- Nehmen Sie etwas zum Schreiben zur Hand und erstellen Sie eine Liste mit Dingen, die Ihnen große Freude bereiten. Was zaubert Ihnen ein Lächeln auf die Lippen? Wobei fühlen Sie sich rundum wohl und sicher? Welche Tätigkeiten hinterlassen bei Ihnen ein wundervoll erfülltes und zufriedenes Gefühl?

Beispiele:

- Bücher lesen
- sich eine Massage gönnen
- sich ein entspannendes Bad einlassen
- Basteln
- Musik hören und dazu tanzen
- einen Spaziergang durch die Natur machen
- Sport machen
- sich körperlich auspowern
- Entspannungsübungen ausführen

- Arbeiten Sie nach und nach diese Liste Ihrer Lieblingstätigkeiten ab. Sie können sie selbstverständlich jederzeit ergänzen oder das, was Sie besonders lieben, immer wieder wiederholen. Bei dieser Übung steht an erster Stelle, dass Sie in sich angenehme Gefühle wie Zufriedenheit, Spaß, Wohlempfinden und Entspannung kultivieren – was auch immer dies bei Ihnen auslöst, ist ganz Ihre Entscheidung.

Übung: Selbstfürsorge durch Journaling

Beim Journaling, also Tagebuchschreiben, besinnen Sie sich ganz bewusst auf Ihre Gedanken- und Gefühlswelt. Es regt Sie dazu an, sich mit Ihren Wünschen und Träumen, Ihren Empfindungen und Vorstellungen auseinanderzusetzen. Das sorgt für mehr Klarheit bezüglich dessen, was Sie fühlen und was Sie eigentlich wollen. Außerdem finden Sie so leichter Lösungen für Ihre Probleme und können Wege finden, um Ihre Wünsche zur Realität zu machen.

- Kaufen Sie sich ein wunderschönes Tagebuch und einen gut funktionierenden und angenehm in der Hand liegenden Stift. Je mehr Ihnen diese Sachen gefallen, desto größer ist die Wahrscheinlichkeit, dass Sie diese auch zum Einsatz bringen.
- Nehmen Sie sich vor, jeden Tag mindestens einmal in Ihr Tagebuch zu schreiben, selbst wenn es nur ein paar Zeilen sind. Lassen Sie dies zur Routine werden. Das könnte zum Beispiel jeden Morgen direkt nach dem Aufwachen, über den Tag verteilt oder abends kurz vor dem Zubettgehen sein.

Mögliche Inhalte:

- Notieren Sie Eindrücke und Erfahrungen, die Sie den Tag über machen.
- Schreiben Sie über Ihre Gefühle.
- Formulieren Sie Ihre Gedanken schriftlich aus.
- Notieren Sie, was Sie beschäftigt und worüber Sie gerade nachdenken müssen.
- Reflektieren Sie Ihre Gefühle und ergründen Sie, woher diese kommen.
- Wägen Sie Entscheidungen ab.
- Schreiben Sie Ihre Träume nieder.
- Arbeiten Sie notwendige Schritte auf dem Weg zu Ihren Zielen aus.
- Notieren Sie, was Ihnen guttut und Freude bereitet.
- Schreiben Sie nieder, wofür Sie in Ihrem Leben dankbar sind (Dies ist eine besonders wirksame Übung!).

Selbstreflexion und Zielsetzung

Übung: Bestandsaufnahme mithilfe des Lebensrads

Das Lebensrad ist eine wertvolle Technik, mit der Sie mögliche Dysbalancen in Ihrem Leben aufdecken können. Es veranschaulicht diverse Lebensbereiche und deutet auf mögliche Übergewichtungen hin, worunter andere Bereich leiden könnten. Zum Beispiel ist der Lebensbereich „Karriere und Beruf" bei einem Workaholic besonders ausgeprägt, jedoch könnten deshalb „Gesundheit", „Beziehungen und Partnerschaft" und „Freizeit" im gleichen Maße verkümmert sein. Dank dieser Selbstreflexionstechnik können Sie Probleme frühzeitig aufdecken und daraufhin Schritte einleiten, um das Ungleichgewicht wieder auszugleichen. Für diese Übung benötigen Sie einen Zettel, einen Stift und ungestörte Ruhe zur Selbstreflexion. Überlegen Sie sich, in welche Bereiche Sie Ihr Leben einteilen würden. Welche Oberpunkte sind Ihnen wichtig? Suchen Sie sich die für Sie 8 wichtigsten Kategorien heraus und tragen Sie diese in den äußeren Bereich des Lebensrads ein.

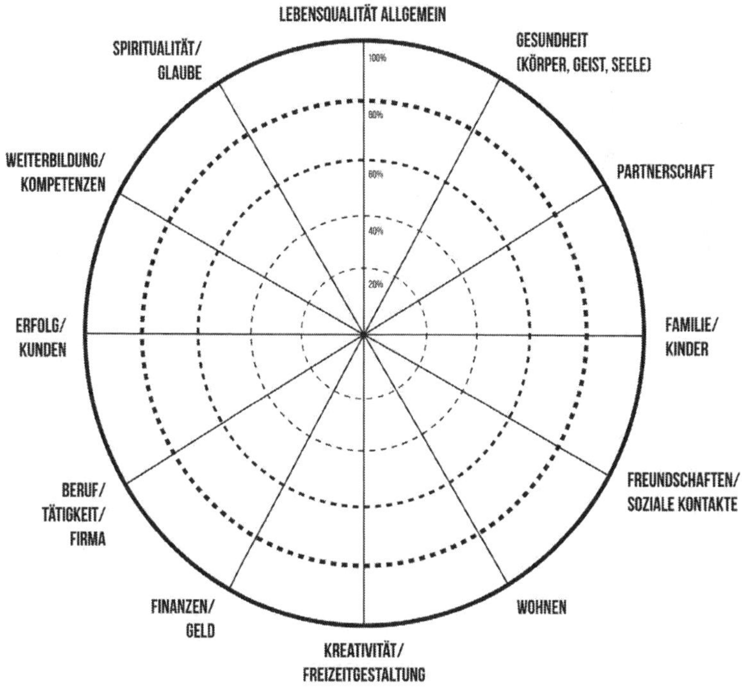

Beispiele für häufige Lebensbereiche:

- Gesundheit
- Freizeit
- Beziehungen und Partnerschaft
- Karriere und Beruf
- persönliches Umfeld
- Geld
- Kreativität
- persönliches Wachstum

Weitere Beispiele:

- Spiritualität
- Lebensziele
- emotionales Wohlbefinden

- Nehmen Sie sich nacheinander nun die einzelnen Bereiche vor und arbeiten Sie diese mithilfe der folgenden Fragen durch.

Spezifische Fragen für die häufigsten Lebensbereiche:

- **Gesundheit**: Wie fühlen Sie sich momentan körperlich und geistig? Wie sieht es mit Ihrer sportlichen Aktivität aus? Wie viel tun Sie für Ihre Gesundheit? Ernähren Sie sich gesund? Wie ist Ihr Energielevel? Schlafen Sie erholsam?
- **Freizeit**: Wie viel Zeit haben Sie für Freizeitaktivitäten? Ist Ihre Work-Life-Balance ausgeglichen? Nehmen Sie sich genügend Zeit für Ihre Hobbys? Gibt es Dinge, die Sie gerne machen würden, aber noch keine Zeit dafür gefunden haben?
- **Beziehungen und Partnerschaft**: Wie zufrieden sind Sie mit Ihren Freundschaften und anderen zwischenmenschlichen Beziehungen? Wie hoch ist die Qualität Ihrer Partnerschaft? Welche Rolle spielen Ihre Beziehungen in Ihrem Leben? Verbringen Sie genügend Zeit mit diesen Menschen?
- **Karriere und Beruf**: Sind Sie zufrieden mit Ihrem Beruf? Fühlen Sie sich wertgeschätzt und gefordert?
- **Persönliches Umfeld**: Wie gefällt Ihnen Ihr privates und berufliches Umfeld? Schenken sie Ihnen Kraft oder rauben sie Ihnen diese? Empfinden Sie Stress?
- **Geld**: Welche Gewichtung geben Sie dem Geld? Wie sieht es mit Ihrer finanziellen Lage aus? Welche Ziele in Bezug auf Vermögen haben Sie?

- **Kreativität**: Können Sie sich kreativ ausleben? Welche Kanäle nutzen Sie dafür?
- **Persönliches Wachstum**: Wie wichtig ist Ihnen Selbstverwirklichung und Ihr persönliches Wachstum? Investieren Sie genügend Ressourcen, Aufmerksamkeit und Zeit?

- Bestimmen Sie für jede Kategorie nun den Grad Ihrer Zufriedenheit. Mit wie viel Prozent (0 % in der Mitte des Kreises für totale Unzufriedenheit bis 100 % am äußeren Rand für maximale Zufriedenheit) würden Sie diesen Lebensbereich einschätzen?
- **0 % bis 40 %:** Mit dem Lebensbereich sind Sie äußerst unzufrieden. Sie sollten sich darüber klarwerden, wie Sie den Grad Ihrer Zufriedenheit in diesem Bereich erhöhen könnten.
- **50 % bis 70 %:** Mit diesem Bereich sind sie mehr oder weniger zufrieden. Hier liegt ein großes Potential zur Verbesserung vor. Was genau wäre dafür notwendig?
- **80 % bis 100 %:** Mit diesem Bereich sind Sie bereits extrem zufrieden. Durch welche Maßnahmen können Sie sicherstellen, dass dies auch so bleibt?

Tragen Sie das Ergebnis in Ihrem Lebensrad ein und malen Sie jeden Bereich von innen (0 %) nach außen bis zum jeweiligen Prozentpunkt aus – gerne mit unterschiedlichen Farben. Durch diese Veranschaulichung Ihrer Empfindungen bezüglich Ihres Lebens können Sie augenblicklich erkennen, wo das Gleichgewicht verloren gegangen ist. Besonders starke Abweichungen zwischen einzelnen Bereichen deuten auf eine große Unausgeglichenheit hin und könnten mögliche Konflikte aufdecken.

- Machen Sie sich nun Gedanken darüber, welche Ziele Sie in den jeweiligen Bereichen erreichen möchten. Sie haben den Ist-Zustand ermittelt, jetzt geht es an den Soll-Zustand: Auf welche Prozentzahlen möchten Sie hinarbeiten?
- Sie wissen jetzt genau, wo Sie gerade stehen und wohin Sie gern möchten. Was muss genau getan werden, damit Sie Ihre Ziele erreichen? Vergessen Sie auf keinen Fall, ins Tun zu kommen und Ihre Vorhaben umzusetzen! Die beste Planung bedeutet nichts ohne ihre Ausführung.
- Reflektieren Sie regelmäßig Ihre Fortschritte, um sicherzugehen, dass Sie Ihre Ziele noch vor Augen haben und auf dem richtigen Weg sind. Passen Sie Ihre Ziele gegebenenfalls an, sollte sich etwas geändert haben. Diese Zwischenfazits helfen Ihnen dabei, konsequent zu sein und motiviert zu bleiben.

Technik zur Visualisierung von Zielen

Übung: Ein Vision-Board erstellen

Das Vision-Board ist ein bewährtes Mittel, um die eigenen Ziele zu verbildlichen und zu visualisieren. Es ist wie eine Art Fotocollage rund um Ihre Träume, bestehend aus Bildern, Stichworten sowie Affirmationen, mit der Sie sich selbst stetig daran erinnern, welche Wünsche Sie hegen. Sie bleiben motiviert und verlieren Ihre Ziele nicht aus den Augen.

- **Definieren Sie Ihre Ziele und Visionen für Ihr Leben**: Schreiben Sie auf, welche Wünsche Sie haben, die Sie unbedingt erfüllt sehen möchten. Träumen Sie groß und notieren Sie auch die Visionen, die Sie vielleicht sogar für unmöglich halten. Seien Sie mutig und setzen Sie sich keine Grenzen.

Achten Sie darauf, dass Sie sämtliche Lebensbereiche abdecken, einschließlich Ihrer Karriere und Ihres Jobs, Ihrer Familie und Ihrer Freunde sowie Gesundheit, Spiritualität, Partnerschaft und Liebe, Ihren Wohnort, Abenteuer und Freizeit sowie Sinn und Selbstverwirklichung. Orientieren Sie sich auch gerne an Ihrem Lebensrad, das Sie in der vorherigen Übung erstellt haben.

Legen Sie Ihre Ziele zudem zeitlich fest. In welchem Zeitraum (zum Beispiel 3 Jahre, 5 Jahre, 10 Jahre) möchten Sie diese erreichen?

- **Sammeln Sie Material für Ihr Vision-Board**: Suchen Sie nun passende Bilder, Sprüche, Zitate und Illustrationen heraus, die Ihre Visionen und Ziele zum Ausdruck bringen. Nutzen Sie dafür das Internet oder die klassischen Zeitschriften. Ordnen Sie das Material anschließend nach Lebensbereichen.
- **Gestalten Sie Ihr persönliches Vision-Board**: Das Vision-Board können Sie entweder analog oder digital anfertigen. Beide Wege sind richtig, doch analog macht einfach mehr Spaß!

Wählen Sie dafür zunächst einen passenden Hintergrund, wie eine Pinnwand oder ein Plakat. Ordnen Sie Ihr Material auf eine für Sie ansprechende Art und Weise an, sodass die Collage Ihre Ziele bestmöglich zum Ausdruck bringt. Kleben oder nageln Sie die Bilder und anderes auf den Untergrund. Sie könnten auch mit Holz oder Gips arbeiten. Ihrer Kreativität sind hier wirklich keinerlei Grenzen gesetzt. Das Wichtigste ist, dass Sie sich voll und ganz auf die Erstellung Ihres Vision-Boards einlassen und Ihr ganzes Herzblut dort hineinstecken. Je mehr Energie Sie hineinstecken, desto mehr Energie wird in die Verwirklichung Ihrer Träume fließen.

• **Finden Sie den perfekten Platz für Ihr Vision-Board**: Ihre Fotocollage ist nun vollendet, nun müssen Sie nur noch ein passendes Zuhause für diese finden. Sie sollte dort hängen oder stehen, wo Sie sie jeden Tag sehen und bewundern können. Vielleicht erscheint Ihnen die Küche oder das Wohnzimmer als ein geeigneter Platz? Wenn Sie eine digitale Version erstellt haben, könnten Sie Ihr Vision-Board auch als Hintergrundbild auf Ihrem Laptop oder Smartphone einstellen.

Indem Sie jeden einzelnen Tag an Ihre Vision erinnert werden, verinnerlichen Sie diese in Ihrem Unterbewusstsein, was dadurch Schritte in die Wege leitet, um sie zu erreichen. Vertiefen Sie sich jedes Mal, wenn Sie das Vision-Board betrachten, in das Gefühl der Dankbarkeit, als hätten sich all Ihre wundervollen Träume bereits in diesem Moment verwirklicht.

Selbstverständlich dürfen und sollten Sie sogar Ihre Fotocollage regelmäßig aktualisieren, denn Ziele können sich verändern. Wenn Sie ein bestimmtes Bild oder ein Zitat nicht mehr anspricht, tauschen Sie es einfach aus. So repräsentiert die Collage jederzeit die Vision Ihres Lebens.

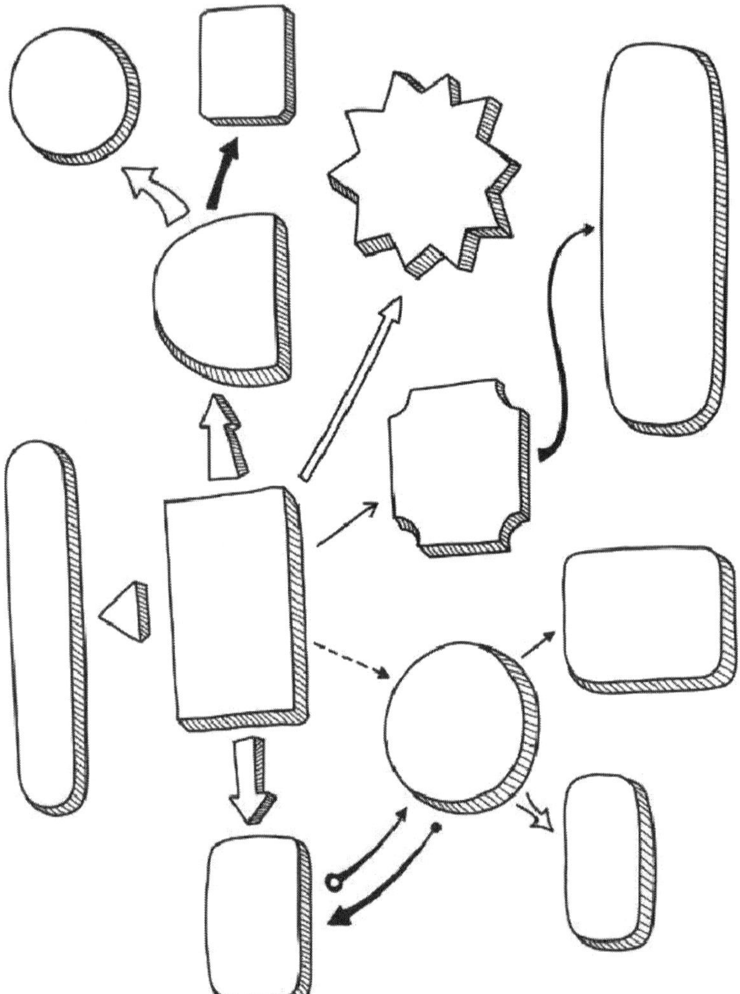

EFFEKTIVE ZEITMANAGEMENT-STRATEGIEN

Übung: Notwendige Schritte erkennen und mit der ABC-Analyse sowie der Eisenhower-Methode priorisieren

Prioritäten zu setzen ist nicht immer einfach – hier gibt es nämlich kein „Richtig" oder „Falsch", denn Prioritäten hängen eng mit den eigenen Zielen zusammen, die für jeden Menschen höchst individuell sind. Diese Übung hilft Ihnen dabei, unwichtige Dinge von Ihren persönlichen Prioritäten zu unterscheiden.

• Da Prioritäten eng mit Ihren Zielen verknüpft sind, müssen Sie sich zunächst Ihren Wünschen und Zielen widmen, außerdem müssen Sie überlegen, wie Sie diese erreichen können. Stellen Sie sich dabei die folgende Frage, die dreimal mit einer anderen Betonung wiederholt wird: Will ich das?

Will ich das? → Wollen Sie es wirklich, mit allen dazugehörigen Konsequenzen?
Will **ich** das? → Ist es wirklich Ihr persönliches Ziel oder wollen Sie damit nur den Erwartungen anderer gerecht werden?
Will ich **das**? → Ist es genau das, was Sie wollen? Wie konkret können Sie Ihr Ziel benennen?

• Erstellen Sie nun eine Liste mit Aufgaben, die für die Realisierung Ihres Ziels notwendig sind. Ergänzen Sie diese stets weiter.

• Sortieren Sie Ihre Prioritätenliste nach Wichtigkeit und Dringlichkeit.

• Arbeiten Sie jenen Punkt, der am wichtigsten und dringlichsten ist, ab, bevor Sie sich dem zweitwichtigsten und zweitdringlichsten Punkt widmen.

• Sie können sich zur besseren Priorisierung der **ABC-Analyse** bedienen, die die Frage nach Wichtigkeit und Dringlichkeit beantwortet.

• Ist die Aufgabe wichtig? Wenn ja, ist sie dringend? Wenn ja, ist sie eine Priorität und gehört in die Kategorie A, weshalb sie sofort erledigt werden sollte.

• Ist die Aufgabe wichtig, aber nicht dringend, kann sie auch später erledigt werden und zählt demnach zur Kategorie B.

• Ist die Aufgabe nicht wichtig, dafür aber dringend? Packen Sie sie in Kategorie C und delegieren Sie sie an andere.

• Ist die Aufgabe nicht wichtig und nicht dringlich, verwerfen Sie sie.

• Eine weitere Möglichkeit der Priorisierung und eine Fortsetzung der ABC-Analyse ist die **Eisenhower-Methode**, die Aufgaben bezüglich Ihrer Wichtigkeit klassifiziert. Erstellen Sie hierfür eine Matrix aus 4 Bereichen mit „Dringlichkeit" als y-Achse und „Wichtigkeit" als x-Achse.

Feld A: Tragen Sie in das Feld unten links jene Aufgaben ein, die besonders eilig und besonders wichtig sind und demnach sofort erledigt werden müssen.

Feld B: Tragen Sie in das Feld unten rechts jene Aufgaben ein, die nicht eilig, dafür jedoch wichtig sind. Setzen Sie sich einen festen Termin für die Abarbeitungen dieser.

Feld C: Tragen Sie in das Feld oben links jene Aufgaben ein, die zwar eilig, aber unwichtig sind. Diese können delegiert werden.

Feld D: Tragen Sie in das Feld oben rechts jene Aufgaben ein, die weder wichtig noch eilig sind und deswegen getrost ignoriert werden können.

Durch diese Priorisierung Ihrer Aufgaben wissen Sie genau, was hier und jetzt getan werden muss. Damit verabschieden Sie sich von dem Druck, den andere, unwichtigere Tätigkeiten auf Sie ausgeübt haben, und können sich ganz auf Ihre Prioritäten konzentrieren.

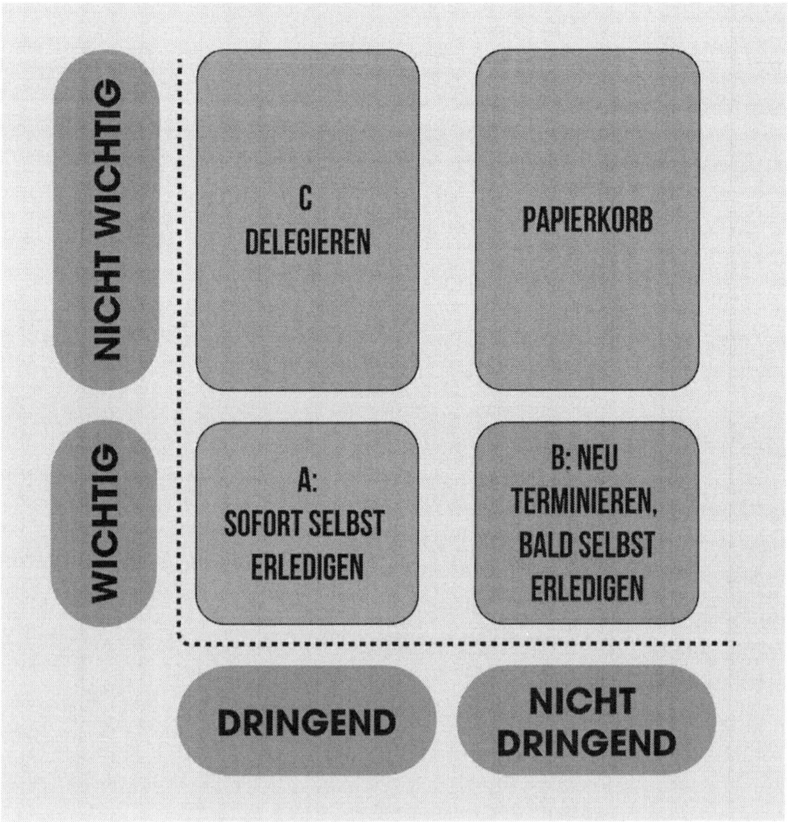

Übung: Die Promodoro-Technik

Möchten Sie konzentrierter an Ihren Aufgaben arbeiten und mehr schaffen, ohne sich dabei vollkommen zu verausgaben? Die Promodoro-Technik bringt regelmäßige Pausen mit Produktivität in Einklang. Ihr liegt der Fakt zugrunde, dass unsere Konzentration mit der Zeit nachlässt und wir immer unproduktiver werden. Mit strategisch gesetzten Pausen in Intervallen lässt sich dieser Umstand umgehen.

- Nehmen Sie sich eine Aufgabe heraus und verschriftlichen Sie in kurzen und knackigen Stichpunkten, was dafür getan werden muss.
- Stellen Sie Ihren Wecker auf 25 Minuten und beginnen Sie mit Ihrer Arbeit.
- Wenn der Wecker nach 25 Minuten klingelt, streichen Sie die Dinge auf Ihrer Liste ab, die Sie erledigen konnten.
- Machen Sie nun eine Pause zur Erholung von 5 Minuten. Damit ist ein Intervall, auch Promodoro-Zyklus genannt, abgeschlossen.
- Nachdem Sie 4 Promodoro-Zyklen abgeschlossen haben, machen Sie eine 30-minütige Pause. Wiederholen Sie so viele Intervalle, bis Ihre Aufgabe erledigt ist.

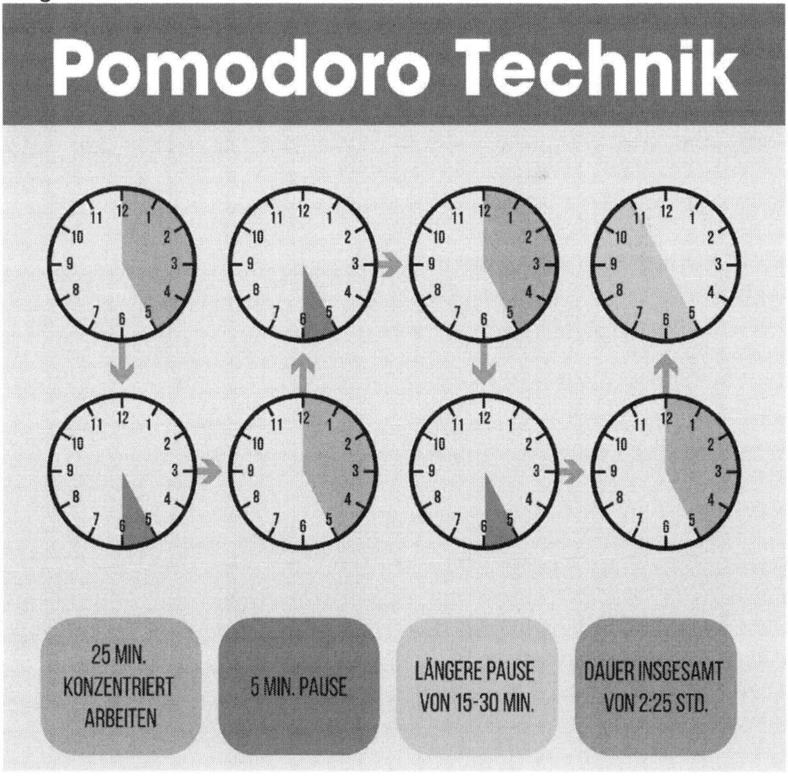

KOMMUNIKATION UND BEZIEHUNGSAUFBAU

Übung: Aktives Zuhören

Aktives Zuhören besteht aus mehreren Komponenten, die Sie im Einzelnen im Rahmen echter Gespräche in Ihrem Leben üben können, bevor Sie alle gleichzeitig anwenden. Damit überfordern Sie sich nicht, sondern lernen nach und nach die wichtigsten Schritte kennen, um Ihrem Gegenüber aktiv zuhören zu können. Arbeiten Sie die folgenden Punkte ganz natürlich in Ihre künftigen Gespräche ein, insofern es passt. So können Sie die Theorie in die alltägliche Praxis einbauen.

- **Paraphrasieren**: Wiederholen Sie das Gesagte Ihres Gegenübers noch einmal mit eigenen Worten und fragen Sie nach, ob Sie dies so richtig verstanden haben.
- **Verbalisieren von Gefühlen**: Sprechen Sie aus, welche Gefühle Sie in Ihrem Gesprächspartner bemerkt haben.
- **Nachfragen**: Fragen Sie nach, wenn Sie etwas nicht verstanden haben oder tiefer in eine Aussage eintauchen möchten.
- **Nonverbale Zustimmung**: Signalisieren Sie Interesse und Aufmerksamkeit durch Blickkontakt und nonverbale Zustimmung wie Nicken oder Lächeln.
- **Unklares erklären**: Wenn Sie bemerken, dass Ihr Gegenüber nicht verstanden hat, was Sie meinten, oder noch Informationen notwendig sind, um Ihre Aussagen zu verstehen, erklären Sie sich. Sie können gegebenenfalls vorher Ihren Gesprächspartner fragen, ob Sie Unklares erläutern sollen. Damit fördern Sie das aktive Zuhören Ihres Gegenübers.

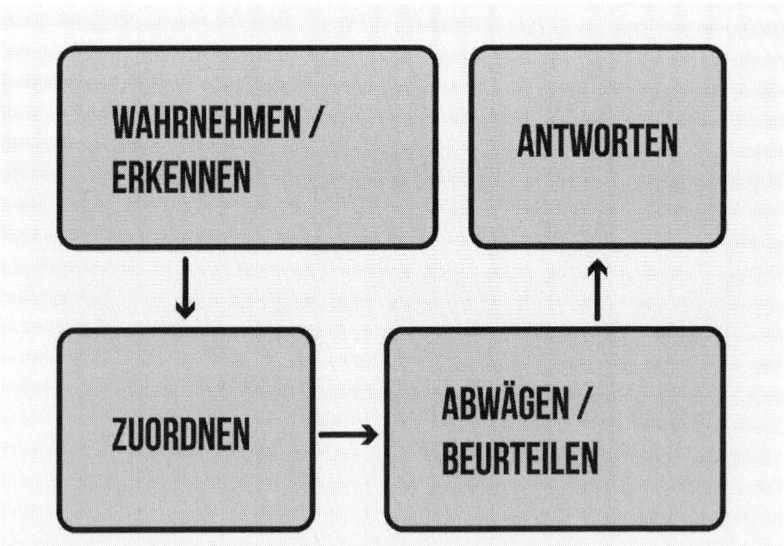

Übung: Storytelling als Gesprächstechnik

Geschichten können ein Gespräch deshalb bereichern, weil sie die Aufmerksamkeit des Gegenübers fesseln und dieses sich die Botschaft dahinter leichter merken kann. Mithilfe von Storys verpacken Sie Kernaussagen auf eine angenehme und leicht verständliche Art und Weise.

- Schaffen Sie zunächst eine nachvollziehbare Ausgangssituation aus dem echten Leben mit einer möglichst sympathischen Hauptfigur.
- Sprechen Sie über vorhandene Konflikte und Hindernisse, die die Hauptfigur zu meistern hat.
- Beschreiben Sie ihre Entwicklung.
- Gehen Sie nun auf den Höhepunkt der Geschichte zu, indem Sie eine Moral aus der Geschichte ziehen, die auf das eigene Leben anwendbar ist.

Beispiel über einen Leerverkauf:
Es war einmal ein alter Mann, der einem jungen Mann sein Pferd verkaufen wollte. Dieser bezahlte den vollständigen Kaufpreis von 500 Talern, doch der alte Mann gestand ihm, dass das Pferd in der Nacht verstorben sei. Der junge Mann war empört und wollte sein Geld zurückhaben, doch der alte Mann hatte es bereits ausgegeben. Daraufhin verlangte der Junge das tote Pferd. „Was willst du denn mit dem Kadaver?", fragte sich der Alte. Der junge Mann wollte ihn verlosen. „Doch niemand wird ein totes Pferd haben wollen, Junge!", sprach der Alte, doch der andere entgegnete nur schelmisch: „Es muss doch niemand wissen, dass es tot ist."

Nach ein paar Wochen trafen sich beide zufällig wieder und der junge Mann klimperte stolz mit nahezu 1000 Talern, die er durch das tote Pferd gewinnen konnte. Der Alte war erstaunt: „Wie hast du das denn geschafft?" Der Junge erklärte, er habe 500 Lose für je 2 Taler verkauft und dadurch nahezu 500 Taler Gewinn erzielt. „Aber was hast du gemacht, als der Gewinner der Verlosung bemerkt hat, dass das Pferd gar nicht mehr lebt?" Daraufhin erwiderte der junge Mann mit einem verwegenen Lächeln: „Ich habe ihm einfach seinen Einsatz von 2 Talern zurückgegeben."

Übung: Mit Fragetechniken ein Gespräch führen

Fragen gehören zu jedem Gespräch dazu und können, wenn sie richtig und situationsbezogen eingesetzt werden, zu einem tieferen Verständnis führen. Sie bekunden Interesse, regen zum Nachdenken an und dienen der Motivation. Fragen können jedoch auch das Gespräch blockieren. Damit Ihnen dies nicht geschieht, können Sie in Ihren kommenden Gesprächen mit den folgenden Fragetechniken experimentieren.

Geschlossene Fragen: Geschlossene Fragen erlauben nur eine stark eingeschränkte Antwortmöglichkeit, weshalb diese Fragen typischerweise auch häufig als Ja-Nein-Fragen bezeichnet werden. Wenn Sie zu einem bestimmten Thema eine präzise und klare Antwort wünschen, erfüllen geschlossene Fragen den Zweck, insbesondere bei Gesprächspartnern, die zu sehr langen und ausschweifenden Antworten neigen.

Tipp: Sollte Ihr Gegenüber Ihrer geschlossenen Frage mit einer abweichenden Antwort begegnen, lassen Sie sich davon nicht aus dem Konzept bringen, zögern Sie nicht, Ihre Frage erneut zu stellen und auf eine kurze Antwort zu bestehen.

Geschlossene Fragen können in weitere Kategorien unterteilt werden, die sich je nach Ziel und Wirkung unterscheiden:

- **Ja-Nein-Fragen**: Hier erlaubt die Fragestellung lediglich ein Ja oder Nein als Antwort. Sie sind bei besonders präzisen Antworten und endgültigen Entscheidungen perfekt.

Beispiel:
„Geht es dir gut?" (Antwortmöglichkeit: Ja oder Nein)

- **Alternativfragen**: Hier ist die Auswahl der Antwortmöglichkeiten sehr begrenzt, denn diese werden bereits innerhalb der Fragestellung als Option geboten. Damit kann der Antwortende nicht wirklich frei wählen, sondern muss sich zwischen den dargebotenen Optionen entscheiden.

Beispiel:
„Würde es Ihnen heute um 14 Uhr oder um 15 Uhr besser passen?" (Antwortmöglichkeit: 14 Uhr oder 15 Uhr)
„Haben Sie noch einen Bruder oder eine Schwester?" (Antwortmöglichkeit: Bruder oder Schwester)

• **Suggestivfragen**: Diese Fragen weisen eine spezielle Formulierung auf, dank der dem Antwortenden eine bereits gewünschte Antwort nahegelegt wird. Damit ist die Entscheidungsmöglichkeit von diesem maximal eingeschränkt. Hier werden dem Antwortenden Aussagen „in den Mund gelegt", wodurch er fast keine Chance hat, dem Fragenden auszuweichen. Suggestivfragen sind äußerst manipulativ und für konstruktive Gespräche nicht zu empfehlen.

Beispiel:
„Denken Sie etwa, dass ...?"
„Du glaubst doch nicht wirklich, dass ...?"
„Finden Sie nicht auch, dass ...?"

• **Bestätigungsfragen**: Um sicherzustellen, dass Sie eine Information richtig verstanden haben, können Sie nachfragen. Die Bestätigungsfrage erinnert an das Paraphrasieren. Hier muss jedoch eine deutliche Unterscheidung zu Suggestivfragen gemacht werden, da sie neutral gestellt werden und keine bestimmte Antwort anvisieren.

Beispiel:
„Habe ich das richtig verstanden, dass Sie an einer Anstellung interessiert sind?"

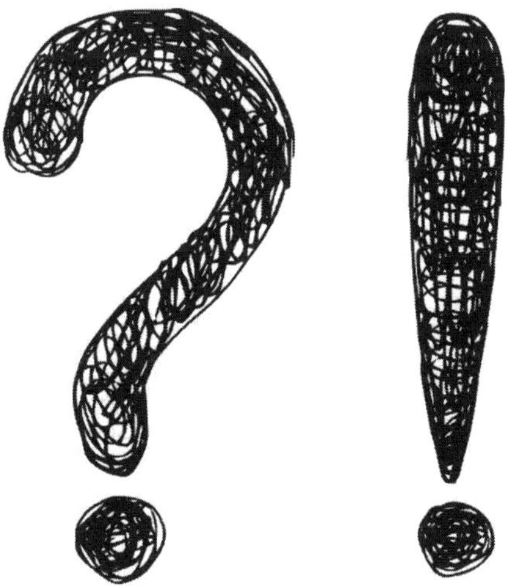

<u>Offene Fragen</u>: Offene Fragen sind dann angebracht, wenn Sie tiefer in das Gespräch eintauchen möchten. Durch diese Fragen können Sie die Gedanken, Gefühle, Ansichten und Haltungen Ihres Gegenübers ergründen. Geschlossene Fragen sind für diesen Zweck nicht geeignet, da diese explizit keine ausführlichen und tiefer gehenden Antworten in Form von Erläuterungen wünschen. Ist Ihr Wunsch ein reger Austausch, so greifen Sie besser auf offene Fragen zurück, die meist die typischen W-Fragen enthalten: Wer? Wie? Was? Wieso? Weshalb? Warum? So können Sie den Blickwinkel Ihres Gegenübers ergründen, lernen die inneren Einstellungen von ihm kennen, können sich ein Bild von einer bestimmten Situation machen, können eine Diskussion anregen und gewisse Hintergründe aufdecken. Offene Fragen geben dem Gegenüber die Möglichkeit, selbst zu entscheiden, wie ausführlich es antworten möchte, damit ist der Spielraum hier viel größer als bei geschlossenen Fragen. Das schenkt dem Gesprächspartner das Gefühl, ernst genommen zu werden, was ihn dazu verleitet, mehr von sich zu erzählen, und auch Ihnen ermöglicht es die tieferen Einblicke, die Sie sich erhofft haben.

Tipp: Auch bei offenen Fragen kann es vorkommen, dass sich der Antwortende herausreden will oder ausweicht. Halten Sie durch und präzisieren Sie Ihre Fragen, um auf eine deutlichere Antwort zu beharren.
Offene Fragen können in weitere Kategorien unterteilt werden, die sich je nach Ziel und Wirkung unterscheiden:

- **Informationsfragen**: Diese Fragen dienen der Beschaffung von Fakten.

Beispiel:
„Seit wann hast du bemerkt, dass es deiner Mutter schlechter geht?“

- **Definitionsfragen**: Definitionsfragen stellen sicher, dass Sie und Ihr Gegenüber nicht aneinander vorbeireden. Sie klären die Grundlagen, sodass sich darauf ein Gespräch mit Verständnis aufbauen kann.

Beispiel:
„Was verstehen Sie darunter, wenn Sie von einer „gesunden Ernährung“ sprechen?“

• **Eingebettete Fragen**: Diese Fragen sind theoretisch keine echten Fragen, weil Sie in eine Aussage eingebettet werden. Dennoch werden Sie als Fragen verstanden und sind besonders dann geeignet, wenn sich der Fragende vorsichtig an eine Antwort des Gegenübers herantasten möchte.

Beispiel:
„Ich weiß ja nicht, wie du das siehst, aber bei mir ist das folgendermaßen …"

Nutzen Sie die vorgestellten Fragetechniken zu Ihrem Vorteil, sodass Sie gewünschte Informationen erhalten und das Gespräch in eine bevorzugte Richtung lenken können. Es empfiehlt sich in der Regel, mit offenen Fragen in ein Gespräch einzutauchen, um seinen Verlauf zu fördern und alle Gesprächsteilnehmer einzuladen, sich einzubringen. Zum Ende hin können geschlossene Fragen sinnvoll sein, um eine Entscheidung als Resultat des Gespräches zu formulieren und diese auf den Punkt zu bringen.

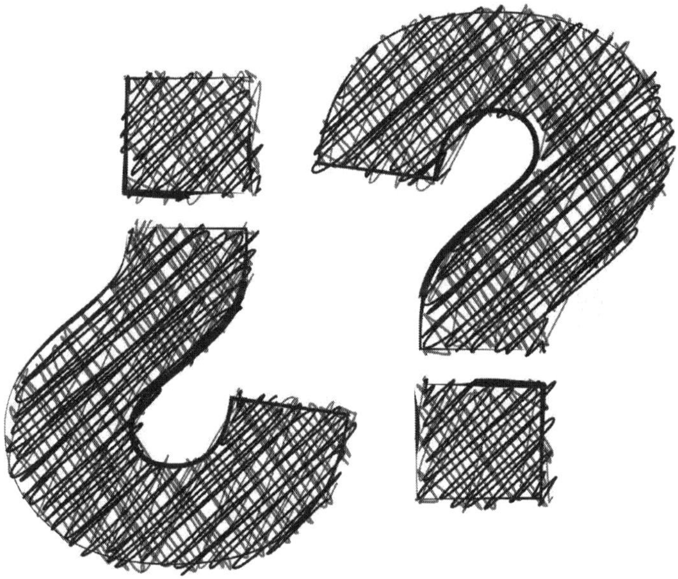

Resilienz im Alltag fördern

Übung: Alltagsnahe Rituale zur Stressbewältigung

Die folgende Liste bietet Ihnen Anregungen für Rituale, die Sie in Ihren Alltag zur Bewältigung von Stress einbauen können beziehungsweise immer dann nutzen können, wenn Sie bemerken, dass Sie sich in einer akuten Stresssituation befinden.

- **Stampfen und Schreien**: Auch wenn diese Bewältigungstechnik auf den ersten Blick aggressiv und nicht sonderlich gesellschaftstauglich erscheint, so ist sie dennoch sehr effektiv. Begeben Sie sich an einen ungestörten Ort und schreien und trampeln Sie wie ein bockiges und wütendes Kind für ein paar Minuten so intensiv, wie Sie können. Dadurch bauen Sie Stresshormone im Körper durch Bewegung ab, die Ihr Organismus nicht von selbst abbauen kann. Sie werden sich danach deutlich gelöster und zufriedener fühlen.

- **Frische Luft schnappen**: Lassen Sie sich vom Wind den Kopf freipusten und genießen Sie die kurze Pause.

- **Kalte Dusche**: Kühlen Sie Ihren vor Stress kochenden Körper mit einer eiskalten Dusche wieder herunter und überzeugen Sie sich von der befreienden Wirkung, die dieses, zugegeben Überwindung erfordernde, Ritual Ihnen bieten kann.

- **Atempause**: Gönnen Sie sich eine kurze Erholungspause, indem Sie Ihre Augen schließen und sich für ein paar Minuten voll und ganz auf das Ein- und Ausatmen konzentrieren.

- **Körperliche Aktivitäten**: Sport baut ebenso wie das Stampfen und Trampeln Stresshormone ab und ist deswegen eine so beliebte Aktivität bei Menschen, die viel um die Ohren haben. Bewegung klärt den Kopf und schüttelt Stress ab.

- **Waldbaden**: Machen Sie einen ausgiebigen Spaziergang durch einen möglichst natürlichen Wald. Seien Sie möglichst ungestört, lassen Sie Ihr Telefon zu Hause und konzentrieren Sie sich auf Ihre Sinne. Was hören, riechen, fühlen und sehen Sie? Je achtsamer Sie sich auf diese Erfahrung einlassen können, desto effektiver können Sie Ihren Stress gehen lassen.

Übung: Erweitern Sie Ihr soziales Netzwerk

Das soziale Netzwerk ist der wichtigste Schutzfaktor der Resilienz, weshalb Sie in dieser Übung dazu inspiriert werden, aus Ihrer Komfortzone herauszutreten und sich mit fremden Menschen zu verbinden, zu denen sich potentiell eine persönliche Beziehung entwickeln könnte.

- Vernetzen Sie sich auf bestimmten Events zu Themen, die Sie interessieren.
- Sprechen Sie fremde Menschen an.
- Bieten Sie Ihre Unterstützung an und helfen Sie anderen Menschen mit guten Ideen oder Ihrer Tatkraft.
- Vertiefen Sie bestehende Kontakte.
- Laden Sie Menschen in Ihr Leben ein und lassen Sie sich in andere Leben einladen.
- Vergessen Sie nicht, Beziehungen in Ihrem bereits bestehenden Netzwerk zu pflegen.

Übung: Krisen als Chance begreifen

Diese Übung erinnert Sie mithilfe von vergangenen Erfahrungen daran, dass Sie auch mit Ihren derzeitigen Herausforderungen umgehen können. Dadurch steigern Sie Ihre Resilienz, da Ihr Vertrauen in sich selbst steigt und Sie Ihre Zukunft positiver einschätzen.

- Versetzen Sie sich in Ihre Vergangenheit und suchen Sie nach Herausforderungen, die Sie bereits gemeistert haben.

- Rufen Sie sich in Erinnerung, wie es damals abgelaufen ist: Vor welcher Krise standen Sie damals? Wie haben Sie sich gefühlt (frustriert, schockiert, ohnmächtig, machtlos?) und was haben Sie gedacht („Das schaffe ich niemals!", „Wie soll ich das jemals überstehen?")?

- Denken Sie nun darüber nach, wie die Situation ausgegangen ist. Wie haben Sie das Problem lösen können? Wie gelang es Ihnen, aus der Krise herauszukommen?

- Überlegen Sie, was Sie aus der damaligen Krise lernen konnten. Welche Fähigkeiten mussten Sie sich zwangsläufig aneignen? Wie haben sich Ihr Charakter und Ihre Resilienzfähigkeit verändert? Welche guten Seiten können Sie jetzt, im Nachhinein, in der vergangenen Herausforderung erkennen?

- Fokussieren Sie sich zum Abschluss auf das Gefühl, das Sie empfunden haben, als Ihnen damals bewusst geworden ist, dass Sie die Krise überstanden haben. Was genau haben Sie empfunden? Wie hat es sich angefühlt, zu wissen, dass Sie die Herausforderung gemeistert haben? Welche positiven Gedanken und Wahrnehmungen konnten Sie bemerken?

- Machen Sie sich bewusst, dass Sie auch bei Ihrer derzeitigen Herausforderung eine Lösung finden werden. Tauchen Sie in die angenehmen Gefühle von damals ein und lassen Sie sich von dem Wissen beflügeln und motivieren, dass Sie auch diesmal gestärkt aus der Krise hervorgehen werden.

Eine Waldbaden-Meditation finden Sie hier:

UMGANG MIT EMOTIONEN UND SELBSTKONTROLLE

Übung: Ausatmen

Durch das Fokussieren auf Ihren Atem in Momenten, in denen Selbstkontrolle gefragt ist, können Sie direkt Ihr vegetatives Nervensystem ansprechen. Ein langsamer und tiefer Atem fördert die Entspannung und beruhigt Ihren Geist.

- Sobald Sie intensive Gefühle wie Stress, Angst oder Wut in sich aufsteigen spüren, richten Sie Ihre Konzentration auf Ihren Atem. Nehmen Sie 3 bewusste tiefe und langsame Atemzüge. Atmen Sie dabei für 3 Sekunden ein und für 6 Sekunden aus.

Weitere Atemübungen finden Sie hier:

Übung: Schmetterlingsumarmung

Für akute emotionale Situationen können Sie sich selbst sofortigen Schutz bieten und Trost spenden. Die Schmetterlingsumarmung sorgt für emotionale Stabilität und benötigt nichts weiter als Sie selbst.

- Legen Sie Ihre Arme überkreuzt auf Ihrer Brust zusammen und umarmen Sie sich so selbst. Finden Sie eine Position, die sich für Sie am besten anfühlt.
- Wenn Sie möchten, können Sie sich auch sanft streicheln beziehungsweise massieren, um die beruhigende Wirkung zu intensivieren.
- Sie können selbstverständlich auch einen anderen Menschen um eine Umarmung bitten, das ist jedoch nicht zwingend notwendig, wenn niemand da ist, da auch die Selbstumarmung äußerst effektiv wirkt.

Übung: Emotionen benennen

Das Erkennen und das Benennen von Emotionen in dem Moment, in dem diese auftauchen, bewirken bereits eine Linderung von diesen. Dadurch erkennen Sie diese Gefühle an, statt sie zu unterdrücken, und geben sich damit Selbstakzeptanz und Selbstannahme.

- Sobald Sie intensive Gefühle in sich aufsteigen bemerken, konzentrieren Sie sich wie ein externer Beobachter auf diese. Spüren Sie genau in sich hinein und ergründen Sie, was Sie fühlen.
- Benennen Sie laut Ihre Gefühle ohne Wertung oder Verurteilung.

Beispiel:
„Ich empfinde gerade starke Angst."
„Ich bemerke gerade, wie Wut in mir aufsteigt."

- Gehen Sie einen Schritt weiter und beschreiben Sie laut die Details Ihrer Empfindung.

Beispiel:
„Die Wut fühlt sich wie ein Feuer in meinem Bauch an. Meine Brust ist eng und ich merke einen Druck in meinem Kopf."
Sollte das Aussprechen aus irgendeinem Grund nicht möglich sein, können Sie Ihre Worte alternativ auch aufschreiben. Das laute Aussprechen ist jedoch dieser Variation zu bevorzugen.

- Beobachten Sie achtsam, was das Erkennen und das Benennen Ihrer Emotionen mit Ihnen in diesem Moment machen. Welche Veränderung bemerken Sie?

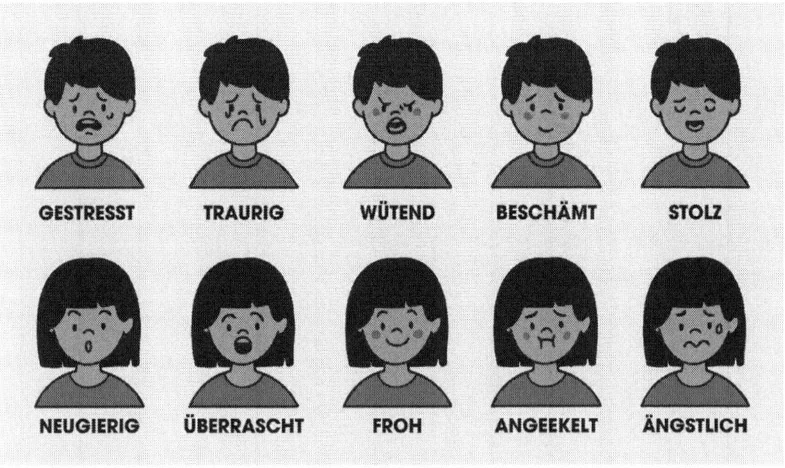

Achtsamkeit und Meditation

Übung: Sich im Hier und Jetzt verankern

Diese Übung ist eine besonders effektive Technik, mit der Sie sich in jeder Situation achtsam im gegenwärtigen Moment verankern können. Ob beim Warten in der Einkaufsschlange, während des Essens, in einem Meeting oder bei einer Tätigkeit – diese Übung zeigt Ihnen, wie Sie von Gedankenkreisen zurück in das Hier und Jetzt gelangen.

- Egal, was Sie gerade denken, fühlen oder tun, konzentrieren Sie sich ganz allein auf das, was jetzt gerade um Sie herum geschieht. Achten Sie exakt auf die Wahrnehmungen Ihrer Sinne: Was sehen Ihre Augen? Was hören Ihre Ohren? Was schmeckt Ihre Zunge? Was riecht Ihre Nase? Was fühlt Ihre Haut? Wenn Sie sich allein auf diese Empfindungen wertfrei fokussieren, haben keine anderen Gedanken mehr Platz. Sie befinden sich vollumfänglich in der Gegenwart, ohne an die Vergangenheit oder Zukunft denken zu können.
- Es ist völlig normal, dass Sie manchmal nach wenigen Sekunden, manchmal erst nach einer längeren Zeit, in die typischen Gedankenmuster zurückfallen. Lassen Sie sich dadurch nicht verunsichern und ärgern Sie sich nicht darüber. Kehren Sie einfach zurück zu den Wahrnehmungen Ihrer Sinne und führen Sie diese Übung so lange durch, wie Sie möchten.

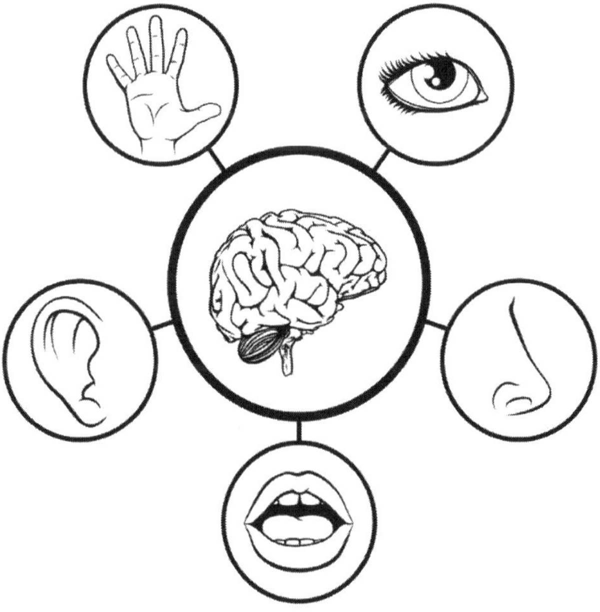

Übung: Achtsames Essen

Die Nahrungszubereitung und -aufnahme mit Achtsamkeit zu verbinden, ist nicht nur wie Balsam für den Geist, sondern auch Ihrer Verdauung äußerst zuträglich. Integrieren Sie diese Übung deshalb so oft es geht in Ihre Mahlzeiten.

- Wenn Sie Ihr Essen zubereiten, verankern Sie sich mit der vorherigen Übung voll und ganz im Hier und Jetzt. Schneiden Sie das Gemüse bedächtig und mit Hingabe. Nehmen Sie ganz genau den Rauch aus der Pfanne wahr. Atmen Sie bewusst den Duft aus dem Ofen ein.
- Setzen Sie sich an den Tisch und schenken Sie der fertigen Mahlzeit vor Ihnen Ihre volle Aufmerksamkeit. Was riechen Sie? Welche Empfindungen verspüren Sie jetzt gerade in Ihrem Körper? Sind Sie schon hungrig?
- Gönnen Sie sich nun den allerersten Bissen. Schließen Sie die Augen und nehmen Sie die Temperatur, die Konsistenz und den Geschmack wahr. Versuchen Sie, jede einzelne Nuance des Gerichts herauszuschmecken, während Sie ausgiebig kauen. Welche Zutaten können Sie identifizieren?
- Essen Sie langsam und achtsam, während Sie sich voll und ganz auf die Wahrnehmungen Ihrer Sinne konzentrieren. Hören Sie auf, sobald sich das Sättigungsgefühl einstellt. Wie fühlen Sie sich dann? Sind Sie befriedigt und wurden Sie geschmacklich zufriedengestellt?

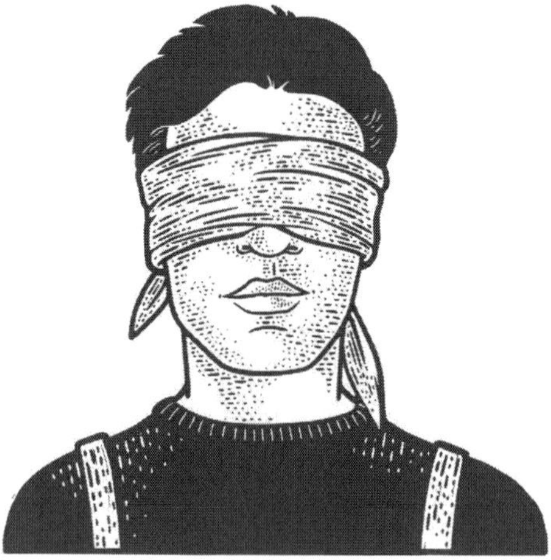

Übung: Duschmeditation

Wenn Sie das nächste Mal unter die Dusche steigen, verbinden Sie dies mit einer Meditation.

- Finden Sie eine für sich angenehme Wassertemperatur.
- Stellen Sie sich unter den Wasserstrahl und schließen Sie die Augen.
- Spüren Sie zunächst einfach nur die Empfindungen, die das Wasser auf Ihrer Haut hinterlässt.
- Visualisieren Sie nun, wie das angenehme Nass Ihre aktuellen Belastungen von Ihrem Körper spült. Ärger, Stress und Negativität fließen mit Leichtigkeit von Ihnen ab und hinunter in den Abfluss.
- Entspannen Sie sich mit jedem Moment mehr und mehr, während die Last von Ihnen weicht.

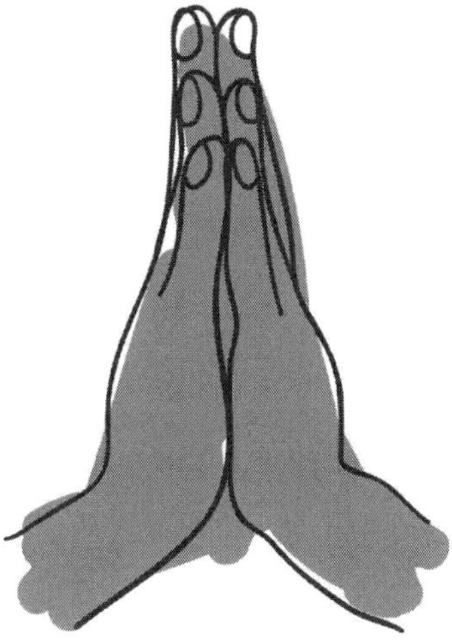

Übung: Kraft tanken

Mit dieser Meditation können Sie, wann immer nötig, Energie tanken. Sie ist kurz, jedoch effektiv und deshalb besonders gut für den Alltag geeignet.

- Schließen Sie die Augen und atmen Sie einige Male tief ein und aus, um sich zu zentrieren.
- Stellen Sie sich nun vor, wie sich bei jedem Einatmen Energie in Ihrem gesamten Körper sammelt.
- Visualisieren Sie mit jedem Ausatmen, wie sich diese Energie in jedem einzelnen Bereich verteilt: in Ihrem Kopf und Gesicht, im Hals, in den Schultern und Armen, im Brust- und Bauchraum, im Rücken, im Unterleib, in den Beinen und Füßen. Keine Stelle bleibt von dieser wundervollen Kraft unberührt.
- Lassen Sie sich noch einige weitere Momente von der Energie nähren, bevor Sie sanft wieder die Augen öffnen und erfrischt mit Ihrem Alltag fortfahren.

Quellen und weiterführende Literatur

- Cialdini, R. B. (2006). Die Psychologie des Überzeugens. Ullstein Taschenbuchverlag.
- Duckworth, A. (2017). Die Macht der Disziplin: Wie wir unseren Willen trainieren können. S. Fischer Verlag.
- Greene, R. (2000). Die 48 Gesetze der Macht. Carl Hanser Verlag.
- Kahneman, D. (2012). Schnelles Denken, langsames Denken. S. Fischer Verlag.
- Maslow, A. H. (2002). Motivation und Persönlichkeit. Klett-Cotta Verlag.
- Robbins, A. (1999). Das Robbins Power Prinzip. Droemer/Knaur.
- Seligman, M. E. P. (2013). Flourish: Wie Menschen aufblühen. Hoffmann und Campe Verlag.
- Goleman, D. (1996). Emotionale Intelligenz: Gefühle verstehen und erfolgreich umsetzen. dtv Verlagsgesellschaft.
- Thaler, R. H., & Sunstein, C. R. (2009). Nudge: Wie man kluge Entscheidungen anstößt. Ullstein Hardcover.
- Covey, S. R. (2005). Die 7 Wege zur Effektivität: Prinzipien für persönlichen und beruflichen Erfolg. Gabal Verlag.
- Sinek, S. (2011). Frag immer erst: Warum: Wie Top-Firmen und Führungskräfte zum Erfolg inspirieren. Redline Verlag.
- Tolle, E. (2000). Jetzt! Die Kraft der Gegenwart. Kamphausen Media.